Luis Ricardo Sandoval

Medios, masas y audiencias

Lecturas sobre teoría social
de la comunicación

EDUPA

Sandoval, Luis Ricardo
  Medios, masas y audiencias: lecturas sobre teoría social de la comunicación / Luis Ricardo Sandoval; ilustrado por Florencia Sandoval. - 1a ed. - Comodoro Rivadavia : Universitaria de la Patagonia -EDUPA, 2013.
  300 pp., 15 x 22,5 cm.

  ISBN 978-987-1937-28-8

  1. Comunicación Social. I. Sandoval, Florencia, ilus. II. Título
  CDD 302.2

Este obra se encuentra bajo una Licencia Creative Commons Atribución 4.0 Internacional. Esta licencia permite copiar, distribuir, exhibir e interpretar este texto, siempre que se respete la autoría y se indique la procedencia. Para ver una copia de esta licencia visite http://creativecommons.org/licenses/by/4.0/

Diseño de tapa: Florencia Sandoval

© Luis Ricardo Sandoval, 2013
© Editorial Universitaria de la Patagonia
© Universidad Nacional de la Patagonia San Juan Bosco
Ciudad Universitaria Km 4, 9005, Comodoro Rivadavia.

ISBN 978-987-1937-28-8

Dedicado a Carlos Costanzo, in memoriam

Índice

Prólogo 9

1. Comunicación: campo disciplinario y matrices de origen en América Latina 13
2. Después de todo ¿qué cosa son los medios de comunicación de masas? 23
3. La sociedad de masas y la aparición de los medios de comunicación masivos 41
4. De la propaganda, o del pánico y las conspiraciones 59
5. La investigación psicológica sobre los efectos de los medios de comunicación 69
6. Los estudios sociológicos clásicos sobre los medios de comunicación "de masas" 85
7. El establecimiento de agenda (agenda-setting) 109

8. Periodismo y verdad (a propósito de los imaginarios de Hollywood sobre los productores de noticias)....................121

9. La teoría matemática de la comunicación...............................141

10. Relaciones económicas y penetración cultural.......................151

11. Crisis de la razón, dialéctica de la Ilustración e industria cultural..167

12. net.art: el aura después de Benjamin......................................193

13. Más allá de la conquista de la cultura.....................................221

14. Umberto Eco y el análisis semiótico-estructural de los fenómenos socioculturales...241

15. Mediaciones, hegemonía y recepción ¿todo en orden?.........267

Bibliografía...283

Índice de nombres...292

Ilustraciones..296

Prólogo

Reflexionar acerca de los medios y tecnologías de comunicación y acerca de su existencia y actuación al interior de las sociedades contemporáneas (para no empezar estas líneas incurriendo en el error epistemológico de suponer su "impacto", como si se tratara de factores exógenos a las sociedades *impactadas*) no es una tarea fácil. La dificultad proviene del hecho de que nuestra socialización no es previa al relacionamiento y uso que hacemos de/con los medios, como George Gerbner (1996) indicara magistralmente en el título de uno de sus artículos: se trata de comprender lo que significa *vivir con las tecnologías de comunicación*.

Esta tarea es abordada de manera especialmente intensa (por lo obvia, aunque no carente de conflictividad) en esos espacios curriculares con los que cuenta cualquier licenciatura en Comunicación Social, y que se suelen llamar "Teorías de la comunicación". Dado que los medios y tecnologías de comunicación tienden a naturalizarse como parte de nuestro ecosistema comunicativo, estas instancias se ven obligadas a apostar a una suerte de extrañamiento de lo cotidiano, a la reflexión crítica acerca de las propias posiciones de estudiantes y docentes como usuarios y consumidores de medios, a la comprensión de la manera en que nuestro objeto (y nuestra profesión) se ha desarrollado de manera íntimamente vinculado al despliegue de la modernidad capitalista.

En el caso de las reflexiones puntuales contenidas en el libro que el lector tiene en sus manos (o en su pantalla), debo aclarar que han recorrido un largo trayecto. Su origen se ubica, para cada texto, en algún momento de los últimos quince años, siempre en relación a la cátedra *Teorías y sistemas de la comunicación* en la Licenciatura en Comunicación Social de la Universidad Nacional de la Patagonia San Juan Bosco. Algunos capítulos fueron publicados como artículos en revistas académicas del campo[1], otros vieron algo de luz en el portal *Nombre Falso*, un proyecto que animamos con Fernando Becerra Artieda entre 2001 y 2007, y que aún puede consultarse en línea (http://www.nombrefalso.com.ar)[2], algún otro fue publicado en actas de jornadas de investigación[3]. Pero la mayoría sólo ha circulado como apuntes de cátedra, material de apoyo para los estudiantes o ayudamemorias de los docentes.

Aún cuando la situación de producción recién explicada implica, por un lado, que los distintos capítulos responde a contextos biográfico-históricos diferentes y, por el otro, vuelve inevitables algunas reiteraciones, me pareció apropiado reunir estos textos en un libro que diera cuenta del recorrido realizado, como parte de un proyecto específico. Al efecto, además de una revisión formal, cada capítulo ha sido complementado con recursos web que pueden servir para ampliar conceptos, ilustrar ideas o establecer relaciones.

La Secretaría de Investigación y Posgrado de la Facultad de Humanidades y Ciencias Sociales de la UNPSJB y la Editorial Universitaria de la Patafonia han hecho posible la edición de este libro, y quisiera destacar especialmente el apoyo de Graciela Iturrioz en la primera y de Daniel Pichl en la segunda. Mi agradecimiento para todos los estudiantes que han cursado en estos años *Teorías y sistemas de la comunicación*: ellos han sido el principal acicate para el estudio y la reflexión sobre estos temas. Agradezco también a los estudiantes de las materias *Teorías de la comunicación I y II* de la Universidad Nacional de la Patagonia Austral, con quienes he podido compartir estas ideas en los últimos semestres. Mi gratitud para los docentes que se han desempeñado en el equipo de cátedra, y especialmente para Fernando Becerra Artieda (autor del capítulo 14), de quien me enorgullece

---

[1] Versiones de los capítulos 8 y 13 aparecieron, respectivamente, en *Question* Nº 14 (otoño de 2007) y *Oficios terrestres* N° 21 (2008), ambas publicaciones de la Facultad de Periodismo y Comunicación Social de la Universidad Nacional de La Plata.
[2] Así fueron publicados los capítulos 2 y 14.
[3] El capítulo 15 fue publicado en las *Actas de las I° Jornadas de Investigación en Ciencias Sociales* de la FHCS-UNPSJB (2007).

que haya compartido conmigo su sagacidad y erudición, pero más aún su amistad.

Luis Ricardo Sandoval
marzo de 2013

Capítulo 1
Comunicación: campo disciplinario y matrices de origen en América Latina

Cuando nos referimos a los estudios de comunicación, habitualmente lo hacemos hablando de "campo". En esta denominación ya se encuentra implícito un modelo epistemológico, y vale la pena hacerlo emerger en una oposición:

campo disciplinario | disciplina

Según el Diccionario de la Real Academia Española (siempre es un buen comienzo empezar por una definición "denotativa", que como veremos nunca es meramente descriptiva), la epistemología es la rama del conocimiento que se dedica a estudiar "los fundamentos y métodos del conocimiento científico", pero en su versión positivista decimonónica esos fundamentos se entendieron como las características distintivas de las diferentes ramas de la ciencia, es decir la delimitación de *objetos* y *métodos*, entendiendo que una disciplina científica tenía derecho a la existencia en tanto poseyera un objeto *propio* y un modo de estudiarlo característico.

Veamos un ejemplo típico, esta vez de la Wikipedia:

> Se denomina **química** a la ciencia que estudia tanto la composición, estructura y propiedades de la materia como los cambios que ésta experimenta durante

las reacciones químicas y su relación con la energía […]. Las disciplinas de la química se han agrupado según la clase de materia bajo estudio o el tipo de estudio realizado. Entre éstas se tienen la **química inorgánica**, que estudia la materia inorgánica; la **química orgánica**, que trata con la materia orgánica; la **bioquímica**, el estudio de substancias en organismos biológicos; la **físico-química**, que comprende los aspectos energéticos de sistemas químicos a escalas macroscópicas, moleculares y atómicas […] [1]

Por supuesto, podríamos poner muchos otros ejemplos
- La **física** es una ciencia natural que estudia las propiedades del espacio, el tiempo, la materia, la energía y sus interacciones.
- La **astronomía** es la ciencia que se ocupa del estudio de los cuerpos celestes, sus movimientos, los fenómenos ligados a ellos, su registro y la investigación de su origen.
- La **psicología** es la ciencia que estudia la conducta de los individuos y sus procesos mentales

Si se mira bien, la carta de ciudadanía en el sistema científico para una disciplina está dada por la existencia de un objeto particular de estudio. ¿Qué pasará entonces con las ciencias sociales, donde parece más complicado delimitar objetos diferentes? ¿Cómo deslindar la antropología, que estudia sociedades, de la sociología, que parece hacer lo mismo?

En estos casos la compartimentación disciplinaria se hizo entre tres ejes complementarios[2]:
a) el que separó el mercado (Economía) del Estado (ciencia política) y de la sociedad civil (sociología).
b) el que dividió las aguas entre el estudio de lo moderno/occidental (economía, sociología, ciencias políticas) de lo no moderno/no occidental (antropología)
c) el que distinguió entre presente (nuevamente economía, sociología, ciencias políticas) del pasado (historia).

Con lo cual nos queda una matriz como la de la página siguiente:

---

[1] http://es.wikipedia.org/wiki/Qu%C3%ADmica (Consultado el 30/08/2012)
[2] Sigo aquí la argumentación de M.I. Vasallo de Lopes (2000).

	Moderno		No moderno	
	Presente	Pasado	Presente	Pasado
Mercado	Economía		Historia	Antropología
Estado	Ciencia Política			
Sociedad civil	Sociología			

Ahora bien, esta división funcionó bastante bien hasta la Segunda Guerra Mundial, o mejor dicho hasta las procesos que se abrieron con el final de la misma, que abarcaron una modificación importante del capitalismo y una necesidad geopolítica a la vez mundial y específicamente regional. Recordemos al pasar que la vocación imperialista de EE.UU. se afirmó recién con ese conflicto, ya que hasta la entrada en la guerra imperaban entre su población las tesis aislacionistas. Como la necesidad obliga, luego de la Segunda Guerra empezaron entonces a desarrollarse los "estudios por áreas o regiones" (los estudios sobre Medio Oriente, o China o la Unión Soviética), se crearon departamentos en las universidades con estos nombres, y se empezaron a realizar congresos, encuentros, investigaciones, con fuerte financiamiento del Gobierno. La premisa era que la aplicación exitosa de una política requería de un conocimiento integral de la región donde se aplicaría: su historia, las características de sus sistema económico, sus creencias y cultura[3], su sistema institucional y político, etc. Paradojas de este tiempo: la transversalidad nace como consecuencia de la geopolítica del Imperio...

De esta manera aparecerán dos formas nuevas (o dos intentos): las **interdisciplinas**, sectores del conocimiento que pueden (y necesitan) ser explicados desde más de un enfoque disciplinario; y las **transdisciplinas**,

---

[3] Sólo un ejemplo al respecto: los muy conocidos trabajos de Edward T. Hall (1972, 1989), precursor de la comunicación intercultural, y que encontraron su público predilecto entre funcionarios diplomáticos y hombres de negocios norteamericanos necesitados de conocer para dominar.

que vendrían a ser nuevos enfoques que eliminen la compartimentación heredada e integren marcos de análisis mucho más complejos (donde la especificidad esté dada por campos de estudio). Y en los dos casos aparece la comunicación como caso, pero con una diferencia importante: el enfoque "interdisciplinario" supone la negación de la especificidad de la comunicación, aludiendo más bien a un objeto complejo que debe ser abordado, en conjunto o sucesivamente, por disciplinas ya conformadas, mientras que el enfoque "transdisciplinario" le dará la condición de un saber nuevo.

Deberíamos considerar aquí otra cuestión, casi a modo de digresión, y es la manera en que la comunicación se va volviendo omnipresente en las sociedades contemporáneas. La definición de "sociedades mediatizadas", por ejemplo, no alude simplemente a "sociedades con medios de comunicación", sino a sociedades donde la comunicación atraviesa el conjunto de la vida social. Hay muchos autores que analizan esta situación, desde Eliseo Verón (2001) hasta Paolo Virno (2003). Sólo me detengo aquí en John Thompson, quien parte de la premisa de que "el desarrollo de los *media* estuvo fundamentalmente interrelacionado con las transformaciones institucionales más importantes que han dado forma al mundo moderno" (Thompson, 1999, p. 11). En su visión no es posible entender a los medios sin contextualizarlos en una teoría de la modernidad, pero *tampoco entender la modernidad* sin incluir a los medios en el análisis.

Planteada así la situación, la centralidad de la comunicación va a repercutir desordenando sus estudios, que pasarán a ser un coto de caza muy deseado para las más diversas disciplinas, con el riesgo de perder en ese movimiento toda especificidad.

Ese riesgo, propio de la concepción interdisciplinaria, será confutado con la idea de transdisciplina o pos-disciplina, donde adquirirá fuerza la noción de campo a la que aludimos al principio, noción que está bastante ligada a la sociología de Pierre Bourdieu:

> Un campo es un espacio social estructurado, un campo de fuerzas –ya sea de dominantes y dominados, ya sea de relaciones constantes, permanentes, de desigualdades, que se ejercen en el interior de ese espacio– que es también un campo de luchas para transformar o conservar este campo de fuerzas. Cada uno, en el interior de ese universo, utiliza en su concurrencia con los otros la fuerza (relativa) que detiene y que define su posición en el campo y, en consecuencia, sus estrategias (Bourdieu, Chamboredon, & Passeron, 1996, p. 57)

Nótese que esta definición de Bourdieu no es específica de la ciencia, y de hecho él ha analizado distintos campos (la cultura, la política, las industrias editoriales, las instituciones, etc.). Considera a la ciencia como una práctica social, con cierta autonomía del resto de las prácticas (que implica criterios de lucha y legitimación de cierta especificidad), pero con una delimitación de sus fronteras y características también social (y no filosófica o epistemológica).

O sea, la noción de "campo disciplinario" no proviene de la epistemología, sino de la sociología de la ciencia. Y decir que la comunicación es un "campo" implica una definición de la especificidad de los estudios de comunicación por vía de condiciones sociales e institucionales. En esto Bourdieu (y nosotros, la "gente de comunicación") somos parte de una tendencia antiesencialista bastante generalizada. Ejemplo al pasar: la teoría institucional del arte de George Dickie obedece a los mismo principios (un objeto no es una obra de arte por alguna característica inmanente, sino porque es el resultado de un conjunto de operaciones institucionales en donde se entrecruzan artistas, intermediarios y públicos) (Dickie, 2005).

Vasallo de Lopes es tal vez quien más ha reflexionado acerca de la cuestión de la definición del campo de estudios de comunicación en América Latina. Para ella, el campo surge en el entrecruzamiento de los dos criterios que mencionamos (Vasallo de Lopes, 1999):

- **crítica epistemológica:** pero no entendida como delimitación de un objeto, sino como la especificación de los criterios de validación interna del discurso científico.
- **sociología del conocimiento:** que entiende a la ciencia como una práctica social sobredeterminada (y aquí será necesario dar cuenta de las determinaciones históricas, políticas, institucionales, sociales, etc.)

Para ella, entender las condiciones de la investigación en comunicación en América Latina supone analizar tres "contextos":

- el **contexto discursivo**: "en el cual pueden ser identificados paradigmas, modelos, instrumentos, temáticas que circulan en determinado campo científico" (Vasallo de Lopes, 1999, p. 15) y que corresponde a una **historia del campo científico** (¿cómo surge el estudio de la comunicación? ¿cuáles han sido las disputas y polémicas? ¿cuáles los objetos analizados? ¿cuáles los modelos teóricos aplicados?)

- el **contexto institucional**: "que envuelve los mecanismos que median la relación entre las variables sociológicas globales y el discurso científico, y que se constituyen en mecanismos organizativos de distribución de recursos y poder dentro de una comunidad científica" (Ibíd.), es decir la **estructura del campo científico** (¿en qué instituciones se investiga? ¿cuál es el poder relativo de estas instituciones en relación a las de otras disciplinas? ¿cuáles son las fuentes de financiamiento? ¿qué organizaciones agrupan a los investigadores?)
- el **contexto social o histórico-cultural**: "donde residen las variables sociológicas que inciden sobre la producción científica, con particular interés por los modos de inserción de la ciencia y de la comunidad científica dentro de un país o en el ámbito internacional" (Ibíd.) (¿que relación tienen estos estudios con la situación política y económica? ¿qué vinculación existe con estrategias gubernamentales?)

Vasallo de Lopes afirma que, a su entender, los estudios de comunicación en América Latina se han caracterizado por un enorme interés por el contexto socio-histórico-cultural (y así, por ejemplo, al referirse a la investigación de Dorfman y Mattelart sobre las historietas de Disney –y aún cuando ello resulte imprescindible– se ha vuelto tópico relacionarla con la experiencia de la Unidad Popular en Chile y de los movimientos anticapitalistas latinoamericanos en general en los setenta), un creciente interés por el contexto discursivo, o sea por la historia del campo (la mayoría de las materias de "teorías de la comunicación" en los planes de estudio se estructuran como un reconocimiento de esa historia) y un raro interés por el contexto institucional.

Hechas estas apreciaciones generales, detengámonos en un caso particular, a modo de ejemplo (aunque su selección dista de haber sido hecha al azar). Se trata del artículo de Martín-Barbero "Comunicación, campo académico y proyecto intelectual" (en Martín-Barbero, 2003), un investigador enormemente influyente en América Latina (influencia que no ha estado exenta de problemas para el campo). La versión original de este texto apareció en la revista *Diálogos* en 1990 (en este caso el análisis del contexto institucional, por ejemplo, debería dar cuenta de la importancia variable de FELAFACS, mucho mayor en la década de los ochenta, menor con poste-

rioridad, como aglutinador del campo, pero también como intermediario del financiamiento de fundaciones europeas, etc.).
¿Qué plantea aquí Martín-Barbero? Según su lectura, habría dos riesgos que confutar:

> hubo un tiempo en que la politización condujo a hacer gravitar el campo todo sobre la cuestión de la ideología, convirtiéndola en el dispositivo totalizador de los discursos legítimos. En los últimos años los estudios de comunicación experimentan una tentación análoga al transformar la relación comunicación/cultura en otra forma de totalización (Martín-Barbero, 2003, p. 209).

Vale decir: un problema es la ideologización de los estudios sobre comunicación (que habría sido propia de los setenta), y otro es la "culturización", que sería el riesgo al momento en que Martín-Barbero escribía y que se traduciría en dos malentendidos:

- que tomarse en serio la cultura es hacer culturalismo (o sea desvincularla de toda constricción social, política, histórica);
- que estudiar la comunicación desde la cultura es salirse del campo específico, o sea del campo "comunicacional" (que estaría dado por el estudio de los medios).

Frente al primer malentendido de lo que se trataría es de explicitar las mediaciones, instancia donde se cruzarían la cultura con la estructura social y de poder; por otro lado "pensar la comunicación desde la cultura es hacer frente al *pensamiento instrumental*" (Ibíd., p. 210), o sea a considerar la comunicación como un tema simple de *medios*, de tecnología, como si ésta fuera aséptica.

> Lo que ahí se produce no es entonces un abandono del campo de la comunicación sino su desterritorialización, un movimiento de los linderos que han demarcado ese campo, de sus fronteras, sus vecindades y su topografía, para diseñar *un nuevo mapa de problemas* en el que quepa la cuestión de los sujetos y las temporalidades sociales, esto es la trama de modernidad, discontinuidades y transformaciones del sensorium que gravitan sobre los procesos de constitución de los discursos y los géneros en que se hace la comunicación colectiva (Ibíd., p. 211).

Para Martín-Barbero no se trataba meramente de dilucidar la legitimidad teórica de la comunicación, sino lo que denomina su "legitimidad intelectual", es decir la noción de que la comunicación es un lugar estratégico para pensar las transformaciones de las sociedades latinoamericanas, y también los caminos políticos para el fortalecimiento de las democracias de la región. En esta perspectiva, los comunicadores deben asumirse como *intelectuales*.

Resulta interesante aquí la descripción que hace Martín-Barbero del origen de los estudios de comunicación en el continente:

> El campo de estudios de la comunicación se forma en América Latina del movimiento cruzado de dos hegemonías: la del paradigma informacional/instrumental procedente de la investigación norteamericana, y la de la crítica ideológico-denuncista en las ciencias sociales latinoamericanas. Entre esas hegemonías, modulándolas, se insertará el estructuralismo semiótico francés (Ibíd., p. 213).

Y ahí hecha mano, curiosamente, a una cita de José Nun, politólogo argentino (o sociólogo político), vale decir un investigador que casi por definición ha mirado los estudios de comunicación "desde afuera":

> En América Latina la literatura sobre los medios masivos de comunicación está dedicada a demostrar su calidad, innegable, de instrumentos oligárquico-imperialistas de penetración ideológica, pero casi no se ocupa de examinar cómo son recibidos sus mensajes y con cuáles efectos concretos. Es como si fuera condición de ingreso al tópico que el investigador olvidase las consecuencias no queridas de la acción social para instalarse en un hiperfuncionalismo de izquierdas (Nun, 1982 cit. en Ibíd.).

Las consecuencias habrían sido la escisión esquizofrénica entre saberes técnicos y crítica social, la reducción de la comunicación al nivel del aparato (*a lo* Althusser), la huida de la producción (o su marginalización en el alternativismo), etc.

¿Pero habría sido así? ¿O al menos lo habría sido hasta 1982, cuando Nun escribió eso? Es bastante dudoso: me parece que aquí convive un poco de desconocimiento y bastante de prejuicio. Pero para Martín-Barbero esta caracterización de los setenta es necesaria para la operación de realce de las rupturas de los ochenta (donde él es protagonista), y donde confluirían:

- el cuestionamiento de la razón instrumental (que vendría a ser una mala lectura de Horkheimer) y su asimilación con el ideologismo marxista
- la globalización como realidad que desborda la perspectiva de la teoría del imperialismo.
- la experiencia de los movimientos sociales

- la conversión en objeto de los medios y las culturas populares urbanas en la historia, la antropología, la sociología.
- la conciencia del estatuto transdisciplinar de la comunicación

Y así puede concluir:

> En esa nueva perspectiva, industria cultural y comunicaciones masivas son el nombre de los nuevos procesos de producción y circulación de la cultura, que corresponden no sólo a innovaciones tecnológicas sino a nuevas formas de la sensibilidad. Y que tienen si no su origen al menos su correlato más decisivo en la nuevas formas de sociabilidad con que la gente enfrenta la heterogeneidad simbólica y la inabarcabilidad de la ciudad. Es desde las nuevas maneras de juntarse y excluirse, de des-conocer y reconocerse, que adquiere espesor social y relevancia cognitiva lo que pasa en y por los medios y las nuevas tecnologías de comunicación. Pues es desde ahí que los medios han entrado a *constituir lo público*, a mediar en la producción de imaginarios que en algún modo integran la desgarrada experiencia urbana de los ciudadanos (Ibíd., p 217).

Como se ve con este ejemplo, un análisis de las "teorías de la comunicación" no puede desentenderse de una contextualización compleja donde tengan un rol protagónico las situaciones socio-políticas y los marcos institucionales, *además* de los diálogos y polémicas entre autores, corrientes y perspectivas. Quedarnos solamente con este último aspecto nos condenaría a una versión pauperizada de historia de las ideas, errónea en cualquier caso, pero evidentemente desatinada cuando tratamos de analizar los discursos que se han producido y se producen en torno a la comunicación, a las tecnologías de comunicación y a los procesos de masificación.

Recursos:

Una discusión actual sobre el campo de la comunicación
http://vimeo.com/36845546

Raúl Fuentes Navarro y Miquel de Moragas Spà, destacados investigadores mexicano el primero y español el segundo, mantuvieron, a instancias del Portal de Comunicación de la UAB, una charla en febrero de 2012, en la que el tema casi excluyente fue la constitución del campo disciplinario de la comunicación.

Capítulo 2
Después de todo ¿qué cosa son los medios de comunicación de masas?

Como todas las cuestiones que nos parecen obvias, resulta bastante difícil responder a una pregunta tan simple. Los medios son parte de nuestra vida cotidiana, y como otras facetas de la misma, no solemos cuestionar su existencia. Nuestras definiciones son más bien prácticas: sabemos (con límites bastante difusos) que tipo de fenómenos englobamos en el nombre "medios de comunicación", y podemos identificarlos cuando nos enfrentamos a ellos.

Para empezar, debemos detenernos, aunque sea por un momento, en la palabra "comunicación". Es un término complejo y, como se suele decir, polisémico. Puede aplicarse a dos personas charlando amigablemente, y también a leer el periódico o mirar televisión. Aún más: se dice que los animales se comunican de variadas formas (por ejemplo, con su danza, las abejas "comunican" a sus compañeras de colonia el lugar donde han encontrado flores) e incluso las máquinas pueden comunicarse entre sí (una computadora cliente y su servidor en Internet, utilizando el protocolo –¿o lenguaje?– TCP/IP, como uno de muchos casos).

Pero la comunicación humana tiene un componente que no es común a estas otras formas: no se trata nunca del mero pasaje de información, sino de la creación de sentido. De una manera un tanto metafórica, podemos decir que a las máquinas y a las abejas les resulta indiferente el sentido del mensaje que trasmiten, pero de ninguna manera sucede los mismo con los seres humanos: hay informaciones triviales y profundas, responden de distinta forma a la pregunta "¿Qué quiere decir?", pero también –y aún más importante– a la pregunta "¿Qué quiere decir, *para mí?*".

Como veremos, las características técnicas de los medios de comunicación son importantes, ya que permiten o dificultan distintos tipos de usos. Sin embargo, detenerse en ellas impide considerar un aspecto aún más sustancial: los medios de comunicación posibilitan la producción, circulación y consumo de materiales significativos para las personas. Como sucede con la comunicación cara a cara, no se trata nunca de un mero intercambio de información, sino de un proceso vinculado a la generación de sentido. Refiere, por lo tanto, a los procesos de interpretación y simbolización sociales, es decir a los procesos sociales de semiosis.

Medios e instituciones sociales

En general, cuando pensamos en los medios lo primero que nos viene a la mente son determinadas tecnologías: micrófonos, cámaras, equipos de transmisión, imprentas, receptores, etc. Sin embargo, como explica Raymond Williams "al mismo tiempo, las comunicaciones son siempre una forma de relación social, y los sistemas de comunicaciones deben considerarse siempre instituciones sociales" (Williams, 1992, p. 183).

Siguiendo con la argumentación de Williams, podemos considerar una frase bastante común: "la televisión (o ahora Internet) cambió profundamente nuestra sociedad". Cuando decimos esto presuponemos que determinado desarrollo técnico impacta en las relaciones sociales y las modifica. Pero aquí nos olvidamos que cualquier desarrollo técnico se genera al interior de un sistema de relaciones sociales, y no como un elemento independiente.

Esto quiere decir, por lo pronto, que una invención determinada tendrá un abanico de posibilidades de desarrollo, y que sólo algunas serán efectivamente recorridas, en consonancia con las instituciones sociales que le darán vida y contenido. Una tecnología aúna un invento técnico con un uso determinado. La televisión, por caso, es en parte un desarrollo técnico complejo (la captura de imágenes y sonido con aparatos especializados, la transmisión mediante ondas radioeléctricas y su recepción en aparatos de tubos catódicos), una suma de invenciones que hacen posible su infraestructura técnica, pero también es la realización de determinado tipo de contenidos y programas, una organización horaria específica y modos de consumo también determinados.

¿Sería posible, con el mismo soporte técnico, otra televisión? Por supuesto, pensemos sin ir más lejos en una característica central de nuestra televisión: su recepción en el ámbito doméstico (a diferencia del cine), familiar y –cada vez más– individual. Esta modalidad de uso contrasta, por ejemplo, con el que imaginara Orwell en *1984*, en donde las pantallas permitían a *Big Brother* tanto la presencia ubicua como la vigilancia permanente. Consignas ideológicas explícitas a una audiencia que las recibía, básicamente, en lugares públicos. Nada más alejado del entretenimiento, condición central de nuestra TV.

Si no queremos caer en ejemplos de ficción, pensemos en la evolución de la lectura. Hoy es el ejemplo paradigmático de consumo cultural individual, pero en el pasado eran muy comunes las lecturas públicas (tal vez uno de los últimos vestigios es la lectura de las Escrituras durante el rito católico[1]): en la iglesia, pero también en los cafés y locales gremiales. En la Inglaterra de comienzos del siglo XVIII, la lectura de los periódicos de crítica política era una actividad pública (y masculina) que se realizaba en las casa de café: unas 3.000 sólo en Londres, en aquella época, cada una con un núcleo de clientes regulares (Habermas, 2002; Thompson, 1999). La transformación de la lectura en una actividad privada e individual supondrá la extensión de la las habilidades de la lectoescritura, una técnica obviamente disponible desde hacía mucho tiempo, aunque especialmente desde la invención de la imprenta de tipos móviles en el siglo XV, pero que recién en el siglo XIX tendrá una difusión amplia, en consonancia con un complejo de nuevas relaciones sociales.

> Lo que eventualmente ganó el derecho a la lectura fue una combinación de tres consideraciones distintas: en primer lugar, y quizás especialmente en los países protestantes, el deseo de una instrucción y una mejora morales mediante la capacidad para leer la Biblia; en segundo lugar, la creciente necesidad, en la nueva economía industrial, de leer información e instrucciones impresas, y,

---

[1] Este caso no es casual: recuérdese que una de las banderas de la Reforma fue precisamente la reivindicación del derecho de cada creyente a la lectura de la Biblia. La Iglesia Romana prefería restringir el acceso a la lectura e interpretación de los textos sagrados a los ministros, con lo cual favorecía la concentración del poder en el clero. Nuevamente, el uso de una técnica (en este caso la lectoescritura) está claramente condicionada por las instituciones sociales que la cobijan.

por último, la necesidad política de acceder a los hechos y los argumentos en una democracia política en desarrollo (Williams, 1992, p. 193).

A estas razones podríamos agregar, para el caso argentino, la necesidad de dotar de una identidad nacional común a las masas de inmigrantes (o mejor, a sus hijos), por vía de la asimilación de una cultura nacional homogénea: el proyecto sarmientino de la escuela pública y laica.

La reducción de los medios de comunicación a soportes técnicos, y el oscurecimiento consiguiente de su dependencia e implicación con sistemas de instituciones sociales, está vinculado a la confusión entre dos términos distintos: técnica (o invento técnico) y tecnología. Si técnica refiere a una habilidad o a la aplicación de una habilidad, e invento técnico denota, por consiguiente, el desarrollo de esa habilidad y la invención de ingenios que lo permitan, tecnología es algo bastante diferente. Tecnología alude al marco de conocimientos necesario para el desarrollo y aplicación de esas habilidades. Un bisturí es un invento técnico y la técnica quirúrgica es el desarrollo de una habilidad especializada, pero la cirugía es una tecnología, y supone un amplio marco de conocimientos médicos acerca de la salud y las maneras de restablecerla mediante la intervención directa en el cuerpo del enfermo.

En este sentido, los medios de comunicación son tecnologías: de ninguna manera podemos reducir a la televisión, los periódicos, Internet o cualquier otro medio de comunicación a meros soportes técnicos: son incomprensibles si no aludimos a los marcos de conocimiento que posibilitan su desarrollo y uso, y que les dan características diferenciales, no necesariamente determinadas por sus potencialidades técnicas.

La aparición de la prensa de masas

El primer medio de comunicación al que podemos apropiadamente calificar como "de masas" es el periódico, y su aparición y desarrollo ejemplifican acabadamente las consideraciones realizadas en el apartado anterior, por lo que vale la pena detenerse en esta genealogía.

La invención de la imprenta de tipos móviles por parte de Gutenberg, en el siglo xv, abrió un amplio abanico de nuevas posibilidades. En principio, sin embargo, se limitó a la impresión de obras clásicas, especialmente la Biblia. El poder político y religioso estableció pronto rígidas normas de censura y control sobre las obras doctrinarias, pero también sobre la circulación de información política y económica.

Con todo, durante casi dos siglos fue afianzándose la publicación de hojas informativas en las distintas ciudades europeas, las que recién sobre comienzos del siglo XVII adquirieron periodicidad. Las monarquías de la época tomaron cuenta de la importancia que podía tener esta forma de difusión, y buscaron monopolizarla. Aparece así la prensa oficial, bajo la forma de las gazetas, primeros antecedentes de los diarios actuales.

El contenido de estas publicaciones puede resultar curioso a nuestros ojos. Como enumera Vásquez Montalbán, para el caso paradigmático de *La Gazeta de Francia* (aparecida en 1631):

> 1º Se practica todo el ocultismo posible sobre lo que ocurre en el propio país; 2º Se trasmiten las razones de estado en todo lo que afecta a la política internacional; 3º se crean unos históricos criterios de valoración de los hechos, sobre todo en lo que afecta a la vida de la comunidad nacional; y 4º Se mistifica todo lo que da «la imagen del poder», desde el estado de buena esperanza de la reina hasta el anecdotario galante de los cortesanos (Vázquez Montalbán, 1985, p. 103).

Inglaterra es el país que más aceleradamente se moderniza durante el siglo XVII, modernización que abarcará todas las facetas de la sociedad. Es aquí donde hace su aparición una nueva fase en la historia de la prensa: los periódicos doctrinarios no oficiales, dedicados mayormente a la política doméstica y que defienden acaloradamente posiciones de sector o partido. Periódicos como el *The Spectator*, de Steele y Addison, *The Weekly Review*, de Defoe o *The Examiner*, de Swift serán consumidos profusamente por una burguesía en asenso, ávidamente interesada en participar más decisivamente en la vida política del reino.

Son periódicos de opinión, o ideológicos. De tiradas pequeñas, carentes casi totalmente de anuncios publicitarios, se sostienen como voceros sectoriales o por suscripción. Dan voz a grupos y sectores de la burguesía, pero también de la naciente clase obrera, algo que luego se intentará controlar desde el poder con una política de fuertes restricciones impositivas que volverán prácticamente inviable a la prensa obrera.

Durante la Revolución Francesa florecen este tipo de periódicos: *Le Père Duchesne*, de ert, *Le Vieux Cordillère*, de moulins, y también *Tribune de Peuple*, de euf, tal vez el primer periódico socialista de la historia. También es con la Revolución que cristalizan las libertades de

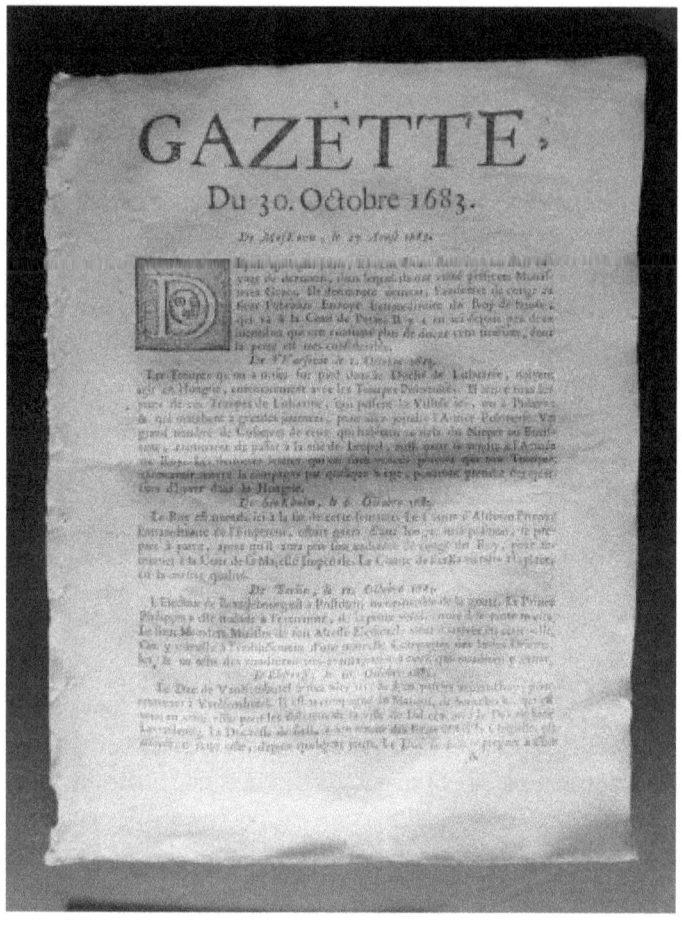

Ilustración 1: Gazeta de Francia, fines del siglo XVII

opinión y de prensa, cuya aparición pionera data de la primera enmienda a la Constitución de Estados Unidos, en 1771. Tal como reza la Declaración de los Derechos del Hombre y del Ciudadano: "La libertad de comunicar sus pensamientos y sus opiniones es uno de los derechos más preciosos del hombre; todo ciudadano puede por lo tanto hablar, escribir, imprimir libremente, y sólo deberá responder de los abusos cometidos en el ejercicio de esta libertad en los casos previstos por la ley". Sin embargo, estas libertades serán pronto limitadas por la dictadura jacobina y finalmente eliminadas de hecho por Napoleón.

El siglo XIX estará atravesado –en Europa– por la lucha en contra de las legislaciones restrictivas a la libertad de prensa, normas que se diseñan en cada país no para dificultar la prensa burguesa, sino la proletaria. Como afirmó ejemplarmente Lord Ellemborough, justificando la británica Ley del Timbre (1819): "esta ley no se promulgó contra la prensa respetable, sino contra una prensa pobre" (cit. en Williams, 1992, p. 191). Sin embargo, en respuesta a los procesos de urbanización y de industrialización, y haciendo uso de nuevos desarrollos técnicos como las imprentas a vapor, un nuevo tipo de prensa estaba listo para aparecer en escena. De cualquier manera, no se trata simplemente de un mero desarrollo técnico:

> No hay que creer que [estas] aportaciones son hijas de la necesidad comunicacional como tal, sino de la necesidad comunicacional comercial e industrial. Si en la historia primera de las hojas volantes renacentistas están los grandes señores del comercio europeo, en la historia primera de la comunicación de masas está el *elan* de la expansión capitalista (Vázquez Montalbán, 1985, p. 166).

Estados Unidos será el país indicado para la aparición de la prensa de a centavo, ya que en este país no existían legislaciones impositivas restrictivas. Así, ya en la década de 1830 aparecen los primeros exponentes: el *Sun*, de Day y el *Morning Herald*, de Gordon Benett. Especialmente el primero de éstos re definirá el concepto de noticia, dejando de lado los acontecimientos políticos y la opinión, para centrarse en relatos de delitos, catástrofes, desastres y falsos descubrimientos científicos. El punto de partida del *Sun* era diametralmente opuesto al de la prensa de tipo ideológica que había existido hasta el momento: se dirigía a las masas recientemente alfabetizadas, poniendo a su alcance un periódico barato y con un tratamiento noticioso atrayente; además, la financiación no se buscaba en la venta de los ejemplares, sino –por primera vez– en la publicidad.

> En la medida en que se amplió el número de lectores, la publicidad comercial asumió un papel; cada vez más importante en la organización financiera de la industria; los periódicos se convirtieron en un medio imprescindible para la venta de otros bienes y servicios; y su capacidad para conseguir ingresos

Ilustración 2: Café londinense, a principios del siglo XVIII (grabado de la época)

procedentes de la publicidad quedó directamente vinculado al número y perfil de los lectores (Thompson, 1999, p. 109).

Hacia 1880 este producto ya estaba maduro, en las versiones de Hearst (*Journal*) y Pulitzer (*World*), cuya competencia por mayores audiencias dio nacimiento al "periodismo amarillo". Hacia fines de esta década los periódicos de ambas cadenas sumaban 1.500.000 ejemplares. Estamos ante el verdadero nacimiento de los medios de comunicación de masas.

Este nuevo medio necesita un contenido diferente. Para el caso norteamericano, que fue el de desarrollo más temprano, como ya dijimos, afirman De Fleur y Ball-Rokeach:

> La Guerra Civil aportó cierta madurez al periódico, al subrayar que su función consistía en reunir, sintetizar e informar las noticias. Otra concepción más antigua del periódico, que lo entendía primordialmente como órgano de la opinión política partidaria, se había debilitado considerablemente [...] Esto no supone que los periódicos se desinteresaran de la política o dejaran de ser

partidistas en ella: todo lo contrario. Los directores y propietarios individuales a menudo utilizaban sus periódicos para apoyar causas de uno u otro signo y para realizar «cruzadas» contra sus adversarios políticos. Pero, al mismo tiempo, se dedicaban a la información directa de noticias (De Fleur & Ball-Rokeach, 1986, pp. 63-64).

Este giro desde una prensa entendida como una tribuna de opinión a una prensa de masas que vive de la publicidad (cuyo negocio resulta ser, como se ha afirmado muchas veces, "vender audiencias a los anunciantes") se traduce en la necesidad de un contenido más general y menos sectorial, que busca agradar e interesar a la mayor cantidad de público. Los géneros periodísticos actuales son el fruto de esta transformación.

De otro modo, no es posible entender el surgimiento de la objetividad como meta del periodismo. Si bien en las últimas décadas se ha puesto en duda a la objetividad, sigue considerándose como principal cometido de un periódico el informar y publicar noticias. De hecho, la rotulación de algunos espacios como columnas editoriales o de opinión no hace más que reforzar la idea de que el cuerpo general del diario es la narración de hechos, relato que las técnicas profesionales tratan de distanciar de la subjetividad del periodista.

Podemos ver entonces que los periódicos actuales no son un derivado directo del desarrollo técnico (aunque lo presuponen) ni de algún tipo de necesidad comunicacional. Como podríamos analizar también para otros medios de comunicación, los periódicos surgen en el entrecruzamiento de tradiciones culturales y profesionales, desarrollos técnicos, formas de organización e instituciones sociales vigentes. Los diarios actuales son frutos del capitalismo tanto en su faz superficial, como en su faz profunda. No solamente se trata de grandes empresas capitalistas que se rigen por la ley de la maximización de la ganancia, sino que incluso los géneros periodísticos con los que se construye su contenido y la misma filosofía que los sustenta (la libertad de prensa) resultan inentendibles sin tomar en cuenta su vinculación al desarrollo del capitalismo.

Medios y desespacialización de la experiencia

Al considerar los medios de comunicación, entonces, debemos siempre tener en cuenta su relación simbiótica con las instituciones sociales en las que habitan. Ahora bien, si avanzamos hacia la definición de la especificidad de los medios de masas, es necesario considerar una situación que recién se posibilita con el desarrollo de la modernidad: el desanclaje de espacio y tiempo.

Durante la mayor parte de la historia de la humanidad, espacio y tiempo estuvieron anudados: la simultaneidad de una experiencia cualquiera suponía la proximidad física, y se regulaba por las interacciones cara a cara. La variedad de técnicas para la preservación de la experiencia (desde las reglas mnemotécnicas de los ancianos memoriosos, en las sociedades sin escritura, hasta la imprenta, pasando por la misma invención de la escritura

Ilustración 3: William Randolph Hearst y Joseph Pulitzer: su puja comercial contribuyó al inicio de la Guerra Hispano-Estadounidense

y de los procedimientos pictóricos y escultóricos) ya supuso, desde la antigüedad, la desvinculación en relación al tiempo, pero recorrer grandes distancias implicaba necesariamente lapsos largos.

El desarrollo de las telecomunicaciones desde la segunda mitad del siglo XIX inauguró una situación absolutamente nueva en la historia humana: la simultaneidad a distancia. La repetida frase que afirma que habitamos un mundo más pequeño encierra una gran verdad, en la medida en que nuestra percepción de las distancias se relaciona íntimamente al tiempo necesario para recorrerlas, ya sea trasladándonos físicamente (para lo cual debemos agregar a la revolución en las telecomunicaciones la simultánea revolución en los medios de transporte), ya sea –algo que interesa más específicamente a nuestro tema– mediante la circulación de información.

La experiencia de interactuar en tiempo real con otro que está distante (como hacemos cuando hablamos por teléfono o chateamos) es consustancial a la tardomodernidad. No abundaremos al respecto, pero de eso se trata justamente la definición de globalización: la capacidad que han adquirido áreas estratégicas de las sociedades modernas –sobre todo los mercados financieros– para funcionar en tiempo real a escala planetaria.

La experiencia de la simultaneidad a distancia es tan común para nuestros contemporáneos que no solemos tomar en consideración que sólo se ha vuelto posible hace escasas generaciones. En 1793 se instala, en Francia, el primer sistema de telegrafía aérea, una red de puestos de repetición de señales mecánicas. Es un primer avance, pero recién con el desarrollo de la telegrafía eléctrica, en 1837 aparece el primer, rudimentario, medio de desanclar espacio y tiempo, aunque limitado casi totalmente a fines militares y comerciales. Habrá que esperar a la invención del teléfono, en el último cuarto del siglo XIX, para disponer de una técnica de uso doméstico. El éxito del teléfono en Estados Unidos ilustra su impacto: empieza a comercializarse en 1876 y cinco años después la red norteamericana ya cuenta con 123.000 aparatos. La invención de la "telegrafía sin hilos" por Marconi, en 1901, es el preámbulo para el desarrollo de los actuales medios electrónicos (Mattelart, 2003).

Por otra parte, el concepto de medios de comunicación alude también a la superación de otra limitación. Las formas de comunicación que no utilizan mediaciones tecnológicas se encuentran muy limitadas en la cantidad posible de participantes en el acto comunicativo. Aunque en la Antigüedad se utilizaron anfiteatros naturales o artificiales para posibilitar

Ilustración 4: Operador de telégrafo cortando un telegrama (1908): primeras experiencias de simultaneidad a distancia en la historia humana

audiencias mayores, las limitaciones en el número son evidentes. Puede decirse lo mismo de las técnicas de reproducción manuales de textos e imágenes, trabajosas y de lenta obtención. Recién con la imprenta, y mucho más con los medios electrónicos, estas limitaciones son superadas: desde el punto de vista técnico, un mensaje puede tener como audiencia potencial a toda la población humana, y son comunes los que efectivamente alcanzan a cientos de millones de personas.

Sin embargo, resulta claro que cuando la participación es numerosa se producen importantes asimetrías en la capacidad de incidir en el acto comunicativo. En una conversación cara a cara los participantes intervienen activamente, y la contribución de cada uno incide directamente en las de los demás y, a la postre, en el desarrollo general de la interacción. No sucede lo mismo en un mensaje masivo, donde los emisores o productores definen el contenido de la comunicación, en ausencia de formas directas de retroalimentación. Esto no quiere decir que las audiencias sean absolutamente pasivas: con mi agrado o disgusto reinterpreto el mensaje y le doy un sentido, puedo seguir fielmente a un periodista, o cambiar de canal apenas aparece, mirar o no TV, leer o no un diario o una revista. Los índices de audiencia son (aunque limitadas) una forma de respuesta a la propuesta del medio: sin embargo resulta evidente la asimetría entre los emisores (que participan directamente) y la audiencia (que necesita formas mediadas para intervenir, desde los índices de audiencia y sondeos, hasta las cartas al lector).

De hecho, es útil la clasificación que ha propuesto al respecto J.B. Thompson, quien distingue: a) la interacción cara a cara, b) la interacción mediática y c) la casi-interacción mediática. La primera es parte de la dotación habitual de la especie y no requiere de técnicas especiales (más allá de las competencias lingüísticas y corporales)[2], en tanto que los otros dos tipos de interacción, en cambio, sólo se han vuelto posibles con el desarrollo tecnológico. La interacción mediática alude a las formas técnicas que permiten poner en contacto a individuos distantes espacial o temporalmente (enviar y recibir una carta, hablar por teléfono o conversar mediante el chat), mientras que la casi-interacción mediática refiere

---

[2] En realidad la interacción cara a cara supone una enorme complejidad y el dominio de competencias de muy diversa índole (lingüísticas, paralingüísticas, kinésicas, proxémicas, sociales y culturales), pero en orden al tema que estamos tratando no podemos abundar al respecto.

específicamente a las relaciones establecidas por vía de los medios de comunicación masivos.

Como dice Thompson acerca de la casi-interacción mediática:

> Se trata de una situación estructurada en la que algunos individuos están implicados en la producción de formas simbólicas para otros que no están físicamente presentes, mientras que otros están fundamentalmente implicados en recibir formas simbólicas producidas por otros a los cuales no pueden responder, pero con quienes pueden establecer lazos de amistad, afecto o lealtad (Thompson, 1999, p. 119).

Resumiendo, los medios de comunicación masivos:
a) son tecnologías dedicadas a los procesos sociales de producción de sentido.
b) son instituciones sociales y se vinculan al resto de las instituciones de una sociedad. La manera específica que adquiere un medio depende de las potencialidades mismas de la técnica en cuestión, pero aún más de definiciones sociales externas a ella.
c) permiten desanclar espacio y tiempo: el acto comunicativo se produce entre personas distantes espacial y temporalmente.
d) posibilitan la intervención de numerosas personas (potencialmente toda la humanidad) en una misma interacción.
e) entre todas las formas de comunicación que utilizan los hombres y mujeres, los medios remiten a aquellas donde existe una asimetría fundamental entre productores y receptores: la capacidad de injerencia de los primeros en el contenido de la interacción es mayor y más directa (casi-interacción mediática).

Una vez que hemos definido de manera general a qué nos estamos refiriendo cuando hablamos de los medios de comunicación, podemos pasar revista a sus características y sus potencialidades. Desde la aparición de los medios electrónicos (el primero de ellos, la radio) en la década de 1920, los medios masivos han sido vistos con sospecha, y no pocas veces se les han adjudicado una capacidad de incidencia en la vida social y cultural prácticamente omnipotente. Las denuncias acerca de su intrínseca perversión y capacidad destructiva fueron acompañadas –en cada trayecto de esta historia– con los programas utópicos que depositaban en los medios las esperanzas de profundos y positivos cambios.

En los '60 Umberto Eco (1977) acuñó una irónica taxonomía de estas posiciones que ha perdurado hasta hoy: los apocalípticos y los integrados, frente a la cultura de masas. Pero este debate ha corrido por dos carriles no siempre interconectados: al mismo tiempo que los medios se encontraban siempre presentes en el debate político y social de nuestra época, las ciencias sociales los constituyeron como objeto y procedieron a su disección, desde distintos enfoques y paradigmas. Por ello necesitamos detenernos en una caracterización más profunda de los medios de comunicación, y para ello recogeremos los desarrollos y las conclusiones de líneas teóricas y de investigación diversas, en la medida en que entendemos que sus aportes puedan revestir interés.

Como en todo proceso semiótico, en los medios de comunicación están presentes tres momentos o aspectos que –aún cuando en cada caso se encuentran íntimamente entrelazados– son sin embargo distinguibles desde un punto de vista analítico.

Se trata del circuito de producción – circulación – consumo, común a cualquier proceso productivo. En el caso específico de los medios, nos enfrentaremos a la producción de materiales textuales (escritos o audiovisuales) por parte de organizaciones mediáticas de gran escala; la circulación de los mismos y su consumo (o reconocimiento) por parte de diferentes audiencias.

Todo análisis que se aboque solamente a alguno de estos aspectos resultará parcial e incompleto. Sin embargo, la complejidad de un abordaje integral ha hecho que –en la práctica– las diferentes líneas de investigación terminen focalizando partes de este proceso, aún cuando –en menor o mayor medida– reconozcan su relación con un sistema mayor.

En parte, esta situación deviene de la misma complejidad de los procesos de producción de sentido. Para los medios de comunicación también resulta válido lo que Eliseo Verón dice de manera general:

> En efecto, esos dos conjuntos de condiciones nunca son idénticos: las condiciones de producción de un conjunto significante nunca son las mismas que las condiciones de reconocimiento [...] En todo caso, siempre tratamos con dos tipos de "gramáticas": "gramáticas" de producción y "gramáticas" de reconocimiento. Por el contrario, no existen –hablando con propiedad– huellas de la circulación: el concepto circulación no puede hacer "visible" en el análisis sino como separación, precisamente, entre dos conjuntos de huellas, las de la producción y las del reconocimiento (Verón, 1995, pp. 16-17)

Si bien este modelo semiótico dista de ser un presupuesto en la generalidad de la investigación sobre medios de comunicación, nos resultará útil a modo organizativo. Así, la corriente conocida como "sociología de las noticias" ha indagado el momento de la producción y cómo éste condiciona tanto el tipo de textos producidos, como sus características diferenciales. La definición del periodismo como una profesión resulta fundamental en este sentido, ya que así se posibilitan las operaciones de tratamiento de los acontecimientos y su conversión en noticias, asegurando implícitamente a la audiencia un suministro directo y objetivo de hechos. Por supuesto, en muchos y complejos sentidos, lo contrario es cierto: nada resulta menos objetivo y más artificial que el contenido de los medios masivos. Al respecto, el "modelo de propaganda" de Chomsky y Herman muestra las limitaciones y condicionamientos de los medios, en el marco del capitalismo de mercado.

La relación entre textos y audiencias ha sido el tema central de la corriente de más larga trayectoria en la investigación sobre medios: la investigación de los "efectos". Por muchas razones, hablar de efectos de los medios de comunicación (y aún peor, de sus mensajes) implica un mal punto de partida conceptual. Sin embargo, algunos de los resultados de este tipo de investigación son atendibles. Luego de una breve y muy general panorámica de la corriente nos detendremos en dos líneas que resultan de interés: los estudios de agenda-setting y la denominada "teoría de cultivo".

Finalmente, la corriente anglosajona de estudios culturales ha sido el hogar de una serie de investigaciones y teorizaciones acerca del rol activo y productivo de las audiencias, en su encuentro con los textos mediáticos.

Recursos:

The Spectator
http://elmismodiario.blogspot.com.ar/

Existe un proyecto de traducción integral de *The Spectator*, el periódico que Joseph Addison y Richard Steele publicaron entre 1711 y 1712, y que es una excelente muestra de la prensa burguesa previa a que –un siglo y medio después– apareciera la prensa de masas. Vale la pena curiosear en su contenido.

Capítulo 3

La sociedad de masas y la aparición de los medios de comunicación masivos

Los medios de comunicación de masas son un invento relativamente reciente. Sólo a fines del siglo XIX, por razones en las que deberemos detenernos, estamos en condiciones de certificar su existencia, luego de cuatro siglos de preparación que van desde la invención de la imprenta hasta la industrialización, pasando por el correo y el comercio.[1]

Nos referimos, claro está, a los medios de masas. Otra cosa es hablar de los instrumentos utilizados por el hombre para satisfacer su inherente necesidad de comunicarse. Estos son muy antiguos. Prácticamente todas las civilizaciones dispusieron de medios para comunicarse en la distancia y en el tiempo, empezando por sus manifestaciones artísticas y arquitectónicas.

Sin embargo, los modernos medios masivos surgieron en forma paralela con los cambios sociales que –en el período entre siglos– dieron a luz, justamente, a la sociedad de masas, contexto social de las primeras teorizaciones que analizaremos.

En la segunda mitad del siglo XIX, las sociedades capitalistas estaban sufriendo profundos cambios y resulta bastante interesante observar cómo los intelectuales de la época trataron de dar cuenta de los mismos, llegando incluso a la fundación de disciplinas nuevas para ello: la sociología es, en este sentido, la consecuencia más evidente.

---

[1] Ver capítulo 3

Tomemos como ejemplo de estas dinámicas a uno de los precursores de la sociología: Ferdinand Tönnies, quien estableció una influyente diferenciación entre tipos de vínculos sociales entre los integrantes de comunidades y grupos, de acuerdo al tamaño de la población y al grado de complejidad de la división del trabajo. Determinó así dos tipos básicos de relaciones producto de la voluntad de los hombres: la comunidad (*Gemeinschaft*) y la sociedad (*Gesellschaft*).

Una comunidad es aquella en la que las personas se encuentran fuertemente vinculadas entre sí por la tradición, el parentesco, la amistad o algún otro factor socialmente cohesivo. Ejemplos de este tipo de lazos serían la familia, los integrantes de una aldea o los miembros de una comunidad religiosa. Esta organización coloca al individuo dentro del alcance de sistemas muy fuertes de control social informal. En palabras de Tönnies la comunidad alude a "un sentimiento recíproco y vinculante que mantiene juntos a los seres humanos como miembros de una totalidad" (cit. en De Fleur & Ball-Rokeach, 1986, p. 207).

El predominio de la comunidad estaría, así, vinculado a las sociedades tradicionales de base agraria. La revolución industrial y el proceso de urbanización hicieron que se vuelva predominante un segundo tipo de vinculación social: la sociedad.

En una sociedad la condición esencial de la relación social es el contrato, éste se entiende como una relación social voluntaria, convenida racionalmente, donde ambas partes se comprometen a cumplir obligaciones específicas entre sí o a cederse ciertos bienes si se rompe el contrato. En la sociedad los vínculos que unen a los individuos son de carácter formal y los mecanismos de control social impersonales.

> En la sociedad cada uno vale para sí y está aislado, mientras existe una situación de tensión contra los otros. Sus esferas de actividad están marcadamente separadas, con lo que cada uno rechaza el contacto y la admisión a su propia esfera con los otros; es decir, las intrusiones son consideradas como actos hostiles. Esta actitud negativa entre unos y otros se constituye en la relación normal (Ibíd., p. 209).

Para Tönnies la sociedad coloca al individuo dentro de un sistema impersonal y anónimo. En esta situación los individuos no son tratados o valorados por sus cualidades personales, sino que son apreciados por el grado en que puedan mantener su parte en las obligaciones contratadas.

Los cambios observados por Tönnies se vinculaban claramente a un proceso de importante urbanización que caracterizó al capitalismo del período entre siglos. En Gran Bretaña, cuna de la Revolución Industrial y el país más avanzado al respecto, la población urbana superó en número a la rural hacia 1900, proceso que –algo más tardíamente– también se dio en el resto de los países europeos. Las ciudades crecían a un ritmo vertiginoso y así apareció como actor la muchedumbre. Un testigo aristocrático de este momento, el filósofo español José Ortega y Gasset, reflejaba de esta manera la situación:

> Tal vez la mejor manera de acercarse a este fenómeno histórico consista en referirnos a una experiencia visual, subrayando una facción de nuestra época que es visible con los ojos de la cara. Sencillísima de enunciar, aunque no de analizar, yo la llamo el hecho de la aglomeración, del «lleno». Las ciudades están llenas de gente. Las casas, llenas de inquilinos. Los hoteles, llenos de huéspedes. Los trenes, llenos de viajeros. Los cafés, llenos de consumidores. Los paseos, llenos de transeúntes. Las salas de los médicos famosos, llenas de enfermos. Los espectáculos, como no sean muy extemporáneos, llenos de espectadores. Las playas, llenas de bañistas. Lo que antes no solía ser problema, empieza a serlo casi de continuo: encontrar sitio [...] La muchedumbre de pronto se ha hecho visible, se ha instalado en los lugares preferentes de la sociedad. Antes, si existía, pasaba inadvertida, ocupaba el fondo del escenario social: ahora se ha adelantado a las baterías, es ella el personaje principal. Ya no hay protagonistas, sólo hay coro (Ortega y Gasset, 1993, pp. 42-45)

En este contexto hace su aparición un público nuevo, apto para los nuevos medios: el público de masas, a partir de la aparición del *New York Sun*, pero especialmente luego, en las últimas décadas del siglo XIX, con los periódicos de William Randolph Hearst y Joseph Pulitzer. Más tarde, a comienzos del siglo XX, con las invenciones del cine y la radiofonía, el vínculo entre las masas y los medios de comunicación *de masas* pasarán a ocupar el centro de la escena, con un rol claramente definido e insustituible.

La masa

El concepto de masa o multitud es central en la época que estamos considerando. La masa consiste en aglomerados humanos en donde las personas perderían sus características individuales para pasar a constituir partes de un sujeto colectivo, movido por las pasiones y los instintos.

> Una multitud es un tipo de asociación fusional que resulta de la conformación momentánea de un coágulo de personas que se reúnen en un mismo lugar, en un mismo momento, para hacer unas mismas cosas de la misma manera y con idéntica vehemencia, con un mismo objetivo, licuadas en un estado de ánimo exaltado que comparten y en el que toda individualidad queda disuelta, y que se disgregan y desaparecen una vez consideran cumplida su misión, si es que antes no han sido dispersadas a la fuerza por agentes del orden, en caso de que su aparición sea considerada inaceptable (Delgado, 2008, p. 105)

Como se deriva del pensamiento de Tönnies, ya comentado, la masa se generaría a partir del desvanecimiento de las relaciones comunitarias tradicionales, sustituidas por vínculos impersonales que atomizarían a los individuos. Esta perspectiva está muy presente en uno de los textos más característicos de toda la amplia bibliografía sobre la "psicología de las muchedumbres" de las últimas dos décadas del siglo XIX. Se trata de *Psicología de las masas*, de Gustave Le Bon, publicado en 1895.

En la descripción que hace Le Bon de las masas se destaca el componente irracional de las mismas, que se afincaría en los residuos arcaicos existentes en el inconsciente, y que provendrían de la pertenencia de los individuos a una raza. Esta última categoría –raza– es muy importante en el pensamiento de Le Bon, y alude más bien a la identidad cultural de una nación o colectividad, y no tanto a características biológicas (como sí serían subrayadas en las concepciones eugenésicas de comienzos del siglo XX).

Veamos la descripción que realiza este autor de la masa:

> Bajo ciertas circunstancias, y sólo bajo ellas, una aglomeración de personas presenta características nuevas, muy diferentes a las de los individuos que la componen. Los sentimientos y las ideas de todas las personas aglomeradas adquieren la misma dirección y su personalidad consciente se desvanece. Se forma una mente colectiva, sin duda transitoria, pero que presenta características muy claramente definidas. La aglomeración, de este modo, se ha convertido en lo que, a falta de una expresión mejor, llamaré una masa organizada. Forma un único ser y queda sujeta a la ley de la unidad mental de las masas (Le Bon, 1995, p. 10).

Esa "mente colectiva" se sobreimpone a las características individuales, y "[a los integrantes de la masa] los hace sentir, pensar y actuar de una manera bastante distinta de la que cada individuo sentiría, pensaría y actuaría si estuviese aislado " (Ibíd., p. 11).

La razón de esta diferencia entre el comportamiento individual y el colectivo reside en el convencimiento de Le Bon –compartido por la psicología de la época– en el predominio de un sustrato inconsciente animal: bajo todo Dr. Jekyll se encontraría acechante un Mr. Hyde, y la constitución de una masa sería la situación óptima para su aparición. Después de todo, arguyen los psicólogos de las masas, la civilización es apenas una capa delgada, un barniz adquirido muy recientemente en la evolución filogenética de la especie humana:

> Nuestros actos conscientes son el resultado de un sustrato inconsciente creado en la mente, en su mayor parte por influencias hereditarias. Este sustrato se halla constituido por las innumerables características comunes transmitidas de generación en generación que forman el genio de una raza. Detrás de las causas alegadas de nuestros actos, es indudable que hay todavía muchas más causas secretas que nosotros mismos ignoramos. La mayor parte de nuestras acciones cotidianas es el resultado de motivos ocultos que escapan a nuestra observación (Ibíd., p. 12).

Este sustrato común hace que para Le Bon factores como el nivel educativo o la clase social no se traduzcan en diferencias significativas en el seno de una masa: da lo mismo si ella se integra con obreros o campesino, o con juristas y académicos:

> por el simple hecho de formar parte de una masa organizada, un hombre desciende varios peldaños en la escala de la civilización. Aislado, es posible que sea un individuo cultivado; en una masa será un bárbaro – esto es: una criatura que actúa por instintos. (Ibíd., p. 13)

La distinción importante para Le Bon es la que diferencia al individuo del grupo (o colectividad), y que coincide con la distinción entre razón e irracionalidad, con lo cual "el trabajo de una masa, cualquiera que sea su naturaleza, es siempre inferior al de un individuo aislado" (Ibíd., p. 71).

¿Pero cuál es la causa que explica el que las personas puedan despojarse de tal manera de su individualidad, quedando inmersos en una mente colectiva? Para Le Bon la explicación está dada por la sugestionabilidad, es decir la posibilidad siempre presente, que sería inherente en general a la especie humana, de perder el control consciente, si las circunstancias eran las propicias.

> Hoy en día sabemos que, por medio de varios procesos, un individuo puede ser puesto en una condición tal que, habiendo perdido su personalidad consciente, obedece todas las sugerencias del operador que le ha privado de ella y comete actos en manifiesta contradicción con su carácter y sus hábitos. Las observaciones más minuciosas parecen probar que un individuo, sumergido durante

cierta cantidad de tiempo en una masa en acción, pronto se encuentra – ya sea por consecuencia de la influencia magnética producida por la masa o por alguna otra causa que ignoramos – en un estado especial que se asemeja mucho al estado de fascinación en el que se encuentra el individuo hipnotizado que está en las manos de un hipnotizador. Habiendo sido paralizada la actividad mental en el caso del sujeto hipnotizado, éste se convierte en esclavo de todas las actividades inconscientes que el hipnotizador dirige a su voluntad. La personalidad consciente ha desaparecido por completo; la voluntad y el discernimiento se han perdido. Todos los sentimientos y pensamientos se inclinan en la dirección determinada por el hipnotizador. (Ibíd., p. 13)

Resulta claro que Le Bon –y la psicología de las masas de fines del siglo XIX en general– es tributario de los debates que se daban de manera contemporánea en el ámbito de la psiquiatría francesa, donde las investigaciones (y aún más, las exhibiciones públicas) de Jean-Martin Charcot sobre la histeria y el uso de la hipnosis como método terapéutico habían tenido un impacto enorme.

Es decir que hacia fines del siglo XIX existía un amplio consenso respecto al sustrato biológico inconsciente de la conducta, y a la inevitabilidad de la pérdida del autocontrol en presencia de factores y técnicas apropiados para ello (como la hipnosis). La masa psicológica, tal coma la entiende Le Bon, es un factor análogo a la técnica del hipnotizador, con consecuencias estructuralmente similares. El escenario en el que piensa a las masas, entonces, es el de la psicopatología.

Existen algunos otros aspectos de este pensamiento que aún debemos consignar. El primero es la aceptación general de los postulados del darwinismo social, que llevan a que considerar las sociedades como etapas evolutivas, en donde las pautas culturales y comportamiento de un grupo pueden ubicarse en un continuo barbarie-civilización, con lo cual una persona o colectividad pueden "avanzar" o "retroceder". Así debe entenderse la frase ya citada por la cual en una masa "un hombre desciende varios peldaños en la escala de la civilización".

El "avance" en las etapas de la evolución biológica y social no se daba, para Le Bon, de manera uniforme. En concreto, los varones habían alcanzado cotas más altas en la evolución, y eso implicaba que eran menos sugestionables; y los mismo podía decirse de las diferencias filogenéticas entre adultos y niños:

Ilustración 5: El movimiento obrero: actor social demonizado por la psicología de la masas del siglo XIX

La teoría que fundamentaba tales enfoques era que, en el curso de la evolución biológica, los hombres habían desarrollado sus capacidades mentales más que las mujeres (los cráneos de las mujeres habían crecido menos que los de los hombres y su potencia cerebral también era mucho menor). Esto las hacía más propensas a la demencia y menos capaces de contener sus pulsiones instintivas (Laclau, 2005, p. 53).

Finalmente, si bien el modelo de Le Bon intenta ser universal, es evidente que su preocupación era el avance de unas masas muy concretas: las de los proletarios europeos, ese espectro que recorría Europa amenazando el status quo capitalista.

Hoy en día los reclamos de las masas se están volviendo cada vez más claramente definidos y significan nada menos que la determinación de destruir completamente a la sociedad tal como ésta existe actualmente, con vista a hacerla retroceder a ese primitivo comunismo que fue la condición normal de todos los grupos humanos antes de los albores de la civilización (Le Bon, 1995, p. 7).

Llegamos así a transparentar las posiciones de la psicología de las masas decimonónica: cuando ésta hable de "masas" o "muchedumbres", siempre habrá que leer "clase obrera" o "proletariado", cuando describa el comportamiento irracional de las mismas, deberemos también asumir como lugar de la enunciación el etnocentrismo de clase.

Freud y la psicología de las masas

Sigmund Freud, el padre del psicoanálisis, había asistido a las clases de Charcot en los tramos iniciales de su carrera, y evidentemente conocía bien la literatura sobre la psicología de las muchedumbres. En 1921 publicó un libro muy influyente sobre el tema: *Psicología de masas y análisis del yo*. Allí inicia su análisis del fenómeno de las masas en el punto en donde lo había dejado Le Bon, al que glosa extensamente. Asumiendo en principio como válidas las descripciones de éste, su intención manifiesta es encontrar una explicación más convincente al comportamiento de las masas, desde la perspectiva del psicoanálisis. Explicar

> el hecho sorprendente de que ese individuo a quien [la psicología individual] había llegado a comprender siente, piensa y actúa de manera enteramente diversa de la que se esperaba cuando se encuentra bajo una determinada condición: su inclusión en una multitud que ha adquirido la propiedad de «masa psicológica» (Freud, 1979, p. 69)

Vale decir que no cuestiona las descripciones de la masa mencionadas, sino que se pregunta ¿cómo es que este fenómeno se produce?. O como él mismo dice: "Nuestra labor se encaminará pues a hallar la explicación psicológica de la modificación psíquica que la influencia de la masa impone al individuo" (Ibíd., p. 75).

Para Freud el fundamento de la unidad de la masa es el amor, o más propiamente la energía libidinal, ya que es justamente Eros el encargado de la tendencia a la cohesión en todo lo existente. La Iglesia y el Ejército, masas artificiales en donde existen precisos mecanismos que tienden a la preservación de la unidad, sirven para ejemplificar algunas de las características de toda masa, especialmente la existencia de un líder, ya sea visible o no, algo que Freud encuentra un aspecto ausente en los análisis de Le Bon y Tarde. Los lazos libidinosos son dobles: hacia el líder (Cristo o el general en jefe) por un lado, y hacia los compañeros por el otro. La ilusión de que el jefe ama por igual a todos los integrantes de la masa es una característica que Freud explicará por vía del mecanismo de identificación, ya que:

> Mientras que la formación colectiva se mantiene, los individuos se comportan como cortados por el mismo patrón: toleran todas las particularidades de los otros, se consideran iguales a ellos y no experimentan el menor sentimiento de aversión. Según nuestra teorías, tal restricción del narcisismo no puede ser provocada sino por un solo factor: por el enlace libidinoso a otras personas (Ibíd., p. 83).

El origen de este enlace libidinoso debe buscarse en la envidia primitiva. Así, relata Freud, con la llegada de un nuevo hermanito a la familia, el niño se ve desplazado y desearía eliminar al competidor. Pero no puede hacer esto, en parte por la acción de la conciencia moral, en parte porque tendría graves consecuencias para sí mismo. Por eso desplaza esta tendencia agresiva hacia un sentimiento de camaradería con el hermano, que tiene por primera y principal exigencia la justicia y el trato igual para todos.

Pero volvamos al problema de la identificación, entendida en el psicoanálisis como un tipo primitivo de enlace afectivo a otra persona, en donde ésta no es objeto sexual, sino que es lo que se quiere ser, a diferencia de lo que se quiere tener.

> 1º La identificación es la forma primitiva del enlace afectiva a un objeto; 2º Siguiendo una dirección regresiva, se convierte en sustitución de un enlace libidinoso a un objeto, como por introyección de objeto en el yo y 3º Puede surgir siempre que el sujeto descubre en sí un rasgo común con otra persona que no es objeto de sus instintos sexuales. Cuanto más importante sea la comunidad, más perfecta y completa podrá llegar a ser la identificación parcial y constituir así el principio de un nuevo enlace (Ibíd., pp. 86-87)

Es evidente el hilo del razonamiento freudiano: la identificación es el mecanismo psicológico que está en la base de la constitución de la masa. ¿Pero cuál es el sujeto destinatario de la identificación? No puede ser otro que el caudillo. Además, la base del mecanismo de la masa es la relación hipnótica, a tal punto que no puede establecerse una diferencia entre hipnosis y formación colectiva ("La hipnosis es una relación colectiva constituida por dos personas", dirá Freud). Justamente, en la hipnosis se da una identificación de tal grado que la persona sustituye su ideal del yo por el objeto, lo que puede extrapolarse a la masa:

> [La masa] es una reunión de individuos que han sustituido su ideal del «yo» por un mismo objeto, a consecuencia de lo cual se ha establecido entre ellos una general y recíproca identificación del «yo» (Ibíd., p. 92).

La masa es un retorno ontogenético a la horda primitiva, concluirá Freud.

Las masas hoy

Si bien el concepto de masa ha sido desterrado en general de los trabajos sobre medios (quedando únicamente el resabio de la calificación masivos o de masas), comentaremos dos intentos recientes de revalorizar o integrar esta concepción.

El primero es el del psicólogo social Serge Moscovici, quien dedica un trabajo de 1981 a la psicología de las masas (Moscovici, 1985). Allí rescata las ideas al respecto de Le Bon, Tarde y Freud. Para él, el concepto de público es una forma anodina de referirse al mismo ente nominado antes como masa. Según este autor

> Las masas no han desaparecido en la realidad, aunque ha aparecido una modalidad de masa más dispersa, inmaterial y doméstica, que no existía antes, y a la que en la sociedad actual se da la denominación de público. La diferencia entre masa y público es que, mientras que el vínculo en la masa es de naturaleza sensorial, en el público es de tipo mental, pero en ambos casos la subordinación a las fuentes de prestigio, al poder que de ellas dimana, la tendencia a que éstas active primordialmente la obediencia, continúa siendo la nota dominante (Roda Fernández, 1989, p. 37).

Por su parte, Elisabeth Noelle-Neumann también vincula a la masa con el público, aunque integrándola en su teoría sobre la formación de la opinión pública. El comportamiento masivo sería así un caso extremo de la espiral del silencio, concepto que refiere a la hipótesis de que las opiniones sostenidas en público están condicionadas por la percepción de los agentes acerca del parecer de los demás. Así, una persona puede sostener una posición en la creencia de que la mayoría de sus conciudadanos opina de idéntica manera, aún cuando –en el hipotético caso de que estos sucediera– si su criterio pudiera expresarse con absoluta libertad su opinión podría ser exactamente la contraria. Esta teoría busca explicar los súbitos cambios de actitud que se suceden –por ejemplo– en épocas revolucionarias.

Todos los fenómenos de opinión pública implican una amenaza de aislamiento. Nos encontramos con una manifestación de la opinión pública siempre que los individuos carecen de libertad para actuar o hablar según sus propias inclinaciones y deben tener en cuenta las opiniones de su medio social para evitar quedar aislados.

> No queda duda de que esto es lo que sucede en los casos de masa concreta o muchedumbre excitada. Tanto los que participaron en la toma de la Bastilla cómo los que sólo se amontonaron en las calles buscando sensaciones fuertes sabían perfectamente cómo debían comportarse para evitar el aislamiento: tenían que mostrar aprobación. También sabían qué clase de conductas los expondría a un aislamiento peligroso para su supervivencia, a saber: el rechazo y la crítica de las acciones de las masas (Noelle-Neumann, 1995, p. 148).[2]

La noción de "multitud" también ha recibido una relectura de gran interés en la teoría política crítica contemporánea, especialmente en autores vinculados en mayor o menor medida al autonomismo italiano (Hardt & Negri, 2000; Lazzarato, 2006; Virno, 2003), aunque estas intervenciones caen fuera de nuestro foco de interés.

La teoría de la aguja hipodérmica

En este contexto, hace su aparición un público nuevo, apto para los nuevos medios: el público de masas. El *New York Sun* ya había demostrado el potencial de este público. Con su receta de periódico barato y sensacionalista, el *Sun* había redefinido el concepto de noticia cubriendo casos policiales, fraguando descubrimientos científicos y realizando retratos humorísticos de la vida de la ciudad, con lo que había alcanzado a un sector de la sociedad al que no llegaban los periódicos de partido tradicionales: las clases populares, recientemente avenidas a la alfabetización. En 1937, con este perfil, el *Sun* vendía 30.000 ejemplares, más que la suma de todos los otros diarios de Nueva York.

Con todo, el modelo fue llevado a su máxima expresión por los periódicos de William Randolph Hearst y Joseph Pulitzer, en la década del 1880.

---

[2] Es evidente que la concepción del agente que sustenta Noelle-Neumann resulta un tanto ingenua, ya que presupone la posibilidad –aunque más no sea en forma hipotética– de la existencia de individuos libres de condicionamientos sociales. bastaría una lectura superficial de la obra de Goffman para reconocer el carácter constitutivo de esos condicionamientos.

Inventores del periodismo amarillo, combinaban las notas sensacionalistas con la denuncia de las condiciones de los trabajadores, aunque sin poner nunca en cuestión el sistema socio-económico que las alumbraba.

Sin embargo, no será hasta la década de 1930 cuando los medios de comunicación de masas no pasen a ocupar el centro de la escena, con un rol claramente definido e insustituible, y esto de manera fuertemente vinculada a la expansión de la radiofonía. Como afirma De Sola Pool:

> Las grandes ciudades, las grandes fábricas, la movilidad geográfica, la burocracia y los medios de comunicación estaban creando –decían– una sociedad marcada por la anomia, la impersonalidad y los productos poco diferenciados. La radiodifusión, que había sustituido al pub de la esquina, la reunión en la iglesia, la banda local o el concierto, se ciñe a esta descripción (De Sola Pool, 1992, p. 85).

Para entonces ya había ganado terreno una concepción acerca del funcionamiento de los medios que le adjudicaba una total omnipotencia. Retrospectivamente llamada "teoría de la aguja hipodérmica" o "teoría de la bala mágica" esta concepción acerca del poder de los medios tiene sus raíces en los postulados sobre la sociedad de masas ya comentados, y en las predominantes psicologías del instinto, incluido en cierta forma el psicoanálisis.

La Primera Guerra Mundial fue un hito central en la conformación de esta teoría. Esta guerra inauguró el concepto de guerra total, es decir el involucramiento de la totalidad de cada población en el esfuerzo bélico, no solamente en el frente de batalla sino muy especialmente en las líneas de montaje. Como afirma Mattelart:

> La Gran Guerra supuso el primer conflicto llamado total. Un conflicto que no sólo se desarrolló a escala del mundo, sino también, y sobre todo, un conflicto en el que la guerra política, la guerra económica y la guerra ideológica llegaron a ser tan decisivas como las operaciones en el terreno de las armas. Suscitar la adhesión de los ciudadanos a la causa nacional se convirtió en una tarea prioritaria (Mattelart, 2003, p. 73).

Para sostener el esfuerzo bélico la propaganda se convirtió en una herramienta imprescindible. Las mentiras más alevosas fueron destiladas por las oficinas de inteligencia, al tiempo que se difundían con lujo de detalles las atrocidades, reales o inventadas, cometidas por el enemigo.

Más allá de los resultados que obtuviera esta propaganda, lo cierto es que sirvió para difundir extensamente la idea de que los medios de comunicación (prensa, radio y cine) resultaban todopoderosos a la hora de convencer a las masas indefensas. Como reseñarían en los años cuarenta Lazarsfeld y Merton

> Se admite en general que los *mass media* constituyen un poderoso instrumento que puede ser utilizado para bien o para mal y que, en ausencia de los controles adecuados, la segunda posibilidad es, en conjunto, más verosímil [...] La ubicuidad de los *mass media* conduce a muchos, fácilmente, a una creencia casi mágica en su enorme poder (Lazarsfeld & Merton, 1986, pp. 23-24)

Sintetizando, se puede decir que la teoría de la aguja hipodérmica se sustentaba en el presupuesto de que –en la situación de aislamiento psicológico y social propia de las sociedades modernas– los medios de comunicación poseían un enorme poder, al dirigirse en forma directa al inconsciente y a los instintos de los individuos.

> Esta imagen [del proceso de la comunicación masiva] es, primordialmente, la de una masa atomizada compuesta por millones de lectores, oyentes, etc., dispuestos a recibir el Mensaje; y que cada Mensaje es un estímulo directo y poderoso a la acción, que obtiene una respuesta inmediata y espontánea (Katz & Lazarsfeld, 1979, p. 18)

Esta perspectiva encontró una pseudoconfirmación en la consolidación de los regímenes totalitarios en Europa, especialmente a lo largo de la década del '30. De hecho, era parte de la misma concepción nazi de la utilización de los medios de comunicación. Como afirmaba el Manual de la Radio Alemana (1939-1940):

> «Las radiotransmisiones políticas bien preparadas pueden producir una corriente mental tan fuerte que una comunidad, e incluso grupos de personas, pueden ser inducidas a la acción común» (cit. Por e Sola Pool: 1992, pp. 109)

Ilustración 6: "¿Estás infringiendo la ley? Los canadienses patriotas no acaparan comida". La Primera Guerra Mundial fue una guerra total, que se libró en los frentes de batalla, pero también en la consciencia y la comunicación

Como explica Mauro Wolf, y de aquí el despectivo rótulo de teoría de la aguja hipodérmica, "si los mensajes de la propaganda consiguen llegar a los individuos de la masa, la persuasión puede ser fácilmente «inoculada»: es decir, si se da en el «blanco», la propaganda obtiene el éxito preestablecido" (Wolf, 1987, p. 27).[3]

---

[3] Es válido aclarar que esta posición abiertamente apocalíptica en torno al poder de los nuevos medios no era en absoluto monolítica. Véanse por ejemplo las optimistas apreciaciones de C.H. Cooley: "Generalmente [los cambios en la comunicación y en el sistema total de la sociedad, ya desde el principio del siglo xix] significan la expansión de la naturaleza humana, es decir, su poder de manifestarse en el conjunto social. Ello permite a la sociedad organizarse más y más sobre las altas facultades del hombre, sobre su inteligencia y simpatía, más que sobre la autoridad, la casta y la rutina. Significa también la libertad, sus probabilidades e infinitas posibilidades. La conciencia pública, en lugar de estar limitada a las actividades de los grupos locales, se extiende en fases sucesivas que ofrecen y recogen las sugerencias que nacen del intercambio de información, primero entre naciones y, finalmente, en el mundo, que entrará en un todo mental vivo" (Katz & Lazarsfeld, 1979, pp. 17-18).

Recursos:

Psicología de las masas: la visión del siglo XIX
http://www.gutenberg.org/ebooks/author/230
http://bit.ly/YpAS1k

Uno de los textos más influyentes de la corriente de la psicología de masas ha sido, sin ninguna duda, el que Gustave Le Bon publicó en 1895 con el título, justamente de *Psicología de las masas*. El Proyecto Gutenberg dispone de versiones en francés e inglés.

Versión en francés

Versión en inglés

La manipulación vista desde hoy
http://goo.gl/AK5jtw

El documentalista Adam Curtis realizó, en 2002, una serie llamada "El siglo del yo" para la BBC, en donde diseccionaba la influencia de la psicología de masas y la propaganda para la creación de la sociedad de consumo en el siglo xx. El primer capítulo se centraba en la figura de Eduard Barneys (sobrino de Sigmund Freud) y sus teorías sobre la relación consumo-democracia, ofreciendo una visión de la publicidad, la propaganda y los medios como una forma de controlar y manipular a las masas. De esta manera, permite adentrarse en las ideas predominantes sobre estas cuestiones en las primeras décadas del siglo xx.

Masas y arte escénico contemporáneo
http://www.cendeac.net/es/editorial/catalogo/48

En una publicación reciente del Centro de Documentación y Estudios Avanzados de Arte Contemporáneo (Murcia, España), donde se aborda el ámbito del arte como campo de análisis para definir las características del espectador inmerso en la propia obra, Manuel Delgado realiza una recuperación positiva de la categoría de masa o turba. Dice, por ejemplo, que las "exasperaciones colectivas" deben reconocerse como "formas extremadamente complejas y eficientes de autogestión social". Vale la pena leer este provocativo artículo.

Capítulo 4
De la propaganda, o del pánico y las conspiraciones

En 1938, en un episodio clásico, múltiplemente referido, Orson Welles y su compañía de radioteatro emitieron una versión de la novela "La guerra de los mundos", de H.G. Wells. La particularidad de esa emisión fue que simulaba ser un relato periodístico de sucesos "reales". El resultado fue devastador: "mucho antes de terminar el programa, en todo Estados Unidos había personas rezando, llorando y huyendo frenéticamente para no encontrar la muerte a manos de los marcianos" (Cantril, 1986, p. 93).

Resulta claro que para los radioescuchas del programa de Welles, la invasión extraterrestre era un acontecimiento real y aunque era en sí una ficción imaginaria, sus consecuencias no lo fueron en absoluto. ¿Se trataba sólo de un funesto malentendido, o los medios poseían una capacidad casi innata para la mentira y la manipulación? Esta pregunta atravesará la objetivación que hagan de los medios quienes posaron sobre ellos su mirada y su preocupación en las primeras décadas del siglo xx, por lo menos hasta el inicio de la Segunda Guerra Mundial.

Ya se había dicho de William Randolph Hearst y de sus periódicos que fueron capaces de llevar a Estados Unidos a una guerra (la guerra

Ilustración 7: La emisión de Welles, puesta como ejemplo del poder de los medios

con España por Cuba, en 1898)[1], movidos por la desmesura del interés comercial y la feroz y personalizada competencia con Joseph Pulitzer. Pero es en ocasión de la Primera Guerra Mundial cuando las técnicas de la propaganda hacen su aparición ocupando el lugar específico de creación de imágenes y opiniones, vehiculizadas por los aún incipientes medios de comunicación y en favor de una estrategia militar global.

Es que este conflicto fue la primera guerra *total*, en donde se involucraron no solamente los ejércitos y sus armamentos, sino las poblaciones completas de los países enfrentados. La unificación ideológica se transformó en una cuestión de Estado, así como la incidencia sobre las opiniones y creencias de las poblaciones y ejércitos enemigos.

La conocida anécdota sobre el macabro ingenio del general británico J.V. Charteris es ilustrativa de este aspecto. Según relataba Georges Sylvester Viereck en un libro de 1930, al comparar dos fotografías capturadas a los alemanes –una de ellas mostrando los cadáveres de soldados germanos siendo arrastrados para su entierro, la otra retratando a caballos muer-

---

[1] La manipulación de la información por parte de los periódicos de Hearst, volcando a la opinión pública norteamericana hacia una posición intervencionista, está referida en el clásico film *El ciudadano* (1941), también de Orson Welles.

tos que eran llevados a una fábrica para la extracción de jabón y aceite–, Charteris tuvo la genial ocurrencia de intercambiar los epígrafes, de manera que la primera de las fotografías quedó acompañada de la inscripción "Cadáveres alemanes en camino a la fábrica de jabón". Según Sylvester Viereck:

> El general Charteris despachó esa fotografía a China para levantar allí la opinión pública contra los alemanes. La reverencia de los chinos por los muertos llega a la veneración. La profanación de los muertos, que se atribuía a los alemanes, fue uno de los factores que llevaron a la declaración china de guerra contra Alemania y sus aliados (cit. en De Fleur & Ball-Rokeach, 1986, pp. 219-220).

La anécdota nos ilustra sobre varias cuestiones: el uso intensivo de los medios de comunicación para incidir sobre la opinión publica, la desaprensión respecto a la veracidad de lo informado en tanto resultara funcional a los objetivos buscados, pero también el impacto que la generalización de este uso tuvo en sus analistas, al punto de adjudicarle una importancia decisiva en relación a decisiones y procesos de enorme trascendencia.

La opción británica por la apelación a los sentimientos y las emociones pareció triunfante frente a la estrategia alemana de aducir razones y justificaciones argumentadas. De allí que se reforzara la idea de que los medios de comunicación podían constituir una eficaz herramienta para alcanzar el sustrato irracional de los individuos, para pulsar esa cuerda cuyo nombre preciso era la *manipulación*, y su resultado la masificación. Ya Freud había afirmado la pérdida de la individualidad al interior de una masa y su sustitución por una identificación del mismo tipo que la que vincula al hipnotizador y al hipnotizado: "la hipnosis es una relación colectiva constituida por dos personas", afirmaba el padre del psicoanálisis en *Psicología de las masas y análisis del yo*.

Terminada la Gran Guerra, la propaganda será objeto de debate moral, en la medida en que se conocía con cierto detalle la profusión de engaños y mentiras que habían emanado de las usinas de los Servicios de Inteligencia de cada país en conflicto. Discutidos sus medios y fines, casi no se objetó, sin embargo, su supuesta eficacia.

A favor o en contra, la aplastante mayoría no puso objeciones a la eficacia de la guerra de las octavillas y de los comunicados, sino todo lo contrario. Detractores y prosélitos contribuyeron, así, a renovar la idea de la potencia mágica de las modernas técnicas de persuasión (Mattelart, 2003, p. 86).

Acto seguido, los regímenes totalitarios (nazismo y fascismo) parecieron confirmar la validez de la omnipotencia mediática. Después de todo, los productos del "Ministerio de la Propaganda y de la Ilustración del Pueblo" de Goebbels obtenían como efecto el consentimiento del pueblo alemán en el plan de exterminio y genocidio, se decía. Con la Segunda Guerra Mundial ya no queda espacio, al hablar de propaganda, para el debate moral. La verosimilitud sustituye a la verdad, ya que –al decir del propio

Ilustración 8: El régimen nazi diseñó una política propagandística específica y muy sofisticada, que combinó el uso de los medios con enormes y coreografiadas manifestaciones.

Goebbels– "la política de las noticias es un arma de guerra: su propósito es el de hacer la guerra y no el de dar información" (cit. en Doob, 1985, p. 139), aseveración refrendada en la práctica por los países del bando aliado. Si la eficacia omnipotente de la propaganda mediática va ser una posición cada vez más infrecuente en las décadas que siguen a la Segunda Guerra, acorralada por el descubrimiento de los múltiples factores y condicionamientos que, apelando a la verbigracia, mediatizan los efectos mediáticos, la necesidad militar de acompañar cada frente de conflicto con una estrategia de información/desinformación perdurará hasta hoy. "Guerra psicológica", "guerra política", "guerra de las ideas", "agresión indirecta" y otros varios términos atestiguan la incorporación de los aspectos que hacen a la creación de opiniones e imágenes en la estrategia militar contemporánea. La guerra fría será el caldo de cultivo apropiado para estas concepciones, ya que –como afirmara el general Eisenhower siendo presidente de EE.UU–:

> la lucha en la que está hoy comprometida la libertad es, literalmente, una lucha total y universal [...] Es una lucha política [...] Es una lucha científica [...] Es una lucha intelectual [...] Es una lucha espiritual [...] Porque el envite de esta lucha total, en su sentido más profundo, no es ni el suelo, ni los alimentos, ni el poder, sino el alma misma del hombre (cit. en Mattelart, 2003, p. 117).

¿Cómo pensar un protagonismo más destacado para la construcción de imaginarios que el que ofrece esa guerra cuyo objetivo es la conquista del alma de los hombres? Guerra, además, donde se enfrentarán –en lugares y coyunturas diversas– dos conjuntos de significaciones imaginarias poderosísimas: el de la liberación nacional y el de la defensa de la libertad y la democracia. El conflicto ya no será en lo sucesivo un enfrentamiento abierto entre ejércitos regulares, sino que se dará al interior de las sociedades. El coronel Roger Trinquier, desde el puesto de avanzada que supusieron a fines de los '50 y comienzos de los '60 las guerras coloniales en Indochina y Argelia, las mismas que acabaron con las colonias francesas, había advertido la novedad. "El control de las masas es el arma maestra de esta guerra. Esta masa es amorfa, hay que tomarla", decía. ¿Cómo hacerlo?, se preguntaba. Y su respuesta: "Por la fuerza o el lavado de cerebro" (cit. en Ibíd., p. 128).

Las enseñanzas de Trinquier fueron asimiladas y puestas en práctica por los asesores militares de Estados Unidos en los '60 y '70, y cristalizaron en las dictaduras latinoamericanas que se acrisolaron en torno a una nueva construcción imaginaria: la ideología de la seguridad nacional, la defensa contra la supuesta amenaza externa del comunismo apátrida, amenaza que incluso permitió la superación momentánea de las desconfianzas mutuas entre los ejércitos de uno y otro país, a la hora de coordinar la represión de sus propios habitantes (como quedó acabadamente demostrado con las revelaciones sobre el Plan Cóndor y la colaboración entre los ejércitos y fuerzas paramilitares de Argentina, Chile y Uruguay).

En todo este derrotero, los medios de comunicación aparecen como el instrumento insustituible (aunque no único) para la inculcación de las significaciones buscadas. El hallazgo de la verdad, como meta proclamada del periodismo y de los medios, en su faz informativa, resulta una tarea cada vez más opaca y lejana. El retorno a la vigencia de las instituciones democráticas en los países latinoamericanos a partir de mediados de los '80 no implica –de manera automática– la superación de estos inconvenientes. Noam Chomsky ha sugerido, al respecto, que es precisamente en los sistemas de democracia formal donde resulta necesario apelar a mecanismos de fabricación del consenso, a diferencia de los sistemas totalitarios donde siempre es factible apelar a la fuerza o a la amenaza de la misma. En los términos de J. Thompson (1999), las democracias liberales son sistemas sociales en donde el poder político apela preferentemente a la utilización del poder simbólico, mientras que los regímenes totalitarios apelan de manera más evidente al poder coercitivo. Si aceptamos esta diferenciación, resultará obvio que –aún cuando en una dictadura el control sobre los medios de comunicación sea mayor y la censura más evidente– es en los sistemas democráticos donde el rol de los medios de comunicación en la construcción de imaginarios resulta crucial. O, como lo afirman Chomsky y Herman:

> En los países donde los resortes del poder están en manos de la burocracia estatal –mediante el control monopolístico sobre los medios de comunicación, a menudo complementado por la censura oficial– resulta obvio que dichos medios están al servicio de los fines de una determinada élite. Resulta mucho más difícil advertir la actuación de un sistema propagandístico cuando los medios de comunicación son privados y no existe censura formal; en particular cuando tales medios compiten activamente, atacan y exponen con cierta periodicidad los errores del gobierno y de las corporaciones, y se autocalifican enérgicamente de portavoces de la libertad de expresión y de los intereses generales de la comunidad. Lo que ya no es tan evidente (y sigue sin discutirse en los medios de comunicación), es la naturaleza limitada de tales críticas, así como la inmensa desigualdad de los recursos de que disponen y el efecto que tal desigualdad produce tanto en el acceso a una organización de medios de comuni-

cación privada como en su funcionamiento y actuación (Chomsky & Herman, 1990, p. 21).

Chomsky denomina acertadamente a su propuesta de análisis "modelo de propaganda", denominación con la que acentúa su carácter de eslabón tardomoderno de la larga cadena de fabricación de imaginarios funcionales al poder, en la que los medios de comunicación adquieren un rol cada vez más protagónico. Si bien los periodistas alegan ser "objetivos" (o al menos imparciales) en su trabajo, y si bien esto puede ser cierto dentro de ciertos parámetros, el cuestionamiento de Chomsky y Herman es justamente a esos parámetros que miden la objetividad posible. No se trata de un sistema de censura que prohíba explícitamente el tratamiento de determinados temas, sino que un sistema de "fabricación del consenso" hace que los temas escogidos y las perspectivas utilizadas sean justamente las más convenientes para la pervivencia de los sectores poderosos en una sociedad[2]. En un diálogo con Andrew Marr, periodista estrella de la BBC, Chomsky ejemplificó acabadamente este punto. Ante una objeción de Marr ("todo esto que sugiere –afirmó Marr– es que la gente como yo se autocensura"), Chomsky explicó que creía en la sinceridad de los periodistas, incluido Marr, pero, justamente, "si usted creyera algo diferente, no estaría usted sentado donde está", afirmó.

No realizaremos una descripción pormenorizada del modelo de propaganda[3], aunque destacaremos que el resultado previsto por el mismo es que existirán acontecimientos que serán convertidos en noticia y recibirán un tratamiento favorable, de acuerdo a que resulten funcionales a los intereses de los sectores poderosos, y otros, muy similares en sus características, que serán ignorados o minimizados cuando esta funcionalidad no exista. Cualquier análisis mínimamente detallado del contenido informativo de los medios de comunicación más importantes de cada país nos permitirá concluir que estos presupuestos se verifican extensamente en la información política actual. Esto se hizo particularmente evidente para el caso de la cobertura informativa que los medios norteamericanos realizaron de la invasión que Estados Unidos y sus aliados perpetraron en Irak, a partir de 2002, así co-

---

[2] En términos foucaltianos, se trata de pasar de una concepción jurídica del poder a una concepción productiva. Véase Foucault (1991).
[3] Una descripción así puede encontrarse en Chomsky y Herman (1990), mientras que para una resumida puede consultarse el artículo de Edwards (2001). Hace unos años Mark Achbar y Peter Wintonick produjeron para el *National Film Board* de Canadá un documental en dos capítulos sobre Noam Chomsky que también constituye una interesante introducción a su modelo.

Ilustración 9: La invasión estadounidense a Irak es un ejemplo reciente de la manera en que los medios hegemónicos pueden combinarse con los intereses de los gobiernos en campañas propagandísticas basadas en la mentira

mo de la denominada "guerra contra el terrorismo", donde no sólo adhirieron de manera acrítica a los postulados propuestos por los gobiernos de Estados Unidos y Gran Bretaña, sino que aceptaron incluso medidas de supervisión y control prácticamente inéditas.

Es que debemos aceptar que, al decir de Baczko,

> lo que los medios masivos de comunicación fabrican y emiten más allá de las informaciones centradas en la actualidad puesta como espectáculo, son los imaginarios sociales, las representaciones globales de la vida social, de sus agentes, instancias y autoridades, los mitos políticos, los modelos formadores de mentalidades y comportamientos, las imágenes de los "líderes", etc. En y por la propaganda moderna, la información estimula la imaginación social y los imaginarios estimulan la información y, todos juntos, estos fenómenos se contaminan unos con otros en una amalgama extremadamente activa a través de la cual se ejerce el poder simbólico (Baczko, 1991, p. 32).

Como destacara oportunamente Stuart Hall (1986), en las sociedades occidentales, y aún cuando existan importantes y evidentes vínculos entre el estado y los medios de comunicación, el trabajo ideológico no se realiza mediante la manipulación directa. Más bien se trata del proceso de codificación, es decir de la selección de contextos significantes que promueven determinadas lecturas de los acontecimientos, en detrimento de otras lecturas posibles. Como estas lecturas promovidas son sistemáticas, apuntalan la idea de que su selectividad no es tal, sino que es la forma natural de ver las cosas.

Recursos:

Marcianos en el éter
http://www.rtve.es/alacarta/audios/programa/guerra-mundos-1938/326867/
En 2008 la Radio y Televisión Española, al cumplirse 70 años de la transmisión original, realizó un homenaje a la emisión radiofónica de "La Guerra de los Mundos" de Orson Welles, volviendo a ponerla al aire, esta vez en castellano y desde un teatro madrileño. La representación siguió de un modo escrupuloso el guión original.

Capítulo 5

La investigación psicológica sobre los efectos de los medios de comunicación

El problema de los efectos de los medios de comunicación es el problema central que se plantea la investigación norteamericana, por lo menos hasta la década del '50. Dos son los marcos a partir de los cuales se estudian estos efectos: la sociología funcionalista y la psicología de orientación conductista, pero también influida por la escuela gestáltica.

Es importante destacar el carácter "administrativo" de esta corriente de investigación, es decir su dependencia –a la hora de seleccionar objetos y líneas de investigación– de fuentes de financiamiento gubernamentales y empresariales.

Es el caso de los estudios sobre persuasión, estimulados por las FF.AA. norteamericanas durante la Segunda Guerra Mundial, pero también de los estudios sobre audiencia, motivados por el carácter específicamente basado en la publicidad de la radiofonía estadounidense (a diferencia de los sistemas europeos, prototípicamente el británico nucleado en torno a la BBC):

> Una consecuencia de la dependencia de la programación de la radio americana en los anunciantes fue el desarrollo de los estudios de audiencia, basados en las ciencias sociales, tal y como las conocemos hoy. El anunciante tenía que ser persuadido de que allí se encontraba alguien escuchando. No existía ninguna evidencia física de la difusión, como en las revistas. Encuestas, estimaciones, muestreos, etc., consiguieron un fuerte apoyo de los estudios de audiencia.

Mucho de lo que sabemos sobre los medios de comunicación en la sociedad moderna surgió de una serie de notables estudios de radio realizados en la década de los treinta (De Sola Pool, 1992, p. 98).

Nos abocaremos en este capítulo a la segunda de estas corrientes, dejando para el siguiente las investigaciones de raíz sociológica. Previamente enmarcaremos los estudios específicamente mediáticos en el campo general de la investigación sobre la persuasión.

El desarrollo de los estudios sobre la persuasión

Las investigaciones sobre los efectos psicológicos de los medios masivos se entroncan en una serie de investigaciones más amplias sobre la dinámica de la persuasión que buscan el establecimiento de técnicas para lograrla, las que serán utilizadas también en la elaboración de los mensajes masivos.

Según explica Kathleen Reardon[1], luego de un largo derrotero la investigación sobre la persuasión terminó por abandonar las concepciones simplistas hasta aceptar que "para comprender el efecto (o la falta de efecto) de una comunicación persuasiva sobre el sistema de opiniones y actitudes de una persona es necesario delinear un modelo complejo de procesos cognitivos" (Reardon, 1983, p. 70).

El más básico y duradero de los paradigmas que ejercieron su influencia sobre la investigación sobre la persuasión fue el del condicionamiento, ejemplificado por el experimento de Pávlov (reflejos condicionados). Si bien este modelo parece haber caído en el descrédito, es en el fondo lo que da sustento a principios como el de la credibilidad del comunicador: la asociación de una idea con otra que se sabe positiva, aunque ningún vínculo natural las una. La asociación, después de todo, es un principio central del aprendizaje. Una segunda forma de aprendizaje está constituido por el condicionamiento operativo, en donde el principio primordial es que las respuestas se vuelven más fuertes y resistentes al cambio cuanto más asociadas estén con gratificaciones.

Por su parte, el paradigma funcional hace hincapié en que, de acuerdo con Katz, desarrollamos actitudes favorables hacia aquellas cosas de nuestro contorno que nos dan satisfacción y actitudes desfavorables hacia los as-

---

[1] Sigo básicamente en esta sección los muy completos trabajos de Reardon (1983) y Roda Fernández (1989)

pectos de nuestro mundo que generan displacer. Esta conducta de búsqueda de satisfacción ha sido denominada función instrumental, de adaptación o utilitaria de las actitudes. Para McGuire el cambio puede lograrse convenciendo al individuo (a) de que su actitud actual ya no conduce a la satisfacción buscada, (b) de que otra actitud satisfará más eficazmente las necesidades del individuo, o (c) de que el individuo debiera reconsiderar el valor de su actitud a la luz de la nueva información.

Las teorías de la coherencia cognitiva parten a su vez del presupuesto de que las personas necesitan para desenvolverse mantener la coherencia de su organización cognitiva. La nueva información produce una ruptura en esa organización que resulta intolerable para el individuo, por lo que le resulta imprescindible encontrar un modo de asimilar o ajustar la nueva información a la estructura existente. El logro del proceso de persuasión exige como pre-requisito cierto grado de desequilibrio. El equilibrio o desequilibrio se evidencia en tríadas en las que se incluyen como vértices el propio sujeto y otros dos sujetos (u objetos de cualquier índole).

El principio de congruencia es una ampliación de lo anterior, ya que estipula que las actitudes de las personas pueden ser incompatibles entre sí, en la medida en que no sea necesario confrontar dichas actitudes. Sin embargo, al momento de que las actitudes entran en asociación, la persona debe hacer que prime la congruencia. Para determinar la dirección del cambio de actitud resultante de una afirmación incongruente es preciso considerar las actitudes existentes con anterioridad a la recepción del mensaje, tanto como la naturaleza de la afirmación. Las actitudes pueden ser favorables, desfavorables o neutras; las afirmaciones pueden ser positivas, asociativas, negativas o disociadoras.

La teoría de la disonancia cognitiva de Festinger es un desarrollo de las anteriores. De acuerdo con esta perspectiva, la gente trata de reducir la disonancia de alguna de estas cuatro maneras: revoca la decisión, aumenta el carácter atrayente de la alternativa elegida, disminuye el carácter atrayente de la que ha rechazado o crea superposiciones cognitivas entre los ítems en cuestión. La magnitud de esa disonancia depende del grado de gratificación o castigo empleado para inducir la conducta. La norma es que cuanto mayor sea el grado de gratificación o castigo empleado, menor será el sentimiento de disonancia. Sin embargo, otros estudios han demostrado que si la gratificación es baja existen más posibilidades de que la persona adopte la nueva actitud como una forma de conservar la autoestima.

En general estos enfoques se enmarcan en lo que Melvin De Fleur y Sandra Ball-Rokeach (1986) denominan *modelo psicodinámico del proceso de persuasión*. La esencia de esta aplicación de la teoría de las diferencias individuales es que un mensaje eficazmente persuasivo es aquel que tiene la propiedad de alterar el funcionamiento psicológico del individuo, en tal forma que responda explícitamente (hacia lo que constituya el objeto de la persuasión) con modos de conducta deseados o sugeridos por el persuasor. En otras palabras se presume que la clave para la persuasión efectiva reside en modificar la estructura psicológica interna del individuo, de modo que la relación psicodinámica entre los procesos internos latentes (motivación, actitudes, etc.) y la conducta manifiesta y explícita lleve a los actos deseados por el persuasor. De Fleur y Ball-Rokeach citan tanto investigaciones que parecen corroborar este modelo como investigaciones que parecen invalidarlo. Según este autor, aunque el rol de estos procesos parece relacionarse sin duda con el efecto persuasivo, sería incorrecto asegurar que existe ya una teoría totalmente articulada.

Los medios como agentes de persuasión

"Resulta realmente muy difícil ser exhaustivos en este campo de estudios psicológicos experimentales ya que aparece muy fragmentado, compuesto por una constelación de microinvestigaciones específicas" (Wolf, 1987, p. 35). Es importante destacar que estas investigaciones han continuado en el tiempo y constituyen un sector relativamente autónomo, muy vinculado especialmente a las necesidades de las agencias publicitarias.

Las investigaciones sobre los efectos psicológicos conducen a un abandono de los presupuestos de la teoría de la aguja hipodérmica, en la medida en que dejan al descubierto los complejos mecanismos de percepción por medio de los cuales los mensajes son aprehendidos, los que se alejan de la simple vinculación estímulo-respuesta. En el medio, por lo menos, aparecen los "procesos psicológicos intervinientes", los que condicionan la recepción de los mensajes.

Los efectos de los medios de comunicación de masas tienen que ver centralmente con el proceso de cambio de actitudes de los individuos, hasta ser prácticamente sinónimos en la mayoría de las obras pioneras de los estudios administrativos, lo que lleva a Roda Fernández a afirmar que "lo que en la literatura científica sobre medios de comunicación aparece bajo la etiqueta de predisposiciones de la audiencia coincide virtualmente con lo que en la psicología social se entiende por actitud" (1989, p. 45). Así, para Lasswell, "la acción más distintiva del propagandista consiste en la transmisión de actitudes, proceso netamente diferenciado del de la transmisión de capacidad o comprensión acerca de los problemas" (Ibíd., p. 40).

La actitud es un concepto clave, aunque muy cuestionado a partir de la década del '70. Doob la definió como "una respuesta implícita, generadora de impulsos, considerada socialmente significativa en la sociedad del individuo" (cit. en Reardon, 1983, p. 59).

Como respuesta implícita, la actitud tiene la capacidad de condicionar fuertemente las conductas del individuo a un estímulo determinado. Así, la investigación sobre los efectos de los medios se concentró en las posibilidades de éstos como modificadores de actitudes, para por este medio modificar las conductas del público.

Ya desde su punto de partida este enfoque resulta más complejo que la teoría de la aguja hipodérmica precedente. En un texto pionero –que data de 1946– de Smith, Lasswell y Casey, al tiempo que se afirma que "la intención del propagandista es influir sobre las actitudes de las masas en lo relativo a cuestiones bajo controversia" (cit. en Roda Fernández, 1989, p. 39) se postulan dos modelos para este proceso. El primero es el que subyace a la teoría de la aguja hipodérmica, es decir $R=f(S)$, mientras que el segundo, que es aquél por el que se opta en el libro, es $R=f(E)(P)$, donde E es el entorno y P las predisposiciones de la audiencia.

> La comunicación se describe como parte del entorno y las predisposiciones incluyen los intereses, sentimientos y creencias de la audiencia. El objeto de una ciencia de la comunicación es el estudio de la «influencia», entendida como proceso mediante el cual el propagandista actúa sobre las actitudes de las masas (Ibíd., p. 40).

La idea de que los medios constituyen instrumentos potencialmente muy poderosos para lograr cambios de actitud se encuentra presente en casi todos los trabajos de esta época. Para Schramm

> Las actitudes pueden cambiarse merced a la comunicación de masas, la cuestión está fuera de toda duda. En la actualidad contamos con más de un centenar de trabajos que ofrecen evidencia cuantitativa sobre tales cambios (Ibíd., p. 44).

Pero al mismo tiempo se van constatando las dificultades a vencer para el logro de este objetivo. Así, Berelson, en sus estudio sobre el consumo de periódicos, resalta que las audiencias no se componen de sujetos iguales estimulados por una realidad simbólica homogénea, sino más bien de sujetos cuyas demandas diferentes les llevan a utilizar los medios de manera diferente y con propósitos distintos (Ibíd., p 42).

Hyman y Sheatsley en su estudio sobre una campaña realizada en Estados Unidos para favorecer la venta de bonos de guerra [concluyen] que el éxito de las campañas no depende de la información generada, sino de otros factores como la exposición de la audiencia, el contenido absorbido en la exposición y ciertas características psicológicas. Es decir, la creación de un entorno de comunicación específico no determina respuestas paralelas en los receptores con independencia de los procesos psicosociales operantes (Ibíd., p 48).

Por antítesis, en determinados casos, la eficacia de la comunicación persuasiva dependerá del grado de destrucción de los vínculos primarios del individuo, tal como se descubre en un estudio realizado por Shils y Janowitz sobre el efecto de la propaganda aliada en los soldados de la Wehrmacht.

Como verifica Roda Fernández: "A medida que se va ampliando la perspectiva de análisis se hace patente la extraordinariamente compleja naturaleza del cambio de actitud" (Ibíd., p. 51).

Cambio de actitud y persuasión

La posibilidad por parte de los medios de masas de provocar conductas en sus audiencias, cuestión con la que se inician los estudios sobre medios, es aún en gran medida un tema irresuelto. Las dos corrientes antitéticas –la que pregona la ineficacia de los medios y la que postula una capacidad positiva– pueden ser referidas en forma representativa, y para la misma época, a Klapper y Schramm. El primero popularizó la teoría de los efectos limitados [...]. En cuanto al segundo, opinaba que "los estados de disposición a reaccionar evaluativamente ante el estímulo son estados aprendidos y, por tanto, bajo condiciones apropiadas, presumiblemente reforzados, generalizados y olvidados" (Ibíd., p. 43).

Esta última vertiente se afianza claramente en lo que Wolf da en llamar la corriente empírico-experimental de la *mass communication research* o, justamente, estudios sobre persuasión. Este rótulo se muestra bastante ajustado, ya que los mayores indicadores de cambio de actitud como consecuencia de la acción de los medios provienen del desarrollo de situaciones experimentales, principalmente a partir del Programa de Comunicación de Yale, liderado por Carl Hovland. Planteando los límites del campo de estudio, Hovland señalará que

> mientras que en la ciencia política los efectos que interesan son aquellas influencias acumulativas y a largo plazo que se producen en el devenir de las ideas, en la psicología importan esencialmente los cambios relativamente inmediatos de opinión y actitud, susceptibles de ser evaluados mediante cuestionarios y, desde un punto de vista institucional, se asimilan los efectos de la comunicación a las reacciones de la audiencia ante el medio como un todo, en términos de «preferencia» o comprensión (Ibíd., p. 59).

En este marco destaca la importancia del concepto de actitud, que se entiende como una predisposición más arraigada que la que se ve reflejada por la opinión.

El objeto de este campo de investigaciones quedará delimitado entonces como la formación y cambio de las actitudes en los individuos, adoptando al efecto una metodología de tipo experimental. Estos estudios recibieron un fuerte impulso durante la Segunda Guerra Mundial, lo que se cristalizó en un ambicioso proyecto de estudio de las actitudes de los soldados americanos. El objetivo, como puede predecirse, era el logro de las actitudes más favorables para las metas de las Fuerzas Armadas, en una situación bélica. Los resultados de esta investigación fueron publicados con el título *Studies in social psychology in World War* II, aunque se conoce en general como *The American Soldier*. En los dos primeros volúmenes se aborda la cuestión de las actitudes en una organización formal como el ejército, pero en el tercero –a cargo de Hovland, Lumsdaine y Sheffield– el objetivo es investigar cómo incide la comunicación en el cambio de actitud de los soldados.

Antes de concentrarnos en el trabajo más relacionado con los medios de comunicación realizaremos una breve referencia a los volúmenes iniciales, que recogen las investigaciones realizadas por Stouffer, Suchman y otros. En este trabajo

> la actitud era tratada como un factor que explicaba el diferente grado de acomodación de los soldados a las estructuras normativas, lo que, a su vez, resaltaba su carácter instrumental. Situadas en un lugar estratégico entre el sí mismo y la vida institucional, las actitudes sirven para relacionar las metas del yo con las metas del entorno institucional (Ibíd., p. 116).

Dada esta perspectiva, no es extraño que las áreas actitudinales analizadas fueran el espíritu o estado de ánimo personal, el compromiso personal con la misión militar, la satisfacción con el status y las tareas asignadas y el grado de aprobación o crítica al ejército.

La actitud implica un proceso reflexivo: la existencia de actitudes y expectativas favorables al entorno del ejército resultaba un elemento central en las posibilidades de éxito y ascenso de cada recluta, pero al mismo tiempo el éxito mismo servía para el reforzamiento de las actitudes favorables. "Cualquiera que sea el grupo elegido, los sujetos que presentan actitudes más positivas llegan más alto, más rápido" (Ibíd., p. 118).

El trabajo del propio Hovland en este proyecto de investigación se centró, como ya se ha dicho, en las posibilidades de lograr el cambio de actitud y la persuasión a partir del uso de los medios de comunicación de masas, especialmente de películas de propaganda. Para ello se utilizaron principalmente películas de propaganda que eran proyectadas a grupos seleccionados de soldados, a los que se les realizaban tests previos y posteriores a la proyección. Estas películas hacían hincapié en información que no siempre era conocida de antemano por los soldados, como el poder ofensivo de las fuerzas del Eje, el rol en la guerra de Inglaterra, la intolerancia religiosa nazi, etc. Dado que se había encontrado que quienes estaban convencidos de la necesidad de la guerra expresaban un mayor compromiso personal y presentaban un mejor nivel de adaptación, era esperable que al hacerse más favorable la actitud de los soldados hacia la guerra, se incrementara su compromiso personal, algo que era buscado justamente con los films.

Sin embargo, la acción de los films de propaganda no demostró ser demasiado efectiva en la obtención de actitudes más favorables a la moral y la disciplina militar. Esto era así aún cuando sí se observaban modificaciones en la actitud y opinión acerca de los temas tratados directamente por las películas (el militarismo agresivo de Alemania, el esfuerzo inglés en la guerra, la inevitabilidad de la guerra, etc.): "parecía no haber transfer desde el material específico a las actitudes más generales" (Ibíd., p. 123).

Esta experiencia será reconsiderada en el marco del Programa de Comunicaciones de Yale, coordinado justamente por Hovland. En este marco, "la opinión es una respuesta verbal que el sujeto emite como reacción a situaciones estímulo en que se plantea alguna cuestión de tipo general" (Ibíd., p. 132), mientras que el término actitud se reserva para "aquellas respuestas implícitas que implican aproximación o rechazo respecto de un objeto, persona, grupo o símbolo dado" (Ibíd., p. 132). Opiniones y hábitos son equiparados y, en concreto, "una comunicación persuasiva que induce un cambio de opinión equivale a una experiencia de aprendizaje de la que resulta un nuevo hábito verbal" (Ibíd., p. 133).

La metodología utilizada en estos estudios es de carácter *experimental*. Básicamente, un estudio típico del Programa de Yale consistía en la selección de grupos de individuos de características comparables (aunque no siempre internamente homogéneos) que eran expuestos a mensajes iguales a excepción de una única variable (por ejemplo la fuente mencionada). Los individuos eran sometidos a tests de opinión antes, inmediatamente después y luego de cierto tiempo de consumido el mensaje. Los investigadores medían las opiniones iniciales y el cambio de las mismas en cada ocasión, en relación a la posición del mensaje, buscando definir la incidencia de la variable analizada en dicho cambio. Un grupo que no era sometido a la exposición oficiaba de control.

El modelo posee un sustrato conductista observable, por ejemplo, en la definición operativa de opinión: "una respuesta verbal que el sujeto emite como reacciones a situaciones estímulo en que se plantea alguna cuestión de tipo general" (Ibíd., p. 132). Hovland diferencia entre hechos, opiniones y actitudes. Los primeros son datos fácticos no controvertibles, en tanto que opiniones y actitudes remiten a proposiciones controvertibles. La diferencia entre unas y otras estriba en que, mientras las opiniones se refieren a un conjunto amplio de predisposiciones y expectativas, las actitudes tienden a manifestarse como respuestas de aproximación o rechazo a un objeto. En otras palabras, las actitudes poseen un carácter pulsional del que carecen las opiniones, y esto mismo hace que se vinculen más fuertemente a procesos inconscientes.

Ahora bien, si el objetivo de estas investigaciones es evaluar la capacidad de los medios para el cambio de actitud, no queda claro en qué medida esto puede alcanzarse a partir del estudio de las opiniones.

> La respuesta a este interrogante es que muchas actitudes se encuentran mediatizadas por creencias verbales, expectativas y juicios y que la comunicación puede dar lugar a cambios actitudinales alterando esas respuestas verbales (Ibíd., p. 133).

O sea que las actitudes pueden ser alcanzadas por las proposiciones verbales, es decir por los mensajes. Sin embargo, la mera exposición no asegura la persuasión, ya que esta se basa en un fenómeno totalmente distinto: la aceptación. Para que haya aceptación, deben existir incentivos que hagan a la nueva posición más apetecible que la antigua[2] y estos incentivos pueden basarse en argumentos lógicos o en apelaciones emotivas. Ambas formas de incentivos pueden alcanzarse por medio de tres instancias: la fuente de la comunicación, el contexto de la exposición y la organización retórica del mensaje.

Los experimentos

Las investigaciones experimentales realizadas en el marco del Programa de Yale se concentraron explícitamente en mensajes relativos a temas de baja implicación emocional. Se buscaba con ello minimizar las posibilidades de ocultamiento de la información y las distorsiones en las respuestas.

Incidencia de la fuente. Respecto a la fuente, estas investigaciones se concentraron en la credibilidad del comunicador. La hipótesis es que la misma afecta tanto la atención prestada al mensaje como el valor de incentivo del mismo. Dos experimentos, el primero realizado por Hovland y Weiss (1951) y el segundo por Kelman y Hovland (1953), arrojan resultados similares. En el primero se presentaron idénticas comunicaciones a dos grupos, en un caso asignándolas a fuentes poco creíbles y en el otro a fuentes altamente creíbles. Los mensajes versaban sobre temas generales tales como el uso de antihistamínicos, la construcción de submarinos atómicos y la escasez del acero. Las fuentes atribuidas fueron revistas científicas, personalidades académicas y boletines gubernamentales (fuentes creíbles) y revistas sensacionalistas, *Pravda* y un periódico ultraconservador (fuentes poco creíbles). El segundo experimento presentaba un programa de radio que abogaba por el empleo de una tolerancia extrema en el trato de los delincuentes jóvenes. Los sujetos se dividieron en tres grupos a los que se hizo escuchar la misma audición, pero atribuida a una fuente altamente creíble (una autoridad en criminología), neutra (un miembro cualquiera del público) y poco creíble (un individuo con antecedentes criminales, supuestamente implicado en un asunto delictivo).

Los resultados de ambos experimentos son similares: los individuos pertenecientes a lo grupos expuestos a fuentes creíbles modificaron sus opiniones previas en consonancia con las expresadas en los mensajes en una forma más significativa que los que integraban los grupos expuestos a fuentes poco creíbles. Esto al menos en lo que hace al efecto inmediato de la exposición al mensaje. Sin embargo, en las mediciones realizadas luego de cierto tiempo (tres o cuatro semanas) los resultados tienden a igualarse:

---

[2] Nuevamente observamos el sustrato conductista de este modelo.

disminuyen los cambios relacionados con fuentes creíbles y aumentan los vinculados a las poco creíbles.

Este fenómeno recibe el nombre de «efecto de adormecimiento» (*sleeper effect*): el impacto del comunicador es fuerte en el momento inicial, pero se va desvaneciendo con el tiempo en beneficio de los argumentos esbozados.

Incidencia del mensaje. Aquí se agrupan experiencias realizadas en torno a dos aspectos diferentes: el uso de mensajes basados en apelaciones emocionales y la organización interna del mensaje, es decir las características vinculadas a los aspectos retóricos. En el primer caso se analizó específicamente la utilización del miedo o el temor. Aún cuando la hipótesis sostenía que la utilización del temor, por su carácter pulsional, podía ser un condimento eficaz de la comunicación (dado que los individuos tenderían a reducir las tensiones generadas mediante la aceptación de los puntos de vista propuestos) la evidencia empírica registrada por un estudio de Janis y Feshbach (1953) mostró lo contrario: el empleo de una amenaza fuerte da lugar a cambios de opinión significativamente menores que cuando se utilizan amenazas débiles.

Por su parte, la estructura del mensaje persuasivo fue analizada en función de tres elementos: la explicitación de las conclusiones, la exhaustividad de los argumentos y el orden de estos últimos.

a. *explicitación de las conclusiones.* El punto analizado es la incidencia en la eficacia del mensaje de la inclusión de conclusiones explicitadas por el comunicador o, por el contrario dejadas implícitas, de manera de ser obtenidas por la audiencia. El valor de este aspecto dependerá de otros factores, tales como el comunicador, el tipo de audiencia y la cuestión en sí. En general –tal como dejara de manifiesto el experimento de Hovland y Mandell (1952)– si la audiencia posee poca información sobre el tema, serán más eficaces las conclusiones explícitas, aunque éstas resultarán contraproducentes en el caso de que el público posea mayores niveles de información.

b. *exhaustividad de los argumentos (comunicaciones sesgadas versus comunicaciones equilibradas).* ¿qué es mejor, presentar tan sólo los argumentos favorables a la recomendación del comunicador o considerar también los argumentos contrarios a la posición defendida? Dos experimentos clásicos sobre este tema son el de Hovland, Lumsdaine y Sheffield (1949) y el de Lumsdaine y Janis (1953). En ambos casos las conclusiones son similares a las del punto anterior: la información previa de los sujetos resulta clave para la eficacia de una u otra opción; si la información es poca o nula resulta más eficaz presentar sólo los argumentos favorables y viceversa. En el segundo experimento se comprobó en forma adicional que la presentación de argumentos a favor y en contra resulta ventajosa en situaciones posteriores de contrapropaganda.

c. *orden de los argumentos.* Aquí se trató de establecer si los argumentos colocados al principio del mensaje resultaban más eficaces que los finales, si viceversa o si la posición era indiferente. En concreto se intentó verificar la preponderancia del efecto de primacía (*primacy*) o de recencia (*recency*). Los resultados no son en absoluto concluyentes. La investigación de Sponberg (1946) arrojó evidencias favorables a la ley de *primacy*, mientras que la de Cromwell (1950) hizo lo propio con la ley de *recency*. En general, puede decirse que este factor se ve muy condicionado por los demás elementos analizados, aunque resulta evidente que los momentos iniciales y finales de un mensaje poseen mayor importancia que los intermedios.

Mauro Wolf ha sintetizado los principales resultados del Programa de Yale y otros estudios similares, reuniéndolos en dos grupos: factores relativos a la audiencia y factores vinculados al mensaje. Entre los primeros contabiliza

a) *interés por adquirir información*. No todas las personas presentan un blanco similar para los medios. Hay algo en los no-informados que les hace difíciles de alcanzar, independientemente del nivel o la naturaleza de la información. Por regla general, cuanto mayor es la exposición a un determinado tema, tanto mayor es el interés y, a medida que el interés aumenta, mayor es la motivación de la gente para saber más.

b) *exposición selectiva*. Los componentes de la audiencia tienden a exponerse a la información más afín a sus actitudes y a evitar los mensajes que les resulten discordantes.[3]

c) *percepción selectiva*. La interpretación transforma y modela el significado del mensaje recibido, marcándolo con las actitudes y los valores del destinatario, a veces hasta el extremo de cambiar radicalmente el sentido del propio mensaje.

---

[3] La importancia de este aspecto amerita que nos dediquemos a él con más detenimiento en la sección siguiente.

d) *memorización selectiva*. Los aspectos coherentes con las propias opiniones y actitudes son mejor memorizados que los demás y esta tendencia se acentúa a medida que pasa el tiempo de la exposición del mensaje.

Recursos:

El Experimento de Milgram
http://vimeo.com/25024717
http://vimeo.com/25327528

En 1963 el psicólogo Stanley Milgram llevó adelante una serie de experimentos en donde buscaba medir la disposición de un participante para obedecer las órdenes de una autoridad aun cuando éstas pudieran entrar en conflicto con su conciencia personal. El "Experimento de Milgram" fue recreado por el director Henri Vernuil en su film *I... como Icaro*, de 1979. Si bien este experimento no puede caracterizarse como específicamente comunicacional, vale la pena ver las escenas de la película mencionada, para darse una idea de las técnicas utilizadas en esta corriente.

Por qué luchamos: el mensaje estímulo
https://vimeo.com/55206647

En las investigaciones que Carl Hovland realizó durante la Segunda Guerra Mundial con soldados norteamericanos, utilizó algunos de los episodios de la serie de propaganda *Why We Fight (Por qué luchamos)*, serie de siete episodios realizados por el famoso director Frank Capra en 1942. Específicamente, en el artículo "Efectos a corto y a largo plazo en el caso de los films de «orientación» o propaganda" menciona la utilización de *The Battle of Britain (La Batalla de Inglaterra)*. Puede ser muy útil comparar el planteo de Hovland con el material que usaba como

estímulo para los soldados. En este enlace se encuentra *The Battle of Britain* con subtítulos en castellano, pero puede obtenerse la serie completa (sin subtítulos) en Internet Archive (http://archive.org).

Capítulo 6
Los estudios sociológicos clásicos sobre los medios de comunicación "de masas"

Los estudios de origen sociológico desarrollados en las décadas del '40 y '50 constituyen aportaciones clásicas a la *mass communication research*. Su característica fundamental es enmarcar los efectos de los medios en el panorama más amplio de las relaciones sociales en general. Así, al decir de Wolf,

> si la teoría hipodérmica hablaba de manipulación y propaganda y si la teoría psicológico-experimental se ocupaba de la persuasión, esta teoría habla de influencia, y no sólo de la ejercida por los media sino de la más general que «fluye» entre las relaciones comunitarias, de la que la influencia de las comunicaciones de masas es sólo un elemento, una parte (Wolf, 1987, p. 51).

Entre los investigadores afiliados a esta corriente, el más característicos es sin duda Paul Félix Lazarsfeld, quien incansablemente abogó por la ampliación del marco de análisis a la hora de considerar los efectos de los medios. De esta manera se consolidaba una tradición central en la *mass communication research*: la de los efectos limitados. Es que, en un marco en que la opinión política se ve tan fuertemente condicionada por la pertenencia social, el efecto de los medios ha de ser forzosamente limitado. El principal factor analizado es la *exposición selectiva*:

Es evidente la existencia de un considerable matiz de selección, porque la gente tiende a exponerse al bando con el que de todos modos ya está de acuerdo, y el tópico del votante imparcial que sopesa todos los argumentos ofrecidos por ambos partidos no es más que uno de los tantos mitos políticos (Ibíd., p. 30).

Esto se ve encarnado en la que constituye la más importante fuente de influencia: el contacto cara a cara. Quienes modifican sus actitudes u opiniones lo hacen en función de las opiniones o sugerencias de amigos, familiares y compañeros de tareas. En orden a la eficacia para la persuasión, y en contraposición con los medios de comunicación masivos, el contacto personal posee tres ventajas fundamentales:
a. es más flexible. Al existir un feedback directo, los argumentos pueden ajustarse a la receptividad de la audiencia.
b. poseen una mayor cercanía psicológica y por lo tanto resultan más confiables para las personas que los medios, visualizados como impersonales y distantes.
c. son más casuales, por lo que la audiencia se encuentra más desprevenida y más permeable al cambio.

Quienes se encuentran en posición de influir en las opciones de los demás son llamados por Lazarsfeld *líderes de opinión*, concepto complementario del de flujo de la comunicación en dos etapas. Los líderes de opinión se encuentran en cualquier clase social y poseen una mayor disposición hacia los mensajes de los medios de comunicación. En esto constituye, ciertamente, la comunicación en dos etapas: de los medios a los líderes y de éstos al resto de las personas:

Las actitudes tienen para Lazarsfeld una enorme fuerza, y por eso afirmará que: "En cierto modo, las modernas campañas presidenciales concluyen antes de empezar" (Lazarsfeld, 1985, p. 395), implicando la escasa cuantía de la campaña a la hora de contabilizar efectos persuasivos.

Como afirma Wolf,

> la teoría de los efectos limitados desplaza por tanto el acento de un *nexo causal directo* entre propaganda de masas y manipulación de la *audience* a un *proceso mediatizado de influencias* en el que las dinámicas sociales se ven interferidas por los procesos comunicativos (Wolf, 1987, p. 55).

Para esbozar los lineamientos y principales aportes de este trabajo reseñaremos sus trabajos más significativos para nuestro enfoque: la investigación realizada durante la campaña presidencial de 1940 en el condado de

Erie County y cuyos resultados se recogen en *El pueblo elige* (1960) y los aportes publicados en *La influencia personal* (1979).

El estudio de Erie County

Esta investigación constituye un verdadero hito de la investigación social empírica. Como afirma Moragas Spà:

> El trabajo de Lazarsfeld, Berelson y Gaudet viene a poner en cuestión, o mejor dicho viene a dar luz, un interrogante abierto por la mayoría de editoriales y comentarios políticos de la prensa norteamericana de aquel período, y que se referían a las decisiones de la opinión pública como a un misterio infranqueable. La ciencia de la comunicación, y más concretamente la *public opinion research*, consigue fijar estas incógnitas sobre las actitudes (Moragas Spà, 1981, p. 44).

Pese a este carácter fundacional, la investigación no puede despegarse totalmente de un evidente sustrato conductista, al menos al nivel de las metáforas utilizadas:

> Cada cuatro años el país es escenario de un experimento político a gran escala. Los elementos en juego son la propaganda política y la opinión pública. Los estímulos actuantes se componen de todo aquello que los dos partidos realizan para elegir sus candidatos. Y las ideas y actos del pueblo durante la campaña representan las reacciones, que son el objeto de estudio de estas páginas (Lazarsfeld et al., 1960, p. 35).

La investigación base de este libro se realizaría en el condado de Erie (Ohio), un lugar elegido por su reducida escala y porque sus resultados electorales se habían desviado en forma muy escasa de la media nacional en cada una de las elecciones presidenciales desde inicios del siglo. El condado poseía una economía mixta rural-industrial. La población alcanzaba los 43.000 habitantes, repartidos en partes casi iguales entre la capital, Sandusky (única comunidad urbana industrial) y las zonas rurales.

La metodología utilizada merece un párrafo aparte, ya que constituye una de las primeras experiencias de panel. Se entrevistó inicialmente a una muestra de 3.000 personas, representativas del conjunto de población de Erie en lo que hace a las variables sociodemográficas habituales. De ellas se escogieron, por muestreo estratificado, cuatro grupos de 600 personas cada uno. Tres de ellos fueron entrevistados una vez más, mientras que el restante (el panel) fue entrevistado una vez por mes, desde mayo a setiembre. Por lo que afirman los autores, la repetición de las entrevistas no afectaba a las respuestas obtenidas. En cada ocasión se consultaba sobre la intención de voto y se abundaba sobre las razones de los cambios de posición, cuando ellos existían. También existían ítems tendientes a evaluar la exposición a la propaganda electoral. Es importante aclarar que para Lazarsfeld y colaboradores la investigación no se concentraba sobre los medios masivos, sino que éstos eran considerados en el contexto amplio de medios de propaganda: "la prensa, la radiotelefonía, las relaciones personales, etc." (Ibíd., p. 39).

Algunos presupuestos respecto a cómo se distribuye el voto entre los distintos grupos sociales parecen encontrar base en este estudio:

> Actualmente, los políticos pueden tener la certeza de que, en la mayor parte del país, los banqueros, empresarios, granjeros, obispos y muchos de sus feligreses, votarán por los republicanos. Saben igualmente que los inmigrantes, trabajadores, sacerdotes y casi todos sus parroquianos –especialmente los de las ciudades– constituyen el principal sostén de los demócratas fuera del bloque sureño. Los factores por los cuales los políticos distinguen a un republicano de un demócrata parecen ser, entonces, el status económico, la religión, el lugar de residencia y la ocupación. A estas categorías puede agregarse otra: la edad. Es bien sabido que la juventud rehuye todo lo que sea conservador, tanto en política como en música, costumbres o vestimenta (Ibíd., p. 53).

Un elemento clave de la investigación de Lazarsfeld y colaboradores es la elaboración del denominado Indice de Predisposición Política (IPP). Este índice buscaba predecir la orientación "objetiva" del voto de un individuo, en base a cuestiones de contexto grupal y social.

La primer variable considerada en el IPP es el nivel económico de la persona, medido en base a su ubicación en la escala de status económico-social (SES). El SES, aún hoy utilizado con profusión, divide a la población de acuerdo a sus ingresos y a algunos aspectos del consumo, especialmente la posesión de bienes como automóvil, electrodomésticos, etc. Las categorías resultantes son A, B, C1, C2 y D. Mientras más alta la ubicación de la persona en esta escala, más propensión a votar por los republicanos. En el nivel A, el 71% de los encuestados en Erie vota a los republicanos, mientras que sólo el 35% de las personas de nivel D elige al mismo partido. La progresión es continua de nivel en nivel de la escala. Para Lazarsfeld y colaboradores la delimitación de la categoría ocupacional no agrega información a la brindada por el SES: "los individuos de igual status socio-económico general tienen aproximadamente la misma actitud política, cualquiera sea su ocupación" (Ibíd., p. 58).

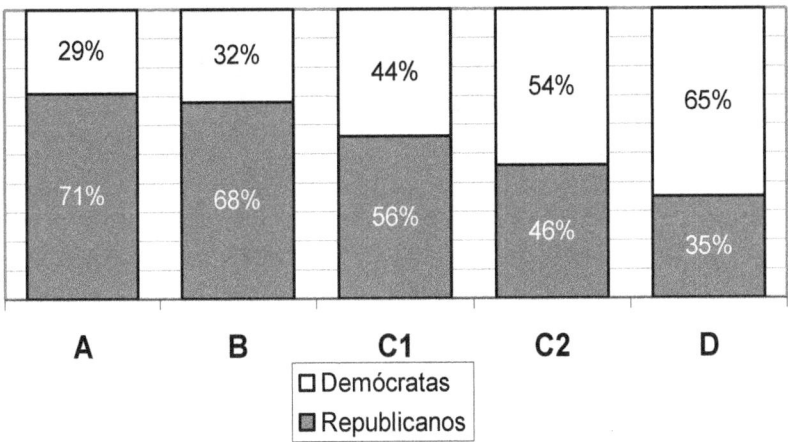

Otro factor a considerar en el IPP es la religión: "la encuesta mostró que el 60% de los protestantes tenían la intención de votar por los republicanos, y que sólo el 23% de los católicos pensaban hacer lo mismo" (Ibíd., p. 59). La edad, en cambio, no aparece como un elemento directamente determinante: a medida que se consideran personas de mayor edad no manifiestan inclinaciones por uno u otro de los partidos, sino por votar en consonancia con su grupo social.

El IPP se confeccionó con estas dos variables, sumadas a la del lugar de residencia –urbano o rural– ya que se encontró que había un 14% más de votantes republicanos en el campo que en la ciudad de Sandusky. Otras variables, como el sexo y la educación, introducían diferencias menores, y no fueron consideradas en el índice.

La importancia del IPP a la hora de predecir las inclinaciones del voto no puede ser subestimada:

> Un conocido adagio de nuestro folklore afirma que el hombre no es más de lo que piensa ser. Dicho refrán refleja un rasgo típico de este pueblo: su creencia en las posibilidades ilimitadas, su tendencia al autodesarrollo, etc. Encontramos ahora que también es valedera la afirmación inversa: el hombre piensa, en lo político, tal como es en lo social. Vale decir que las características sociales determinan la preferencia política (Ibíd., p. 65).

Sin ser una investigación que se limitara al papel de los medios de comunicación, éstos eran considerados en forma preferente. Si bien Lazarsfeld ya había tenido oportunidad de comenzar a socavar las presuposiciones provenientes de la teoría de la aguja hipodérmica con sus trabajos sobre los efectos de la radio, es en la investigación de Erie en donde cobrará forma el paradigma de los efectos limitados. Por eso

> Cuando una persona [de los entrevistados del panel] declaraba una intención electoral contraria a la que expresara en la entrevista previa, se le interrogaba acerca de la causa de este cambio. *El principal objetivo de estos interrogatorios detallados era descubrir el grado de influencia de la radiotelefonía y de la prensa* (Ibíd., p.69, cursiva nuestra).

La premisa del filtro que supone el interés por adquirir información está en la base de la investigación. Se parte del presupuesto de que

> Los individuos a quienes está dirigida la campaña electoral podrían compararse al público de cualquier espectáculo o audición. En ambos casos se dan diferentes grados de atención. [...] Es preciso que establezcamos un índice que nos ayude a clasificar a los encuestados según el grado de participación psicológica que hayan tenido en el proceso político que precede al acto electoral. ¿En qué medida se **interesaron** por la campaña? (Ibíd., p. 81, negrita en el original).

Este índice diferenciará entre alto, medio y nulo interés. En un extremo de la escala se comprueba que las personas más interesadas

> (a) opinaban sobre los problemas involucrados en las elecciones con más amplio conocimiento; (b) tenían mayor participación en los acontecimientos relacionados con los comicios y (c) se exponían más a la corriente de comunicaciones políticas (Ibíd., p. 82).

mientras que entre lo que menos interés tenían

> (a) son cada vez más las personas que contestan con un «no sé» cuando se les piden ciertas opiniones; (b) disminuye el índice de participación y actividad en la campaña; y (c) hay menor receptividad a las comunicaciones políticas (Ibíd., p. 82).

La mínima participación en la campaña está dada por los no votantes, ya que la concurrencia a los comicios no es obligatoria. Este es el grupo de los que están más allá de la propaganda, por su nulo interés político. No es un caso en el que se detenga especialmente Lazarsfeld —que remite la cuestión a ulteriores investigaciones sobre la motivación de este grupo—, siendo que se concentra más en el otro extremo de la escala, constituido precisamente por los líderes de opinión.

Pero el desinterés por la campaña no se debe exclusivamente a la apatía política. Lazarsfeld encuentra una correlación entre el desinterés y la existencia de presiones contradictorias, que se manifiesta también en la demora para decidir el voto: "Cuanto más equilibradas eran las presiones en conflicto, tanto más tardaban los votantes en resolverse" (Ibíd., p. 99). pero además, cuando las presiones contradictorias eran muy fuertes, el individuo resolvía la cuestión a nivel psicológico restándole importancia a todo el proceso electoral y perdiendo el interés en el mismo.

Los efectos de la campaña

Hay tres efectos atribuibles a la campaña política: activación, refuerzo y conversión, aunque –como veremos– la posibilidad de lograr cada uno de ellos varía enormemente. Como se desprende de lo ya dicho, para Lazarsfeld la incidencia de la campaña es menor:

> Mientras los ciudadanos dudan y reflexionan, creyendo que deciden racionalmente cuál es el mejor camino, en muchos casos se habría podido predecir, desde el principio, cuál sería la decisión final. Si conocemos algunas de las características personales del votante, estamos en condiciones de pronosticar con bastante certeza como votará en último término: se unirá al grupo al que pertenece. La campaña sólo puede activar su predisposición política (Lazarsfeld et al., 1960, p. 121)

Por eso, el principal efecto de la campaña es el de *activación*: no la introducción de nuevas actitudes, sino el afloramiento de las que se corresponden con las características y experiencias del votante. La activación sigue varias etapas: al principio la propaganda tiene por objeto despertar el interés del individuo, lo que –una vez logrado– favorece una mayor receptividad, generando una retroalimentación entre interés y exposición. Luego, la atención se vuelve selectiva, y el votante se expone preferentemente a mensajes de una de las orientaciones, lo que va reforzando las predisposiciones. Finalmente, lo votos se cristalizan: la incertidumbre desaparece y el ciudadano asume su decisión. De cualquier manera, esta decisión –que aparece como fruto de un proceso racional– se encuentra en consonancia, en la inmensa mayoría de los casos, con las características sociales previas del individuo. Así, la campaña no resulta efectiva para "convencer" al elector, sino más bien para suministrarle argumentos racionales que justifiquen la elección que ya estaba dada, más allá de que esto escape a la conciencia del individuo.

Otro efecto, tan importante como el de activación, aunque menospreciado, es el de *refuerzo*. Aquí no se trata de los votantes que deciden su voto durante la campaña, sino de los que ya estaban decididos al inicio de la misma, o en sus primeros tramos. Para estos electores, la campaña cumple la importante misión de sostener la decisión tomada y evitar las deserciones.

> la propaganda política difundida a través de los medios formales, al suministrar argumentos racionales valederos a los ciudadanos que ya han hecho su opción les brinda, al mismo tiempo, orientación, seguridad e integración partidaria (Ibíd., p. 138).

Finalmente, otro efecto teóricamente posible, pero en la práctica sumamente difícil de conseguir, es la *conversión*. Si bien la investigación de Erie County registra algunos casos, Lazarsfeld se cuida de acentuar que estos fueron sumamente reducidos. Por el contrario, plantea las barreras para el logro de este efecto: la mitad de los entrevistados ya habían tomado su decisión antes de que comience la campaña, de la mitad restante, el 50 por ciento se decidió al momento de conocerse los candidatos, y se atuvo a esta decisión. En consecuencia, la campaña sólo podía actuar sobre el 25 % del electorado. Pero hay más limitaciones: el 70% del total de la muestra votó de acuerdo a su I.P.P., por lo cual difícilmente podía convertirse; quienes no estaban decididos eran los que menos mensajes de campaña consumía, y además los votantes se exponían a la propaganda de su partido, o a la que condecía con su I.P.P., en el caso de los indecisos.

Todas estas restricciones hacían que la posibilidad de lograr el efecto de conversión fuera en extremo limitada. De hecho, se provocaron muchos más casos de conversión en el período que iba de 1936 a mayo de 1940, que durante la campaña en sí, lo que muestra que los cambios de actitudes políticas siguen ciclos de mayor duración que los meses de campaña electoral.

> En suma, los resultados de la campaña son: refuerzo (potencial), 53%; activación, 14%; reconversión, 3%; conversión parcial, 6%; conversión, 8%; ningún efecto, 16% (Ibíd., p. 155).

Los líderes de opinión

Más allá de que el trabajo de Erie County sea mencionado como el "descubrimiento" de los líderes de opinión, Lazarsfeld simplemente aplica lo que a su propio juicio deviene de la experiencia diaria y de estudios de comunidad anteriores, y define a los mismos como "[los] individuos que sobresalen entre los demás por su interés y sus opiniones con respecto a los temas del momento" (Ibíd., p. 91).

Sin realizar una indagación específica para este grupo, como la que sí realizará en la investigación de *La influencia personal*, con un seguimiento específico de los líderes de opinión detectados, en este caso serán detectados por su predisposición a convencer a otros o a recibir consultas de otros (los "seguidores"). Los líderes son trasversales a la estructura social:

> Los líderes de opinión son sustancialmente representativos de aquel sector agresivo de la comunidad –o más bien de los sectores agresivos de las diversas subcomunidades– que trata de ejercer influencia sobre el resto de los miembros del grupo comunitario. En relación a esto último creemos necesario recalcar un punto importante: los líderes de opinión no son necesariamente los individuos socialmente prominentes o los más adinerados. Ni siquiera son los dirigentes de la vida cívica de la comunidad. Por el contrario, se los encuentra en todos los grupos ocupacionales (Ibíd., p. 92).

Ocupación	Casos	Líderes de opinión (%)	Otros (%)
Profesionales	17	35	65
Propietarios, administradores	28	25	75
Clérigos	21	33	67
Comerciantes, vendedores	16	44	56
Obreros especializados	37	35	65
Obreros semiespecializados	31	32	68
Obreros no especializados	47	23	77
Ocupados en tareas rurales	46	15	85
Amas de casa	230	13	87
Desocupados	13	15	85
Retirados	23	35	65

Los líderes de opinión son los más proclives a consumir las campañas y demuestran mayor agudeza política:

> Mientras que apenas el 24% de los «seguidores» se interesaban por las elecciones, el 61% de los líderes se declaraba sumamente interesado por la campaña [...] Más aún: los líderes que consideraban sólo «moderado» o «leve» su interés, leían y escuchaban más que los «seguidores» que se creían «sumamente interesados» (Ibíd., p. 92).

Lo que lleva a que los autores concluyan:

> De esto puede deducirse entonces que la corriente de comunicaciones sigue este camino: **de** la radiotelefonía y la prensa, las ideas pasan **a** los líderes de opinión, y **éstos** las trasmiten **a** los sectores menos activos de la población (Ibíd., p. 211, negrita en el original).

Es por esto que los contactos cara a cara tienen una ventaja insustituible por sobre la campaña mediática, y esto se corrobora por el hecho de que los indecisos mencionan con mayor asiduidad los contactos personales como fuente de su decisión, por sobre el consumo de la campaña.

Las conclusiones que se enumeran de este trabajo son las siguientes:

1) Las actitudes tienen una fuerte estabilidad. El 77% de los encuestados votaba en consonancia con la tradición de voto seguida por sus padres y abuelos.
2) Esta estabilidad se relaciona con la necesidad psicológica de aceptación por el grupo de pertenencia, con el consiguiente requerimiento de evitación de conflictos en el mismo.
3) Los procesos internos de los grupos refuerzan aún más las convicciones comunes.
4) Aunque la tendencia general es hacia la estabilidad, el cambio es posible. Muchos de estos cambios se relacionan con la activación de experiencias e ideas anteriores.
5) La predisposición al cambio es más común en los individuos sometidos a presiones contradictorias.
6) Los líderes de opinión cumplen el rol de intermediarios entre la comunicación de masas y los demás integrantes del grupo.
7) Otra manera de formación de la opinión está dada por el proceso de cristalización.
8) Las opiniones se organizan jerárquicamente, y esto se relaciona con los temas centrales de debate en la campaña.

Algunos años después, Lazarsfeld y Berelson, ahora con McPhee, reproducirán esta investigación para la campaña presidencial de 1948. Los resultados se publicaron en 1954 en el libro *Voting. A study of opinion formation in a Presidential Campaign*, aunque no agregaron mayores datos a los ya analizados, excepto el abandono pleno de las posiciones conductistas. Más importante es el trabajo que Lazarsfeld dedica –en coautoría con Eliu Katz– a los procesos de influencia personal.

La influencia personal

En un trabajo posterior, esta vez con la colaboración de Eliu Katz, Lazarsfeld se concentrará precisamente en el flujo de la influencia al interior de los grupos constituyentes de comunidades e instituciones. Tanto en el relevamiento que realizan de la bibliografía sociológica y psicosociológica en búsqueda de lo que llaman «el redescubrimiento del pequeño grupo», como en la propia investigación realizada en una localidad del Medio Oeste norteamericano, Lazarsfeld y Katz tendrán como objetivo vincular las influencias recibidas por una persona de otras personas, mediante el contacto cara a cara, con las recibidas desde los medios de comunicación masivos (radio, periódicos y la incipiente televisión).

Retomando el trabajo de Erie County, Katz y Lazarsfeld explicitarán la idea del flujo de comunicación en dos etapas: "las ideas, frecuentemente, parecen fluir de la radio y de la prensa hacia la opinión de los líderes, y de éstos ir hacia las zonas menos activas de la población" (Katz & Lazarsfeld, 1979, p. 34), aunque ahora ya no se entenderá el liderazgo como una característica propia de algunos individuos, sino como la expresión del proceso de interacción personal. El líder de opinión, es, en definitiva, el integrante del grupo que desempeña un rol clave en las comunicaciones.

Los individuos no están aislados en la sociedad, tal es la conclusión de este redescubrimiento del grupo primario (mejor sería decir, de la importancia del mismo) que Katz y Lazarsfeld rastrean en diversos trabajos de la década del '40. Al contrario, las relaciones interpersonales se presentan, ya como filtro, ya como potenciador de los estímulos externos, llegando en ocasiones a modificar totalmente su sentido. Y las opiniones compartidas con los restantes miembros del grupo se muestran como arraigadas y difíciles de modificar.

Existen varias razones para la predominancia de las opiniones grupales. La más simple es la búsqueda de la aceptación, o lo que los autores llaman la "función instrumental". Si un grupo es atractivo para una persona, deseando la misma integrarlo o permanecer en él, este deseo implica una fuerte motivación a aceptar los puntos de vista grupales como propios. De hecho, esta es una característica no siempre resaltada de los líderes: éstos no son quienes piensan diferente al grupo, sino quienes comparten las opiniones y actitudes generalizadas. Pero esta función instrumental tiene otra cara: no sólo modificamos nuestras opiniones en consonancia con las del grupo, sino que también nos inclinamos a integrar aquellos grupos con los que a priori coincidimos, o lo que denominan Katz y Lazarsfeld "la atracción de los valores compartidos". Por una vía o por otra, el resultado es el mismo: la uniformidad de las opiniones y actitudes entre los integrantes del grupo.

El intento de cambio, o la persuasión, tendrán resultados diametralmente opuestos por ello si van en el sentido de las normas del grupo o en un sentido divergente a esas normas. Conocer entonces el funcionamiento de las redes de comunicación internas del grupo, es la clave del éxito en la persuasión. Al respecto, dos son los principales aspectos a tener en cuenta: a) la existencia de los líderes de opinión, y su función de retransmisión (relay) de la información entre las fuentes externas y los restantes integrantes; b) la particular eficacia de la persuasión interpersonal, de modo tal que si se suma al mensaje externo sus posibilidades de éxito se amplían enormemente (la función de refuerzo).

Katz y Lazarsfeld no cesan de insistir en la importancia del líder, tal vez en una forma exagerada: "el patrón de interacción –citan a Bales– tiende a centralizarse alrededor de un líder, a través del cual fluye casi toda la comunicación" (Ibíd., p. 95). Pero estos líderes no necesariamente son escuchados en toda decisión. Los individuos reciben influencia de más de una persona, y esto se relaciona con el tipo de decisión u opinión en cuestión. Además, los líderes llegan a esa condición por diferentes vías: los hay designados por el grupo, es decir aquellos que son señalados como los más capacitados para las necesidades particulares del grupo, cuando éste se compone fundamentalmente de pares. Pero en otras ocasiones llega al liderazgo quien se encuentra en una situación estratégica para los objetivos del grupo; y aún existe un tercer tipo de líder: aquél que es aprobado culturalmente por su rol en el grupo (el padre de familia en una sociedad patriarcal, por ejemplo).

No parece haber características individuales propias del liderazgo, excepto la capacidad de percibir las normas grupales:

> los que habían sido elegidos como líderes en el respectivo grupo eran mucho más certeros al juzgar la opinión de su grupo [que la de los no-líderes]. Pero esto sólo era así en asuntos relevantes a los intereses del propio grupo [...] Parece razonable concluir que los líderes escogidos como tales lo son, en parte al menos, por sus características reconocidas de «sensibilidad» con respecto a los otros miembros del grupo (Ibíd., p. 107).

Pero esto es lo propio de los líderes designados. Los situados, en cambio, actúan más bien como introductores de novedades, algo que puede analizarse especialmente bien –a juicio de Katz y Lazarsfeld– en las investigaciones realizadas contemporáneamente en los países subdesarrollados. Vemos aquí la vinculación con lo que fue una de las aplicaciones más nítida de la investigación administrativa en comunicación: el desarrollismo comunicacional, o la corriente de difusión de innovaciones.

Las relaciones grupales tamizan cualquier mensaje proveniente del exterior, tal el caso del contenido de los medios masivos. El líder situado puede actuar como "portero" (*gatekeeper*), tal el concepto de Kurt Lewin: puede dejar pasar la nueva información u obstruirla para evitar que llegue a los restantes miembros del grupo. Por su parte el líder designado o aprobado (o más genéricamente cualquier miembro influyente) puede no apoyar la propuesta. Y además, el conjunto del grupo puede percibir que el mensaje es contrario a las normas grupales. La conclusión es categórica:

> los estudios dedicados a los efectos a corto término deben tener en cuenta, sistemáticamente, la relación del individuo con otras personas. La lección es simple: el estudio de los medios de comunicación no puede llegar muy lejos en su contenido al tratar con una muestra al azar de individuos desconectados. Los encuestados han de tomarse dentro del contexto de grupo o grupos a que pertenecen, o que tienen *in mente* –es decir, que pueden influirlos– al formular opiniones, actitudes o decisiones, y en los rechazos o aceptación de los intentos de influencia promovidos por las *mass media* (Ibíd., pp. 135-136).

Un estudio posterior de Merton diferenciará entre líderes de opinión locales y cosmopolitas. Los primeros se corresponden con la vida en las comunidades tradicionales, en donde el prestigio de algunos de los integrantes de la misma los convierte en una suerte de líderes totales, ya que su influencia no se encuentra restringida a un ámbito específico, sino que se expande a la totalidad de la vida de la comunidad. El cura, el maestro y el farmacéutico del pueblo son ejemplos de este tipo de liderazgo.

Por su parte, el líder de opinión cosmopolita basa su rol en determinado saber específico, generalmente de carácter técnico. A diferencia del líder local, su liderazgo se circunscribe a un área temática específica, en la que puede demostrar credenciales apropiadas. Este tipo de liderazgo se corresponde mejor con las peculiaridades de la vida urbana moderna y las realidades de la creciente especialización.

En conclusión, estas investigaciones brindaron la evidencia que impondría en lo sucesivo la preponderancia de los efectos limitados: el rol de los medios se ve limitado a la acción de refuerzo de las tendencias ya existentes, enfoque que será sintetizado paradigmáticamente por Klapper en su obra *Effects of the mass media* (1949), de considerable influencia y en donde se apunta que lo más que puede decirse acerca de los efectos de los medios es que "ciertos tipos de comunicación acerca de cierto tipo de asuntos, presentados a ciertos tipos de personas, originan cierto tipo de efectos" (cit. en Roda Fernández, 1989, p. 93).

> Entre las razones que justifican el pesimismo de Klapper en relación con la investigación sobre los efectos destaca como factor esencial lo que se denomina autoselección de los públicos en el proceso masivo de la comunicación. Pero además, las predisposiciones individuales, la percepción subjetiva de las fuentes de comunicación, la pérdida de fuerza de los efectos a medida que transcurre el tiempo, el anclaje grupal de normas y actitudes y la acción de los líderes

de opinión, son elementos que, considerados conjuntamente, generan los efectos colaterales que debilitan la acción de las comunicaciones de masas (Ibíd., p. 92).

Un aspecto resaltado con agudeza por Mauro Wolf es el hecho de que el contexto comunicativo en el que se realizan estos estudios es significativamente diferente del actual. La introducción y difusión de la televisión, junto a la profusión de nuevos medios y el remozamiento de los existentes, tan propia del fin de siglo, nos presenta un panorama sumamente distinto, en el que la relación entre el individuo y la recepción mediática se encuentra mediada en forma menos significativa por influencias personales.

Con todo, recién promediando la década de los '60 se pondrán en cuestión estas conclusiones, desde el mismo ámbito de la *mass communication research*. Uno de los ítems centrales en esta crítica será justamente el presupuesto de la exposición selectiva, para el cual Freedman y Sears demostrarán que la evidencia empírica reunida no es en absoluto concluyente, existiendo algunos estudios que la verifican, otros que verifican la preferencia por los mensajes contrarios a la propia posición y otros estudios, finalmente, que concluyen en la indiferencia de este factor. Parece que la cuestión debe redefinirse en términos más amplios:

> Determinadas creencias vigentes en la sociedad se encuentran profundamente implantadas en la conciencia común no tanto porque expresen una posición fuertemente selectiva por parte de los individuos, sino más bien porque hay una cantidad desproporcionada de información relacionada con ellas (Ibíd., p. 109).

Los medios de comunicación pueden tener importantes efectos, pero éstos deben buscarse en otro ámbito, el que analizaremos más adelante, cuando nos detengamos, justamente, en los efectos cognitivos.

Las funciones de los medios

Harold Lasswell: las funciones de la comunicación para el Estado-Nación

¿Qué sabemos de Lasswell más allá de que es el inventor del archifamoso "paradigma"? Resulta interesante leerlo, en su aparente simplicidad, cuando no ingenuidad. Como reza el título, Lasswell se propone describir tanto la estructura como las funciones de la comunicación. Sin embargo, del primer punto no abunda más que en la enunciación del *paradigma*, a saber:

¿Quién
dice *qué*
en qué *canal*
a *quién*
y con qué *efecto*?

Preguntas que sirven para orientar de "una manera conveniente" en la explicación de un acto de comunicación, al mismo tiempo que realizan una división del trabajo de investigación en áreas más o menos específicas: el análisis de control (quién), el análisis de contenido (qué), el análisis de medios (canal), el análisis de audiencia (a quién) y el análisis de efectos (con qué efecto). Las consecuencias del éxito de este paradigma han sido la excesiva parcialización y segmentación de las investigaciones, además de la concentración de la investigación administrativa en sólo algunos de estos aspectos, los más funcionales al sistema, como bien apuntara:

> De hecho, la ciencia de la comunicación masiva en Estados Unidos ha desarrollado sólo tres áreas de las cinco que se plantean en el paradigma: el área de los efectos (que Lazarsfeld atribuía a los intereses morales y culturales), el área del contenido (que Lazarsfeld atribuía a los intereses políticos de la propaganda) y el área de la audiencia (que Lazarsfeld atribuía a los intereses comerciales) (Moragas Spà, 1981, pp. 41-42).

El artículo es bastante más explicativo en lo que hace a las funciones de la comunicación, las que analiza a partir de una analogía biológica y desde las necesidades de la comunicación internacional. Es válido aclarar, por un lado, que la comunicación no es entendida circunscripta a los *mass-media* y, por otra parte, que las funciones lo son –en la visión de Lasswell– para el Estado-Nación en su relación con otras naciones. Así, sociedad y nación se encuentran homologados. Desde aquí puede entenderse que

> todo proceso puede ser examinado bajo dos marcos de referencia, a saber, estructura y función, y nuestro análisis de comunicación versará sobre las especializaciones que comportan ciertas funciones, entre las cuales cabe distinguir claramente las siguientes: 1) la supervisión o vigilancia del entorno, 2) la correlación de las distintas partes de la sociedad en su respuesta al entorno, y 3) la trasmisión de la herencia social de una generación a la siguiente (Lasswell, 1986, p. 52).

Así, una sociedad (Estado) moderno necesita conocer lo que pasa en los demás países, necesita también coordinar las respuestas internas a estos estímulos externos y requiere además mantener en el tiempo el conjunto de normas e instituciones que le son inherentes. Para mayor claridad:

> Diplomáticos, agregados y corresponsales extranjeros representan a quienes se especializan en el entorno. Editores, periodistas y locutores son correlatos de la respuesta interna. Los pedagogos, en familia y en la escuela, trasmiten el legado social (Ibíd., p. 54).

Subyace una idea de comunicación lineal y transparente. Cuando Lasswell se refiere, por ejemplo, a la eficiencia en la comunicación, y continuando con la analogía: "en las sociedades animales la comunicación es eficiente cuando ayuda a sobrevivir o en cualquier otra necesidad específica del grupo" (Ibíd., p. 62). Pero no sólo eso; se entiende que la identidad plena entre mensaje emitido y recibido es el canon de la eficiencia. En un planteo previo al impacto de la teoría matemática shannoniana en las ciencias sociales pero que sin duda ya muestra cuán fértil era el terreno de la sociología norteamericana para el mismo, Lasswell describirá los diversos elementos que atentan contra la eficiencia: las insuficiencias técnicas, la censura, las limitaciones a los desplazamientos e incluso la ignorancia o falta de cualificación. La identificación con los intereses de EE.UU. como Estado-Nación –a la que se aludió más arriba– se evidencia en llamativas ausencias: no se incluye entre los factores reductores de la eficiencia a la distorsión provocada por agentes legitimados para ello: Lasswell clasifica a los "especialistas del símbolo" en manipuladores y expedidores, de acuerdo a que modifiquen o no el contenido de los mensajes. Digámoslo más claramente: para Lasswell atenta contra la eficiencia toda distorsión producida desde el lugar del hecho hasta que el mensaje arriba al conocimiento de las autoridades competentes (por supuesto, en EE.UU.) pero no así las modificaciones que se produzcan a posteriori como consecuencia de la acción gubernamental.

Con todo, esto no parte de una visión maquiavélica o cínica, ya que también en Lasswell –como analizaremos después para el caso de Lazarsfeld y Merton– es visible su confianza en las bases de la democracia liberal. Señala al respecto que si bien cualquiera puede ser parte de la masa de observadores "un individuo deja de ser miembro de la masa y se convierte en público cuando aspira a influenciar en la vida pública" (Ibíd., p. 65). Vale decir que entiende la acción del gobierno norteamericano como síntesis del interés público de los ciudadanos de EE.UU., quienes en definitiva indican –sin duda por procesos indirectos– el rumbo que el país ha de seguir.

Paul Lazarsfeld y Robert Merton: la posibilidad disfuncional

Lazarsfeld y Merton empiezan constatando la preocupación creciente por la acción de los medios y la creencia generalizada en la amplitud de su poder. A los efectos del análisis dividen el texto en tres puntos principales:

a) la omnipresencia y el poder potencial de estos medios
b) la preocupación por los efectos reales de los *mass-media*.
c) la influencia de los medios en la degradación de los gustos estéticos

Respecto a los efectos, y en una formulación canónica de la teoría de los efectos limitados, Lazarsfeld y Merton afirman que "En nuestra opinión el papel social desempeñado por la misma existencia de los *mass-media* ha sido, en general, sobreestimado" (Lazarsfeld & Merton, 1986, p. 27). Para aclarar el punto expresan primero un ataque al empirismo trivial: la magnitud del consumo no debe traducirse directamente en supuestos efectos en la actitud: "el conocimiento de los datos de consumo en el campo de los mass-media dista de ser una demostración de su efecto neto sobre conducta, actitud y perspectiva" (Ibíd.).

En realidad, afirmarán, los cambios generados con la introducción del automóvil han superado enormemente en magnitud a los que han podido generar los medios ¿De donde viene entonces la preocupación generalizada por los efectos (negativos) de los medios? Para Lazarsfeld y Merton las razones deben buscarse en parte en la desazón de los sectores progresistas, quienes sienten que luchas realizadas durante generaciones en pos del bienestar de las clases populares a través de la progresiva adquisición de educación y tiempo libre se han frustrado por los medios: el tiempo que iba a dedicarse a las obras de la gran cultura se dedica a los seriales radiofónicos y a la literatura barata.

En la parte más sustancial del ensayo Lazarsfeld y Merton esbozan algunas funciones de los medios, aunque sin una intención –al menos explícita– de exhaustividad. Las tres funciones que analizan son:

- *la función otorgadora de status:* "los *mass-media* dan prestigio y realzan la autoridad de individuos y grupos *al legitimar su status*" (Ibíd., p. 30). Quienes aparecen en los medios son reconocidos como personas, grupos y movimientos de peso en la sociedad. Al mismo tiempo, estos actores pueden legitimar/ser legitimados por su asociación a productos o ideas.

- *la compulsión de normas sociales:* "los *mass-media* pueden iniciar una acción social «exponiendo» condiciones distintas respecto a lo establecido por la moral pública" (Ibíd., p. 31). Conductas desviadas que son toleradas en la privacidad se vuelven intolerables cuando se hacen públicas, obligando a los actores sociales a tomar partido en la defensa de las normas establecidas: "La publicidad ejerce presión en pro de una moralidad única más bien que dual, al impedir la evasión continua. Exige reafirmación pública y aplicación (aunque sea esporádica) de la norma social" (Ibíd., p. 32). Con la exposición de las desviaciones, los medios cumplen un rol en la reafirmación de las normas sociales.

- *la disfunción narcotizante:* Al lado de las dos funciones mencionadas –en general favorables al sistema social– aparece una disfunción, caracterizada así por Lazarsfeld y Merton:

> La exposición a este flujo de información puede servir para narcotizar más bien que para dinamizar al lector o al oyente medio. A medida que aumenta el tiempo dedicado a la lectura y a la escucha, decrece el disponible para la acción organizada [...] El ciudadano interesado e informado puede felicitarse a sí mismo por su alto nivel de interés e información, y dejar de ver que se ha abstenido en lo referente a decisión y acción (Ibíd., p. 35).

Este aspecto de los medios es un notable hallazgo, pero es notable como Lazarsfeld y Merton lo caracterizan a partir de premisas ético-políticas que ponen en absoluto fuera de discusión, en un ejemplo paradigmático de las aporías del funcionalismo. Estoy hablando del hecho de que entiendan que a la narcotización "cabe calificarla de disfuncional en vez de funcional porque a la compleja sociedad moderna no le interesa tener grandes masas de la población políticamente apáticas e inertes" (35), lo que constituye un presupuesto por lo menos discutible.

Si bien la confianza que depositan en los beneficios del sistema hace que Lazarsfeld y Merton caigan en este tipo de ingenuidades, sin embargo no los ciega en otros aspectos. Es lo que demuestran al analizar las consecuencias del particular sistema de propiedad de los medios vigente en EE.UU., que los lleva a descreer de su potencialidad para el cambio: "Puesto que los *mass-media* son sustentados por grandes complejos del mundo de los negocios enclavados en el actual sistema social y económico, los medios contribuyen al mantenimiento de este sistema" (Ibíd., p. 37).

Esta situación es lamentable, ya que "al llevar hacia el conformismo y al facilitar muy poca base para una estimación crítica de la sociedad, los *mass-media* bajo patrocinio comercial restringen, indirecta pero efectivamente, el desarrollo convincente de una visión genuinamente crítica" (Ibíd.).

En lo que hace al impacto de los medios en el gusto popular, Lazarsfeld y Merton son bastante menos concluyentes. Se limitan a registrar el cambio producido entre las anteriores audiencias elitistas constituidas por personas instruidas y las actuales audiencias masivas con niveles culturales promedio menores. Ante este hecho es necesario investigar las posibilidades de generación de procesos que puedan elevar las pautas estéticas de la audiencia, lo que no es seguro de antemano.

Finalmente, Lazarsfeld y Merton abordan las potencialidades de los medios para el logro de objetivos sociales. Entienden que estos objetivos sólo pueden ser alcanzados por los medios si se cumple por lo menos una de las siguientes condiciones:

- *monopolización*. Es decir ausencia de contrapropaganda. Es el caso del uso de los medios por el nazismo, pero también del gobierno de EU durante la guerra. Cuando en lugar de monopolización hay una polarización muy fuerte (como en las campañas presidenciales norteamericanas) el efecto de los medios es prácticamente nulo, lo que será analizado más en profundidad por Lazarsfeld en "La campaña electoral ha terminado".
- *canalización*. Los medios tienen más posibilidades si su objetivo es reforzar actitudes y valores preexistentes y no crear pautas de conductas significativamente nuevas.
- *complementación*. Los medios tienen mucho mayores posibilidades de incidencia si son acompañados de contactos cara a cara.

Recursos:

Recuerdos de Erie County
http://www.icpsr.umich.edu/icpsrweb/ICPSR/studies/7204
Una curiosidad: el Inter-university Consortium for Political and Social Research (ICPSR) es una institución norteamericana que sistematiza y pone a disposición datos provenientes de fuentes muy diversas. En sus repositorios se encuentra digitalizado el libro de códigos que utilizaron Lazarsfeld y sus colaboradores en el estudio de Erie County. En algunas de las 460 páginas mecanografiadas se pueden ver anotaciones en los márgenes ¿habrán sido colocadas por Lazarsfeld?

Reportaje de Alex Jones

Opinión de Gominuke

El debate sobre Kory
https://www.youtube.com/watch?v=8UAXhD_9XfA
El modelo de comunicación en dos etapas (*two-step flow theory*) ha sido cuestionado en la vigencia que puede tener hoy, ya que los ecosistemas mediáticos han sufrido transformaciones de enorme profundidad desde el momento en que fuera formulado. Sin embargo, el modelo ha sido recuperado últimamente para ser aplicado a las dinámicas de construcción de opinión a partir del uso viral de los recursos de la web 2.0. Un caso que se ha discutido mucho al respecto es el de la campaña "Kory 2012", por la cual una organización no gubernamental denominada Invisible Children intentó generar consciencia

Video original

respecto a la necesidad de establecer acciones en contra del criminal de guerra ugandés Joseph Kony. La difusión viral del video y el apoyo de celebridades como George Clooney y Rihanna le dio un enorme éxito y habilitó la intervención del gobierno de EE.UU. Sin embargo, también recibió fuertes críticas que sostuvieron que se trataba de una campaña de manipulación del gobierno, o que los organizadores buscaban principalmente lucrar con la misma. Resulta interesante rastrear el debate y constatar las dificultades que plantea en la actualidad la constitución de la opinión pública, y el lugar que puede tener un nuevo tipo de líderes de opinión, esta vez mediáticos.

Para contrastar el video original, es interesante ver un reportaje del periodista norteamericano Alex Jones, una de las principales voces de las teorías conspirativas en EE.UU. https://www.youtube.com/watch?v=e9JJI0oN9jU, y también la opinión de Gominuke https://www.youtube.com/watch?v=IWrAPfBMFog, una vlogger española particularmente aguda.

La importancia de los líderes mediáticos: una verdad bastante incómoda
http://www.cuevana.tv/peliculas/3819/an-inconvenient-truth
El papel de los líderes de opinión mediáticos, y el reclutamiento de éstos entre las estrellas del espectáculo y el entretenimiento, ha sido crucial en la campaña de concientización sobre el cambio climático global y la necesidad de reducir el impacto ambiental generado por las actividades humanas. Un notable ejemplo ha sido la perso-

nalización de la campaña en la figura de Al Gore y las repercusiones de su película documental "Una verdad incómoda", que no sólo ganó el Oscar al Mejor film documental, sino que incidió en que en 2007 fuera galardonado con el Premio Nobel de la Paz, junto al Panel Intergubernamental de Expertos sobre el Cambio Climático.

Capítulo 7
El establecimiento de agenda (agenda-setting)

> Pero nada decía la prensa de hoy de esta sucia pasión,
> de este lunes marrón.
> Del obsceno sabor a cubata de ron de tu piel,
> del olor a colonia barata del amanecer.
> Hoy, amor, como siempre, en el diario no hablaban de ti,
> en el diario no hablaban de ti, ni de mí.
>
> Joaquín Sabina
> "Eclipse de mar"

En su formulación básica, la hipótesis de la agenda-setting sostiene –citando a Shaw– que

> como consecuencia de la acción de los periódicos, de la televisión y de los demás medios de información, el público es consciente o ignora, presta atención o descuida, enfatiza o pasa por alto, elementos específicos de los escenarios públicos. La gente tiende a incluir o excluir de sus propios conocimientos lo que los media incluyen o excluyen de su propio contenido. El público además tiende a asignar a lo que incluye una importancia que refleja el énfasis atribuido por los mass media a los acontecimientos, a los problemas, a las personas (Wolf, 1987, p. 163).

Dicho de una manera más simple: los medios pueden no ser capaces de decirle a la gente qué tiene que pensar, pero son sumamente eficaces para indicarle sobre qué tiene que pensar, tal la sospecha pionera de Cohen (aunque esta fórmula, repetida hasta el hartazgo y el vaciamiento, es pre-agenda setting, y no captura con precisión el registro que esta última postula).

En el primer estudio que postula explícitamente este tipo de efecto, McCombs y Shaw, en 1972, lo definen como "el resultado de la relación que se establece entre el énfasis manifestado por el tratamiento de un tema por parte de los mass media y las prioridades temáticas manifestadas por los miembros de una audiencia tras recibir los impactos de los media" (Saperas, 1987). Esta investigación había tomado como objeto la campaña presidencial norteamericana de 1968 y en sus resultados se encontraba "una correlación fuerte entre el énfasis concedido por los medios a diferentes controversias de la campaña y el juicio expresado por los votantes respecto a la importancia de diversos asuntos de debate electoral" (Wimmer & Dominick, 1996, p. 372).

Los medios tienen un impacto directo sobre el público en dos niveles:
a) el orden del día de los temas
b) la jerarquización de los temas

Vale decir que la percepción de los temas importantes para la comunidad, así como la jerarquía de importancia entre unos y otros estará condicionada por la exposición a la propia selección informativa que realizan los mass media.

Como afirma Montero Sánchez:

> Las instituciones mediáticas definen la importancia de los hechos, contribuyen a convertirlos en acontecimientos, señalan los temas de actualidad y ofrecen las opiniones que consideran más significativas en cada situación. Los medios seleccionan los hechos noticiables y, en el seguimiento de la información, pueden marcar las prioridades en la resolución de problemas, el planteamiento y el desenlace de los conflictos (Montero Sánchez, 2001, p. 106)

Si bien la eficacia de este tipo de efecto parece a primera vista muy menor a los efectos actitudinales que buscaban desentrañar, por caso, Hovland y el Programa de Yale, sin embargo no son en absoluto despreciables. En una campaña política, caso prototípico, hacer hincapié en uno u otro tema se traduce en fortalezas y debilidades de los candidatos. La performance de un candidato no será igual si los temas centrales son económicos, sociales o de política exterior. De ahí que los aparatos político-institucionales breguen por colocar los temas más favorables a sus estrategias en las agendas mediáticas y públicas, tal como veremos más adelante.

Se ha advertido incluso que parte del efecto de agenda pasa por el reconocimiento de rasgos de personalidad y estilos de los candidatos, más allá del repertorio temático en cuestión:

> Al hacer que ciertos temas, ciertos candidatos y ciertas características de los mismos sobresalgan por encima del resto, los medios contribuyen de forma significativa a la construcción de una percepción de la realidad de la que luego dependerá la decisión de votar o no, y por quién hacerlo en caso afirmativo (D. H. Weaver, 1997)

No es menor advertir que el origen de esta teoría, así como la mayoría de las investigaciones que trabajan en este campo, lo hacen en vinculación con la ciencia política y tomando como objeto las campañas pre-electorales.

La importancia de este tipo de efecto está vinculada a la creciente existencia de áreas del mundo de la vida accesibles solamente por vía mediatizada, un proceso que se profundiza cada vez más.

> Ha ido creciendo en las sociedades industriales de capitalismo maduro [...] la presencia de secciones y «paquetes» de realidad que los sujetos no experimentan directamente ni definen interactivamente a nivel de vida cotidiana, sino que «viven» *exclusivamente* en función de o a través de la mediación simbólica de los medios de comunicación de masas (Wolf, 1987, p. 165).

Se ha verificado que el efecto de agenda de los medios es más poderoso cuando el tema en cuestión es más alejado de la cotidianidad de los sujetos, es decir cuando depende en forma exclusiva de la información que le llega por vía mediática: "la directa, inmediata y personal experiencia de un problema, lo convierte en suficientemente relevante y significativo, relegando al fondo la influencia cognoscitiva de los media" (Wolf, 1987, p. 175).

Las fases de la teoría de agenda setting

McCombs ha sistematizado el desarrollo de cuatro décadas de investigación en la corriente, enumerando una serie de fases, cada una de las cuales contiene a las anteriores, que han llevado el modelo a ampliar mucho las problemáticas abordadas y su mismo horizonte de intereses.

La primera de estas fases es la que ya hemos descrito, ejemplificada en el estudio pionero de Chape Hill, y en la cual el foco ha sido el efecto simple de establecimiento de agenda, es decir la congruencia entre las agendas del público y de los medios en torno a los temas más importantes y a la jerarquía que los relaciona.

En una segunda fase el eje de trabajo será el estudio de las condiciones contingentes que favorecen o dificultan el logro del efecto de establecimiento de agenda.

> Las condiciones contingentes pueden ser tanto aquellas que se vinculan con las audiencias, a nivel psicológico (necesidad de orientación), de las actitudes (interés en la política y credibilidad del medio), de la conducta (comunicación interpersonal y uso de los medios) y de las variables demográficas (educación, sexo, edad, etc.); las que se vinculan con los tipos de medios (prensa y TV); o las variables propias del mensaje (tipo de temas y teoría se suma cero) (Casermeiro Perenson, 2008, p. 107).

Entre estas condiciones contingentes, algunas no hacen más que recoger los acentos de la *mass communication research* original, intentando una suerte de complementación de la tradición con el nuevo enfoque. Así, se tratará de analizar cómo las relaciones interpersonales modifican el efecto de agenda, o la variabilidad de este efecto a partir de la credibilidad del medio emisor.

Más interesante es la formulación en términos de necesidad de orientación, la que será cambiante de acuerdo a dos cuestiones: el interés del tema (o mejor: la relevancia del tema) y el nivel de incertidumbre que genera. Si el tema es intrascendente para una persona, ésta no sentirá la necesidad de buscar orientación al respecto, por lo que su exposición a los medios respecto al tema será baja, y el efecto de establecimiento de agenda ínfimo. Por el contrario, frente a un tema percibido como relevante y del cual no se posea información totalmente satisfactoria, surgirá la necesidad psicológica de orientación, la que se traducirá muy probablemente en consumo mediático y efecto de agenda.

> La necesidad de orientación se fundamenta en la suposición psicológica de que los individuos no familiarizados con una situación, se sentirán incómodos hasta que se orienten [...] Bajo estas circunstancias, puede que se vuelquen hacia los medios informativos para encontrarla y adoptar así su agenda (McCombs, 1996, p. 30).

En este sentido, al analizar las condiciones contingentes que potencian o dificultan el efecto de agenda, McCombs introduce una diferenciación entre acontecimientos experienciales y no experienciales[1], según irrumpan de manera más o menos directa en la vida cotidiana. En sus ejemplos, el aumento en el precio del combustible es experiencial y los conflictos internacionales son no experienciales, mientras que el desempleo puede ser de un tipo o de otro, según que la persona lo sufra o no directamente. Cuando se tiene en cuenta esta diferenciación, se encuentra que "a grandes rasgos, el rol de establecimiento de agenda de los medios revela situaciones de efectos de fuerte impacto en acontecimientos no experienciales y ningún efecto en absoluto en acontecimientos experienciales" (McCombs, 1996, p. 22).

Una explicación de carácter general para estas llamativas diferencias en las respuestas del público a la cobertura mediática de los temas experienciales y no experienciales nos la brinda el concepto de necesidad de orientación. Dado que los temas experienciales son definidos como temas que intervienen en la vida diaria de las personas, la experiencia personal bastará en muchos casos para orientar a los individuos frente a la situación que se les presenta. El resultado es una baja necesidad de cualquier tipo de orientación extra, una circunstancia que auspicia bajas correlaciones entre la agenda mediática y la pública [...] Y en el otro lado, en los temas no experienciales, la experiencia personal no basta como fuente de orientación. En este tipo de temas, la premisa teórica es que la agenda mediática suele ser la fuente primaria de orientación, aquella a la que la gente se vuelve para reducir su incertidumbre (McCombs, 1996, pp. 124-125).

Agenda setting de atributos

En sus dos primeras fases, las investigaciones sobre el efecto de establecimiento de agenda se limitaron a la posibilidad del efecto mediático de establecimiento de un listado temático jerarquizado (el *sobre qué* pensar), pero más adelante se percibió la posibilidad de ampliar esta perspectiva a los atributos de los temas (entendidos como objetos, al modo psicológico), lo que nos lleva a un nivel distinto: el *de qué modo* pensar acerca de esos temas.

Los atributos de un objeto son el conjunto de percepciones que los periodistas y el público emplean para "pensar" en ese objeto, para "encuadrarlo" dentro de cierta característica del objeto y para ordenar la importancia que el mismo tiene en la agenda pública (Casermeiro Perenson, 2008, pp. 124-125).

---

[1] Esta es la utilizada en la edición española de *Estableciendo la agenda* (2006), pero hay otras traducciones del para usado por McCombs: *obtrusive/unobtrusive*: entorpecedores/no entorpecedores, obstrusivos/no obstrusivos, etc.

La fijación de agenda de atributos implica un segundo nivel del efecto de establecimiento de agenda, y constituye un avance decisivo. En una campaña política, ya no se tratará de un listado de temas y candidatos, sino de las características de esos temas y candidatos (si el tema es el presupuesto nacional, los atributos pueden ser tales como su condición deficitaria, o el grado de consenso para su elaboración, o las obras públicas previstas, o las estimaciones de la economía nacional que realiza, etc. Es evidente la importancia del atributo tematizado para dejar bien o mal parado en la consideración pública a un candidato, funcionario o política determinada.).

En busca de los creadores de agenda

En las actuales campañas políticas, los medios basan su información en el suministro permanente de poderosos aparatos político-institucionales de campaña, lo que contradice los presupuestos de la teoría de agenda-setting, al menos en su formulación original.

> El conocimiento existente sobre los efectos de la canalización mediática sobre el público general así como sobre los propios ejecutivos de la política supone que los medios gozan de una considerable libertad para establecer qué temas, candidatos o rasgos personales destacar en sus informaciones diarias. Pero hablando con precisión, eso no permite representar a los medios como auténticos «establecedores de la agenda» si se diera el caso de que ellos sólo se limitaran a reproducir las prioridades y puntos de vista de poderosos proveedores informativos, como los políticos y sus estrategas de campaña (D. H. Weaver, 1997).

De hecho, una tendencia relativamente reciente del área de investigación ha virado hacia el análisis de los mecanismos mediante los cuales los aparatos de producción de noticias configuran a su vez sus agendas. Una investigación de 1991, por ejemplo, "ha detectado cierta correlación entre algunos de los temas comentados por el Presidente de Estados Unidos en su discurso sobre el estado de la nación y los temas más aludidos por los medios en su selección de actualidad" (Wimmer & Dominick, 1996, pp. 372-373).

A la par que algunas figuras políticas y sociales muy centrales son de por sí generadoras de noticias y tienen un poder considerable para que sus propuestas temáticas reciban amplia cobertura mediática, los aparatos institucionales y partidarios proveen una cantidad considerable de material que habitualmente se convierte en noticia. Por otra parte, algunos de los mismos medios de comunicación tienen un rol similar, ya que su influencia basta para ubicar ciertos temas en la agenda (el caso de *Clarín* o *La Nación* en nuestro país).

Este punto establece una necesaria conexión entre las investigaciones de agenda-setting y las de sociología de las noticias, ya que además de estos proveedores de temas, la agenda mediática queda conformada por la misma cultura profesional de los periodistas. Como concluye McCombs, la agenda es influida por la acción de los generadores de eventos y noticias, "pero todo ello, a su vez, está reconformado por los valores, prácticas y tradiciones del periodismo como profesión" (McCombs, 1996, p. 29).

Cuestiones metodológicas y matizaciones del efecto de agenda

En lo metodológico, un estudio de agenda-setting debe combinar una metodología de análisis textual o de contenido, aplicada sobre un corpus sincrónico de medios, a partir de la que pueda establecerse la agenda de los medios y metodologías de encuesta, desde las cuales puedan establecerse las agendas públicas de la audiencia.

Al decir de Wimmer y Dominick:

La fórmula característica de un estudio de canalización temática engloba varias [...] opciones metodológicas [...] El análisis de contenido permite definir la «agenda» de los medios; para recoger los datos sobre la percepción temática del público se utilizan encuestas; teniendo en cuenta que el establecimiento de la agenda mediática y la percepción de la audiencia no se producen simultáneamente, cabe también acudir a la dimensión longitudinal o de series temporales; e incluso, más recientemente, algunos estudios han utilizado el enfoque experimental. (Wimmer & Dominick, 1996, p. 373)

Para las encuestas se suele utilizar la pregunta abierta originalmente desarrollada por Gallup: "¿cuál es, a su juicio, el problema más importante que tiene que resolver el país en este momento?", pregunta abierta que luego se codifica. Respecto al análisis del contenido mediático, la unidad de análisis consiste en los artículos, notas periodísticas o espacios de noticieros televisivos que abordaron los temas. La correlación se mide utilizando el Coeficiente de Correlación por Rangos (Rho de Sperman). Para que se concluya un efecto de establecimiento de agenda, la correlación debe ser superior a +.500.

Una de las debilidades de estas investigaciones es la pobreza metodológica, especialmente en lo que hace a la utilización de métodos de análisis de contenido de corte cuantitativo, muy inapropiados para un acercamiento a los procesos de semantización.[2]

Otra cuestión metodológica no resuelta en el área es la estandarización de los marcos temporales analizados. La cuestión temporal es central en este tipo de investigación, por razones metodológicas (la duración respectiva de los períodos de medición de las agendas de medios y audiencia), pero más fundamentalmente por un principio de orden teórico-metodológico: si son las audiencias las que adoptan el orden y la jerarquización de los temas propuestos por los medios, debe considerarse el desfase temporal existente entre la aparición del tema en la agenda mediática y su adopción por la audiencia. Desgraciadamente, las diferentes investigaciones han adoptado criterios de medición muy disímiles; en lo que hace al desfase, por ejemplo, éste va desde la medición simultánea hasta una demora de cinco meses.

Por otra parte, el tipo de tema en cuestión posee diferentes requerimientos temporales: temáticas generales de gran trascendencia (como problemáticas medioambientales) requieren lapsos muy prolongados, temas de discusión en campañas electorales necesitan algunas semanas y acontecimientos extraordinarios (como una catástrofe) acortan el lapso requerido a días o incluso horas.

Todos estos problemas han llevado a una relativización del planteo, pese al consenso respecto a la verosimilitud de que ocurra este tipo de efecto. De hecho David Weaver –uno de los investigadores del área– reconoce que "tras varias docenas de estudios, la confirmación de la hipótesis es relativa" (D. H. Weaver, 1997)

Una de estas limitaciones ocurre al considerar la diferente capacidad de generación de efecto de agenda por parte de diversos medios. Al respecto, pareciera que los periódicos poseen un mayor poder de establecimiento de agenda, y no así la televisión. El motivo se ha buscado en el carácter fuertemente fragmentario de la información televisiva, así como en la mayor incidencia de la espectacularización noticiosa, en relación a los medios impresos. Además, la televisión posee menos recursos para indicar la je-

---

[2] En una revisión del área Wimmer y Dominick destacan la investigación realizada a fines de los '70 por Williams y Semlak, debido a la amplitud de la muestra de la agenda mediática. Sin embargo, este mismo estudio se limitó a la cuantificación del total de columnas dedicadas a cada tema.

rarquía noticiosa, y no tan efectivos como los disponibles para los periódicos (títulos, recursos tipográficos, primera plana, etc.).

Con todo, McCombs ha diferenciado etapas en una campaña presidencial: en una primera etapa el poder de agenda de los periódicos es mucho mayor al de la televisión y es de ellos de donde surgen los temas centrales. Pero en el último tramo, es la televisión –con su inmediatez– la que cobra mayor importancia.

Recursos:

Agenda turística en Berlín
http://www.agendasetting.com/
Es probable que la teoría de agenda-setting sea la línea de investigación sobre medios de comunicación que ha obtenido mayor repercusión en el mundo extra-académico, especialmente entre periodistas, empresarios periodísticos, políticos, asesores de imagen y comunicadores corporativos. Como un ejemplo de esto, en octubre de 2013 se realizará la "14 International Agenda Setting Conference", en el exclusivo Hotel Adlon de Berlín. Allí se podrá escuchar (entre muchos otros) las conferencias de Ulf Santjer, Director de Comunicación Corporativa de la empresa de indumentaria deportiva Puma, a Christoph Frei, secretario general del Consejo Mundial de la Energía, a Hassan M. Fatah, editor en jefe de *The National* (grupo propietario de más de 200 diarios, entre los que se cuenta *The Wall Street Journal* y el *Daily Telegraph*), quienes compartirán el estrado con Maxwell McCombs, fundador de la teoría. Para apuntarlo en la agenda ¿no?

Las agendas periodísticas en debate

http://www.encuentro.gov.ar/sitios/encuentro/Programas/detallePrograma?rec_id=101348

El Canal Encuentro produjo una serie documental dedicada a meterse en la cocina de los medios de comunicación. Varios de los capítulos (casi todos están disponibles en el portal del canal) se abocan al tema de la conformación de las agendas periodísticas.

Agenda alternativas

http://www.prensadefrente.org/
http://www.therealnews.com/t2/

Una conclusión de una lectura de la teoría de agenda-setting es el lugar crucial que tiene la definición de la agenda para la conformación de la opinión pública. Es así que muchos movimientos políticos alternativos a las hegemonías nacionales o globales se han propuesto explícitamente desarrollar medios cuya característica central es la propuesta de una agenda alternativa de temas. Entre los muchísimo ejemplos disponibles puede verse, a nivel local, *Prensa de Frente*, mientras que en EE.UU. puede visitarse uno cuyo nombre ya lo dice todo al respecto: *The Real News*.

Prensa de Frente

The Real News

Capítulo 8
Periodismo y verdad (a propósito de los imaginarios de Hollywood sobre los productores de noticias)

Introducción

Hollywood ha tomado a los medios de comunicación como tema en varias de sus producciones, al menos desde *Primera plana* ("The Front Page"), de 1931 (película basada en una exitosa obra de Broadway que tuvo una remake no muy lograda a manos de Billy Wilder en 1974). De hecho, en un breve recorrido por esa filmografía debemos destacar especialmente el lugar de *El ciudadano* ("Citizen Kane", Orson Welles, 1941) ya que, sin ser específicamente un film cuya temática central quede limitada a los medios de comunicación, resulta ser la biografía apócrifa de William Randolm Hearst, uno de los fundadores del periodismo moderno. *El ciudadano* ha sido seleccionada por la crítica especializada, en varias oportunidades, como la mejor película de la historia, pero –por supuesto– este nivel de calidad no es compartido por la totalidad de los films que han abordado el tema que nos interesa, conjunto en donde conviven dramas críticos sobre el lugar de los medios en las sociedades contemporáneas, con comedias livianas "ambientadas" en redacciones y pisos de televisión.

Más allá de las mencionadas en el párrafo precedente y de alguna otra excepción (como *I cover the waterfront*, de James Cruze, 1933), es a partir de la década de los '70 cuando los films sobre periodistas y medios de comunicación se vuelven relativamente comunes. Un grupo de estas películas, mayormente comedias, es el que reúne a aquellas en donde redacciones y sets televisivos son el espacio de desarrollo de la trama: *Noticias de las once* ("News at eleven", Mike Robe, 1986), *El diario* ("The paper", Ron Howard, 1994), *Algo muy personal* ("Up close & personal", Jon Avenet, 1996), la más reciente *En buena compañía* ("In good company", Chris y Paul Weitz, 2004) y la que tal vez sea la más destacable del conjunto: *Detrás de las noticias* ("Broadcast news", James Brooks, 1987).

Un segundo grupo que puede distinguirse es el de aquellas películas que vinculan el ejercicio del periodismo con los intereses políticos y económicos. Por supuesto, el paradigma aquí es *Todos los hombres del presidente* ("All the president's men", Alan Pakula, 1976), film sobre el que nos detendremos en este trabajo. También deben mencionarse *The China syndrome* (James Bridges, 1979), *Quiz show* (Robert Redford, 1994) y *El informante* ("The insider", Michael Mann, 1999). En un registro un tanto diferente, integra también este grupo *Mentiras que matan* ("Wag the dog", Barry Levinson, 1997). Un subgrupo aquí es el que trata del ejercicio del periodismo en tiempos de guerra, temática que ha sido abordada tanto en *Bajo fuego* ("Under fire", Roger Spottiswoode, 1983) como en *Buenos días, Vietnam* ("Good morning, Vietnam", Barry Levinson, 1987).

Por otra parte, ciertas películas se centran en la crítica a los excesos a los que conduce la espectacularización de la información. En este grupo se cuentan las muy polémicas *Network* (Sydney Lumet, 1976) y *La radio ataca* ("Talk radio", Oliver Stone, 1988), la más reciente y bastante menos interesante *15 minutos* (John Herzfeld, 2001) y la que posiblemente sea la mejor película filmada sobre el periodismo: *Absence of malice* (Sydney Pollack, 1981). En cierto sentido, formaría parte de este grupo también *The Truman show* (Peter Weir, 1998), mientras que, fuera de la clasificación aunque de mención necesaria, se encuentra la muy bella *Días de radio* ("Radio days", Woody Allen, 1987).

"¿Qué se puede hacer, si no es mirar películas?", se preguntaba en una canción Charly García, a mediados de los años setenta. Sin llegar a ese extremo, mirar algunos films resulta un ejercicio más que interesante para adentrarse en el imaginario que una industria de la comunicación (el cine) ha venido construyendo sobre otras (periódicos, radio, televisión), imaginario que puede considerarse un emergente de las cambiantes condiciones que han venido adquiriendo, en las sociedades contemporáneas, los medios de comunicación y, con ellos, los profesionales de la producción y tratamiento de bienes simbólicos.

Indagar en estos imaginarios, apoyarnos en ellos, utilizarlos como palanca o tal vez como excusa, nos permitirá, en este capítulo, analizar la mirada social –en donde coexisten admiración, prejuicio, miedo– sobre periodismo y medios de comunicación en sociedades crecientemente mediatizadas. Entre las múltiples aristas que presenta esta perspectiva, nos detendremos en las complejas relaciones que se tejen entre periodismo y verdad, para lo cual "miraremos" tres de los filmes mencionados.

Todos los hombres del presidente, o sobre la transparencia de la verdad

Todos los hombres del presidente (Alan Pakula, 1976) es un film basado en una historia verídica y por lo demás muy conocida: la investigación que el diario *The Washington Post* realizó sobre los entretelones del Watergate, el escándalo político que terminaría provocando la dimisión del presidente de Estados Unidos, Richard Nixon.

La película se basa en el libro escrito por los periodistas encargados de la investigación: Bob Woodward y Carl Bernstein, interpretados por Robert Redford y Dustin Hoffman, respectivamente. De hecho, como veremos, el film retrata, justamente, la versión que ambos periodistas dan del Watergate, versión que puede considerarse parcial o limitada. La película empieza con un Woodward que es un periodista bastante novato, arribado no hace mucho a Washington y abocado a asuntos locales de menor trascendencia. En esa condición es enviado, en junio de 1972, a realizar un informe sobre un supuesto robo en el cuartel del Partido Demócrata, ubicado justamente en el edificio Watergate. Cinco personas habían sido encontradas en una actitud sospechosa y sin autorización, durante la noche anterior. En la audiencia, Woodward se da cuenta de que los individuos aprehendidos no responden al perfil de ladrones. Están bien vestidos, tienen dinero en sus billeteras, cuatro de ellos son cubanos, en más de un caso declaran como profesión "anticomunistas" y uno de ellos alega haber sido asesor de la CIA.

La intuición lleva a Woodward a sospechar que se trata de algo muy distinto a un simple robo. Vuelto a la redacción, y reunido con sus colegas, ya empiezan a hablar de la posibilidad de que se trate de una operación de escucha ilegal. En este grupo está incluido Bernstein, un reportero también joven pero de mayor experiencia, formado en la escuela empírica de la redacción, que se entusiasma con la posibilidad de una investigación trascendente. Ambos son asignados a seguir el caso.

A lo largo de su investigación, Woodward y Bernstein enfrentarán dos tipos de problemas distintos: los relacionados con la comprensión de una madeja de hechos y relaciones muy compleja, que además se desarrollan de manera oculta y clandestina, y los derivados de la necesidad de aportar pruebas acerca de sus descubrimientos. A medida que avanza el film, este último tipo de problemas se vuelve cada vez más crucial: ante una especulación de Bernstein, su jefe le recriminará "No me interesa lo que creas, sólo lo que sepas". No se trata de la escritura de un artículo de opinión, no resultan aptas las conjeturas: se debe probar que cada afirmación encierra un *hecho*, se trata de información *objetiva* acerca de los hechos. El periodismo moderno no abreva en la idea de que el mundo es una construcción significativa, o que la verdad es relativa a un determinado sistema de categorías[1]. Antes bien, supone que los hechos son independientes de sus per-

Ilustración 10: Dustin Hoffman y Robert Redford en la versión fílmica de la investigación del Watergate

[1] Presupuestos casi obvios, hoy, de las ciencias sociales y de la filosofía del lenguaje.

cepciones, que son alcanzables por las personas y que los medios pueden limitarse a la *transmisión* de una realidad objetiva. Más allá de que los periodistas más lúcidos no sostengan de manera tajante estas afirmaciones, lo cierto es que su actuación las tiene como premisas implícitas. Los procedimientos por los cuales se construye y señaliza a la información periodística como "objetiva" son denominados por Gaye Tuchman (1983) *trama de la facticidad*. Los periodistas entienden que su trabajo consiste en presentar "hechos" y cuando alguno de los hechos presentados (justamente aquellos que constituyen la *noticia*) no es parte del conocimiento compartido por el público, debe ser acompañado de una verificación que atestigüe su veracidad. Sin embargo, en muchos casos, los datos que verificarían el hecho no están al alcance del periodista, o no lo están a tiempo para la hora de cierre. ¿Cómo hacer entonces para verificarlo? Pues a partir de las *fuentes*: si una fuente autorizada lo afirma, se considera un hecho verificado. Si la afirmación es en algún sentido riesgosa para la credibilidad del medio, entonces se deslindan responsabilidades: la redacción se llena de potenciales y se utilizan las comillas para atribuir claramente que el dicho no es sostenido por el periodista, sino por la fuente. Por otro lado, la afirmación de una fuente es considerada en sí un hecho: el relato periodístico no versará entonces sobre el hecho afirmado por la fuente, sino sobre el hecho de que la fuente lo haya afirmado.

Pero volvamos a nuestros periodistas. A medida que avanzan en su investigación, encuentran algunas personas (especialmente funcionarios gubernamentales de diverso nivel) proclives a brindarles cierta información, pero de manera reservada. Esta es una de las razones que hacen que las notas que van publicando resulten algo atípicas y, a juicio del jefe de la sección de Internacionales del *Washington Post*, "peligrosas", se entiende que para la verosimilitud del diario. Son interesantes las críticas que realiza, ya que repasa una suerte de decálogo periodístico: fuentes sin nombre (en oposición a fuentes identificadas, que permiten desplazar el costo del error desde el medio a la fuente), desmentidos de la Casa Blanca (las afirmaciones de la autoridad gubernamental no requieren de mayor verificación, las que se oponen a ella necesitan verificarse escrupulosamente[2]), indiferencia

---

[2] Mark Fishman afirma: "los trabajadores informativos están predispuestos a considerar objetivos los relatos burocráticos, puesto que ellos mismos participan en el apoyo a un orden normativo de expertos autorizado socialmente. Los periodistas se rigen por el principio de que los funcionarios han de saber lo que tienen la obligación de saber... Concretamente, un trabajador informativo identificará la declaración de un funcionario no sólo como una afirmación, sino como un fragmento de conocimiento verosímil y

del resto de los grandes diarios (ya que un criterio de noticiabilidad, es decir de asignación de valor noticioso a un hecho es, justamente, la contrastación de las propias expectativas con las de la competencia[3]) y la ausencia de motivos de la Casa Blanca y el Partido Republicano para embarcarse en una aventura así (los hechos sugeridos por la investigación "no tienen sentido", en cuanto se oponen al cúmulo de experiencias organizativas anteriores, el que constituye un acervo de sentido común periodístico[4]).

Sea como sea, Woodward y Bernstein necesitan imperiosamente "pruebas", y en su búsqueda demostrarán una perseverancia y una tenacidad inagotables: revisan la totalidad de fichas de pedidos de libros de la Biblioteca del Congreso de un año, acuden a los domicilios de cada uno de los integrantes del personal del "Comité para la Reelección Presidencial", obteniendo en casi todos los casos negativas y portazos, etc. Su veterano jefe de sección tiene una explicación para ese entusiasmo, una explicación que abreva del imaginario mítico de la profesión: le dice a su colega "Mirá, están locos por la noticia... Howard, ¡están hambrientos! ¿Vos te acordás cuando estabas hambriento?". De cualquier manera, la localización de pruebas resulta dificultosa, y en más de una caso simplemente imposible. "¿Por qué sos tan resistente?", increpa Bernstein ante el rechazo de su compañero a una de sus habituales especulaciones. "Porque no hay hechos suficientes", es la seca respuesta de Woodward.

En los meses que siguen a la aprehensión de los "ladrones" del Watergate, los dos periodistas del *Washington Post* seguirán escrupulosamente la "regla de las dos fuentes": una afirmación será considerada un hecho sólo si es confirmada por dos fuentes independientes (nótese que de ninguna manera esta regla permite la dilucidación de un hecho, sino que tan sólo establece un mecanismo convencional, aceptado en el ámbito de la profesión periodística, para la "determinación" de los mismos). Incluso, cuando la trama alcanza al jefe de Personal de la Casa Blanca, Robert Haldeman,

---

creíble. Esto equivale a una división moral del trabajo: los funcionarios están en posesión de los hechos, los periodistas se limitan a recogerlos" (cit. en Chomsky & Herman, 1990, p. 51).

[3] "Puede ocurrir que una noticia sea seleccionada en cuanto se espera que los demás medios de la competencia lo hagan" (Wolf, 1987, pp. 244-245).

[4] "la experiencia organizativa del periodista le impone prejuicios en contra de las posibilidades contrarias a las expectativas preexistentes. Desde el punto de vista de un periodista, sin embargo, sus experiencias con otras organizaciones durante un período de tiempo validan sus juicios periodísticos y pueden reducirse al sentido común. Por «sentido común» el periodista entiende lo que la mayoría de los periodistas creen verdad o dan por sentado" (Tuchman, 1999, p. 211).

Ben Bradlee, editor del *Post*, reclama una tercer fuente que confirme la versión. Por otra parte, tanto Woodward como Bernstein tienen fuente personales secretas (en el primer caso el famoso "Garganta Profunda"), evidenciando que parte de la dotación de herramientas profesionales de un periodista es justamente el cultivo de este tipo de relaciones.

La película llega a su término en enero de 1973, en la sala de redacción del *Post*: mientras un televisor trasmite la ceremonia de asunción como presidente reelecto de Richard Nixon (había ganado de manera aplastante las elecciones en noviembre de 1972), unos ensimismados Woodward y Bernstein siguen concentrados en sus máquinas de escribir. Nixon jura defender la Constitución; la prensa, pacientemente, está acumulando las evidencias que demuestran lo contrario. En una especie de apéndice, una teletipo va informando sintéticamente del avance posterior de los acontecimientos, hasta la renuncia de Nixon, el 8 de agosto de 1974, y la asunción como presidente de Gerald Ford.

Resulta significativo que el film termine al momento de la reelección de Nixon, ya que en los meses subsiguientes, Watergate pasó de ser un tema marginal a constituirse en el mayor escándalo político de la historia contemporánea de Estados Unidos. En marzo de 1973 se leyó la sentencia en el caso de los "ladrones" del edificio Watergate, con condenas para siete personas (los cinco apresados en el edificio más otros dos), pero uno de los acusados logró inmunidad mediante una carta en la que denunciaba presiones políticas. El Senado designó un comité de investigación, presidido por el senador Sam Ervin, y el caso alcanzó verdadera magnitud pública. En mayo, el testimonio ante este comité de un antiguo asesor de la Casa Blanca implicó al mismo Richard Nixon en el encubrimiento. En julio, un ayudante del jefe del personal de la sede gubernamental reveló lo que se convertiría en el centro del escándalo: Nixon había dispuesto un sistema de grabación e intercepción telefónica en la misma Casa Blanca. La pelea por la publicidad del contenido de las cintas se convirtió en el eje de la cuestión en los meses siguientes y, en octubre de 1973, Nixon –ante la posibilidad cierta de que el Congreso inicie el proceso para su recusación– entregó algunas de ellas. La publicidad de las cintas debilitó de manera pronunciada su posición y cuando, en agosto de 1974, se conoció una de las cintas en la que se escuchaba a Nixon y Haldeman discutiendo acerca de cómo minimizar la investigación del FBI sobre el allanamiento del Watergate, su continuidad como presidente se volvió imposible, debiendo renunciar.

Como se ve, el caso Watergate recién había empezado cuando el film finaliza. La razón de ello es que la película busca explícitamente destacar el rol de la prensa independiente en el control de los desvíos gubernamentales, rol al que debe su caracterización como "Cuarto Poder". En el momento culminante del film, Ben Bradlee afirma con tono épico sobre la investigación: "Nada está en juego aquí, excepto la Primera Enmienda, la libertad de prensa y, tal vez, el futuro de este país".

No hay aquí espacio para la opacidad. El trabajo del periodista es desentrañar la verdad, verdad ocultada por intereses poderosos e ilegítimos. Verdad, justicia, ética, se corresponden entre sí y no existen conflictos entre uno y otro. El motor del periodista es, justamente, ese ánimo por descubrir la verdad, y la relación que establece con los hechos es transparente.

Bajo Fuego, o sobre la suspensión ética de la verdad

Si *Todos los hombres del presidente* es un docu-drama y reclama para sí veracidad sobre cada uno de sus componentes, *Bajo fuego* (Roger Spottiswoode, 1983) se encuadra mejor como una ficción histórica: su ambientación general es veraz, sus protagonistas y lo que les acaece, ficticio. El film está ambientado en Nicaragua, en los meses finales de la lucha popular del Frente Sandinista de Liberación Nacional contra la dictadura de Anastasio Somoza. Sus protagonistas son un grupo de corresponsales de guerra norteamericanos, una suerte de club de viajeros bastante exclusivo y glamoroso, aunque de alto riesgo: combates durante el día, fiestas en hoteles lujosos por la noche.

La película comienza, de hecho, en otra conflicto: Chad, 1979. Russell Price (Nick Nolte) fotografía esta guerra que, de acuerdo al relato que hace Claire Stryder (Joanna Cassidy), también corresponsal, es "incomprensible". Price es un tipo más bien hosco, su actitud es distante: él no es un participante en esa lucha, sino sólo un testigo, un fantasma dedicado –de una manera ciertamente temeraria– a registrar en imágenes el combate. Es un extraño, y la única conversación que mantiene en estas escenas iniciales es con otro extraño: Oates (Ed Harris), un mercenario, alguien que tal vez conocía de una guerra anterior, alguien que posiblemente volverá a encontrar en un conflicto futuro.

La trama se traslada a Nicaragua, donde la guerra civil ha recrudecido. Allí llega Price y se encuentra con Stryder, quien lo pone al tanto de la "verdadera información": marcas de cerveza, restaurantes y chismes, diciéndole como conclusión: "Te va a encantar esta guerra. Hay buenos, malos y mariscos baratos".

Mantener la distancia, no involucrarse, parece ser la guía de acción de estos personajes. Mientras otros se juegan sus vidas por lo que creen, o en la defensa de sus intereses, los periodistas sólo observan. De hecho, el profesionalismo del periodismo está construido sobre esta frialdad, sobre esta estrategia de no implicación: no participar en la acción, no realizar juicios de valor ni apreciaciones. Son otros los que actúan, el profesional de la información se limita a registrar la acción. Al clasificar los roles posibles en una interacción, Erving Goffman suma a actores, público y extraños un conjunto de roles particulares a los que denomina "roles discrepantes". No considera aquí a los periodistas, aunque éstos pueden considerarse un subgrupo de los "individuos no existentes como personas":

> quienes desempeñan este rol están presentes durante la interacción, pero en ciertos sentidos no asumen ni el rol de actuante ni el de auditorio, y tampoco pretenden ser (a la inversa de los delatores, los falsos espectadores y los soplones) lo que no son (Goffman, 1981, p. 162).

Sin embargo, a diferencia de los sirvientes (el caso más característico de individuos no existentes como personas), los periodistas no están obligados a la discreción, por lo que los actores tendrán cuidado de controlar sus actuaciones en su presencia, excepto en los casos en que pueden apelar al *off the record*, reclamando del periodista que se convierta en una suerte de confidente. De cualquier manera, en el transcurso de la actuación (por ejemplo, en un acto o mitin) periodistas, y especialmente fotógrafos y camarógrafos, merodearán entre el público o en sectores próximos a los escenarios realizando su trabajo, sin ser considerados por actores y espectadores que, a decir verdad, se abocarán al desempeño de sus roles como si no existieran.

Un rol específico en la interacción, entonces. Un rol discrepante, que conlleva rutinas específicas, posiciones distinguibles y expectativas puntuales. En sus primeras incursiones por Nicaragua, Price ve a un guerrillero que corre por una calle. Desde su lugar, observa claramente como un grupo de soldados de la Guardia Nacional se encuentra emboscado en una esquina, hacia donde se dirige directamente el guerrillero. Price no dice nada, simplemente se apresta a sacar las fotografías de la muerte del miliciano, cosa que hace impasible. En esa muerte, que para él resultaba perfectamente previsible, Price no ve la tragedia, sino sólo la posibilidad de una foto extraordinaria. Su ética profesional obliga a la no participación; de

Ilustración 11: Russell Price (Nick Nolte) intenta mirar la realidad sólo a través de su objetivo

hecho, ante la pregunta que le dirige un sacerdote[5] ("¿De qué lado estás?"), él responde: "De ninguno, soy periodista".

Sin embargo, a medida que avanzan la película y la guerra, la posición equidistante, ausente, de Price se va volviendo imposible. Si había atravesado otros conflictos sin involucrarse, aquí empieza a sentirse identificado con uno de los bandos en lucha. El contraste es brutal: los guerrilleros son sencillos, transparentes e idealistas; los hombres de la dictadura crueles, traicioneros y egoístas: "Creo que estamos cambiando", le dice Price a Stryder, promediando el film.

Llegamos así al momento crucial de la película. Price y Stryder son llevados por los sandinistas a un campamento, para entrevistar a Rafael, su líder. Cuando llegan les informan que éste ha muerto, y eso implica un re-

---

[5] El sacerdote es, por definición, un rol discrepante, al menos en lo que hace a los conflictos políticos (y una guerra lo es). En la película, el dato de que sea un sacerdote quien le dirige esta pregunta a Price es indicativo de la imposibilidad final de permanecer imparcial.

troceso para la Revolución en su momento culminante: Estados Unidos enviará más armas para la dictadura, la guerra continuará, más personas morirán. Los sandinistas piden que Price tome una fotografía que muestre con vida a Rafael. Price inicialmente se niega: "Soy periodista, yo no trabajo así", dice. El fotógrafo se encuentra frente a un dilema: o se ciñe a la verdad de los hechos (y se niega a sacar la foto trucada) o aporta a la causa de quienes cree justos (pero entonces se involucra y desdeña la veracidad). La opción, parece, se da entre verdad y justicia. Price se toma unas horas antes de dar una respuesta. Resulta claro que ese tiempo no es necesario para tomar la decisión, sino para asumir que ésta ya ha sido tomada; que de hecho los sandinistas saben que ya la ha tomado y por eso lo han ido a buscar. En esas horas toma fotos del campamento: chicos jugando, viejos conversando, mujeres cocinando; la vida simple del pueblo, con el que él ya se ha comprometido. Luego pasa a la acción: saca la foto, se involucra, ayuda al éxito de la revolución [6].

Hace algunos años, Slavoj Žižek señaló que *Bajo fuego* es un ejemplo de la operación de suspensión del espacio neutral de la Ley, operación que reivindicaba como valor necesario para la recuperación de una política de izquierda:

> En oposición al centro liberal que se presenta a sí mismo como neutral y postideológico, respetuoso de la vigencia de la Ley, debemos reafirmar el antiguo tópico izquierdista acerca de la necesidad de suspender el espacio neutral de la Ley (Žižek, 1998, p. 182).

Pero tal vez Žižek no ha subrayado suficientemente que la decisión de Price no implica solamente una opción política, sino también –y me parece que principalmente– una desarticulación del dispositivo de construcción del periodismo como profesión. Si para Žižek se trata de proponer la suspensión política de la ética, en el contexto de nuestro análisis Price procede a la *suspensión ética de la verdad*.

Así y todo, esta suspensión es momentánea, y el film da dos ejemplos de ello. Price, por supuesto, toma muchas fotografías. Pero dos de ellas resultan decisivas: la primera es la que revive a Rafael, la segunda la saca

---

[6] En otro contexto, Walter Benjamin abogaba por resolver situaciones de éste tipo, de una manera similar: "Un tipo progresista de escritor reconoce la alternativa [de a quién sirve con su trabajo]. Su decisión ocurre sobre la base de la lucha de clases, al ponerse del lado del proletariado. Se ha acabado entonces su autonomía. Orienta su actividad según lo que sea útil para el proletariado en la lucha de clases" (Benjamin, 1998, p. 117).

después y es la del periodista Alex Grazier (Gene Hackmann) asesinado a sangre fría por la Guardia Nacional[7]. Aquí se reconcilian verdad y justicia: la fotografía del asesinato de Grazier es una herramienta política, pero lo es a partir de su encuadramiento en el dispositivo periodístico: es la denuncia de una verdad que el poder (en este caso la dictadura somozista y sus aliados norteamericanos) trata de ocultar. De hecho, el asesinato de Grazier está acompañado por una serie de escenas en las que Price se enfrenta a la brutalidad del régimen: asesinatos, ejecuciones, corrupción. Si el momento culminante ha sido al promediar el film, pareciera que la narración necesita justificar la decisión de Price a partir de una sumatoria de elementos posteriores.

El segundo ejemplo de la brevedad de la suspensión de Price es la escena final. Es el día del triunfo de la Revolución, Price y Stryder contemplan la multitud que festeja en la plaza. Pero lo hacen sólo brevemente: toman un taxi que los llevará a otra guerra, a otra nota periodística. Mientras dan una última mirada, Stryder pregunta "¿Te parece que nos hemos implicado demasiado?", a lo que Price contesta "Volvería a hacerlo".

Mentiras que matan, o sobre la opacidad del poder

Un docu-drama en el primer caso, una ficción histórica en el segundo; el tercer ejemplo que hemos escogido implica un cambio de género: estamos ahora en el ámbito del grotesco, elección genérica necesaria, imprescindible tal vez, para el enfoque de *Mentiras que matan*[8] (Barry Levinson, 1997).

El presidente de Estados Unidos ha cometido un desliz. Faltando once días para los comicios en los que las encuestas lo dan como ganador para un nuevo período, una "niña luciérnaga" lo denuncia por abuso sexual en el Despacho Oval. Conrad Brean (Robert De Niro) es convocado para solucionar el problema: él es el "reparador". Winifred Ames (Anne Heche),

---

[7] Así como el episodio de la muerte de Rafael no tiene, que sepamos, ningún asidero histórico (aunque las imágenes de su muerte recuerdan vagamente a las fotografías del Che muerto en Bolivia, su cadáver expuesto sobre una mesa), el del asesinato del corresponsal se inspira en un suceso real y las fotografías de Price son una representación de las imágenes reales, que dieron la vuelta al mundo.

[8] El título original es *Wag the dog*, es decir "mover al perro", título que se explica con un refrán, al inicio del film: "¿Por qué mueve el perro la cola? Porque el perro es más listo que la cola. Si la cola fuera más lista, movería al perro". El tema de la película, entonces, es cómo la cola puede mover al perro.

una joven asesora de la Casa Blanca, será su interlocutora y auxiliar en la tarea, y recibe su primera lección instantes después de conocer a Brean. Enterado este último de la situación, Ames le pregunta "¿No le importa si es verdad?", a lo que Brean responde "¿Qué importa si es verdad?". No se tratará entonces de desentrañar la verdad, sino de "operar" en la superficie discursiva de lo verosímil, en la misma tradición en la que se inscribieran nombres como el del general J.V. Charteris[9].

El escándalo en ciernes es de una magnitud tal que sólo puede opacarse con una acción de gran escala, movilizadora de las emociones más profundas. Brean, conocedor de estas lides, sabe que el único tema con el que tiene alguna oportunidad de éxito en desviar la atención es una guerra. Aunque, en realidad, como le explica a su discípula: "Una guerra no, sólo la apariencia de una guerra". Convocará para ello a Stanley Motss (Dustin Hoffman), un experimentado productor de films de Hollywood. Juntos darán forma a un inexistente conflicto bélico con un país escogido por el desconocimiento que reina sobre él (Albania) y a las sucesivas etapas del mismo: los rumores sobre la existencia de terroristas con poder nuclear y la inminencia del conflicto, la filmación apócrifa de una joven víctima de los terroristas, la movilización de un cuerpo de élite, el rescate del héroe que ha quedado tras las líneas enemigas, etc. Finalmente, el objetivo es alcanzado, aunque no sin marchas y contramarchas, ya que el campo donde se desarrolla la actuación es un campo en donde otros actores (el candidato opositor, los organismos gubernamentales, la CIA) también intervienen: el abuso sexual de la niña es opacado y el presidente termina siendo reelegido de una manera contundente.

---

[9] Charteris era el jefe de los servicios de inteligencia británicos durante la Primera Guerra Mundial. En una anécdota altamente ilustrativa, relatada por Georges Sylvester Viereck en un libro de 1930, al comparar dos fotografías capturadas a los alemanes, una de ellas mostrando los cadáveres de soldados germanos siendo arrastrados para su entierro, la otra retratando a caballos muertos que eran llevados a una fábrica para la extracción de jabón y aceite, Charteris tuvo la genial ocurrencia de intercambiar los epígrafes, de manera que la primera de las fotografías quedó acompañada de la inscripción "Cadáveres alemanes en camino a la fábrica de jabón". Según Sylvester Viereck: "El general Charteris despachó esa fotografía a China para levantar allí la opinión pública contra los alemanes. La reverencia de los chinos por los muertos llega a la veneración. La profanación de los muertos, que se atribuía a los alemanes, fue uno de los factores que llevaron a la declaración china de guerra contra Alemania y sus aliados" (De Fleur & Ball-Rokeach, 1986, pp. 219-220).

Ilustración 12: Afiche de la película Wag the dog

Sin la profundidad de los otros dos films que analizamos, o al menos sin su seriedad, el tono de *Mentiras que matan* es el de una comedia negra, en donde las aventuras de sus personajes resultan inverosímiles, aunque dejan en el espectador la sospecha acerca de si –con protagonistas menos simpáticos y situaciones tal vez no tan rebuscadas– no se estará contemplando una imagen de la verdadera trastienda del poder.

Pero ¿dónde están en esta película los periodistas, que de ellos trata este ensayo? El cambio de perspectiva respecto a la relación entre periodismo y verdad implica un cambio de enfoque: los protagonistas (Brean, Motts, Ames) no son personajes visibles, sino actores en las sombras. Los periodistas no son aquí los protagonistas, pero son un complemento imprescindible. Veamos sólo un ejemplo de ello. Apenas iniciada la "crisis", Brean dispone una serie de indicios: envía a un general de la Fuerza Aérea a la ciudad sede de Boeing, reúne un comité interministerial de asuntos albanos, moviliza un cuerpo del ejército, y esparce rumores sobre cada uno de estos aspectos. Al día siguiente, al momento en que tiene lugar la conferencia de prensa que ofrece un funcionario de la Casa Blanca y que supuestamente se centrará en el escándalo por abuso sexual, los periodistas ya han oído los rumores e incluso han podido verificarlos. La conferencia de prensa tiene un giro inesperado, y los periodistas realizan una serie de preguntas: "¿Qué tienen de cierto los rumores acerca de la situación en Albania, ya que el Departamento de Estado ha establecido una Fuerza especial sobre este país?", "¿El viaje del general Scott a Seattle se debe al Bombardero B-3?", "¿En Albania tenemos un levantamiento musulmán antinorteamericano?". Las negativas del funcionario sólo hacen crecer las especulaciones, que es justamente el objetivo del "reparador". Mientras mira la conferencia de prensa por televisión, Brean comenta ante las preguntas de los periodistas: "Ya están entendiendo. Así se hace. He ahí un poco de ayuda". No se trata simplemente de que los periodistas hayan sido sobornados para desviar el foco de atención, sino que el conocimiento de la lógica del proceso de producción de noticias y de la cultura profesional de los mismos, junto al acceso a los recursos necesarios, vuelve posible el logro de sutiles formas de manipulación de los medios, que se traducirán luego en la creación de un escenario público favorable a los propios intereses.

En lo que queda del film, y de manera similar a la comentada, los aparatos profesionales de producción de noticias serán llevados a informar acerca de cuestiones funcionales a los objetivos de Brean y sus compañeros, sin alcanzar nunca a ser conscientes de ello. Luego de pasar una noticia fabricada en estudio que simula ser la filmación de una niña albanesa huyendo de terroristas, el conductor televisivo comenta: "Rara vez se ha visto una imagen más conmovedora de la humanidad".

Esta película nos puede ser de utilidad para re-pensar algunas de las teorías sobre los efectos de los medios de comunicación. A comienzos de la década de los '70 Maxwell McCombs y E. Shaw postularon la que denominaron *teoría de agenda-setting*, que tuvo un notable éxito en el ámbito de la investigación sobre medios de comunicación. Dicho brevemente, este modelo establece que los medios informativos tienen la capacidad de establecer el temario de discusión de los asuntos públicos en una sociedad moderna. La selección y ordenamiento de temas que realizan los medios es asumida por sus públicos, que tienden a incluir en sus conocimientos de la vida pública aquellos temas presentes en los medios, dotándolos de una importancia similar a la que éstos le adjudican. Dicho esto en los términos de la fórmula que popularizara Cohen, la prensa "puede no conseguir la mayor parte del tiempo decir a la gente lo que debe pensar, [pero] es sorprendentemente capaz de decir a los propios lectores en torno a qué temas deben pensar algo" (cit. en Wolf, 1987, p. 163). Las investigaciones empíricas que se realizaron a partir del modelo de *agenda-setting* arribaron a conclusiones que validaban estos supuestos, especialmente para el caso de los temas considerados de importancia durante las campañas políticas.

En trabajos posteriores, McCombs y otros investigadores de la corriente han matizado la propuesta inicial de varias maneras. Una de éstas, de interés para nuestra argumentación, es la interrogación acerca de los mecanismos y actores que fijan la agenda, no ya del público, sino de los medios. McCombs (1996, 2006) ha sugerido que algunos personajes públicos –y para el caso de Estados Unidos, especialmente el presidente de la Nación– tienen la capacidad (aunque no siempre) de establecer la agenda sobre ciertas problemáticas, debido a su influencia, poder y extensa cobertura mediática. También ha remarcado la dependencia que los periodistas tienen de diversas fuentes gubernamentales y organizacionales especializadas en el suministro de información para los medios (conferencias de prensa, gacetillas, informes, publicaciones, etc.).

David Weaver, otro investigador de la corriente, ha ido aún más lejos:

> El conocimiento existente sobre los efectos de la canalización mediática sobre el público general así como sobre los propios ejecutivos de la política supone que los medios gozan de una considerable libertad para establecer qué temas, candidatos o rasgos personales destacar en sus informaciones diarias. Pero hablando con precisión, eso no permite representar a los medios como auténticos «establecedores de la agenda» si se diera el caso de que ellos sólo se limitaran a reproducir las prioridades y puntos de vista de poderosos proveedores infor-

mativos, como los políticos y sus estrategas de campaña (D. H. Weaver, 1997, p. 235).

Sin ánimo de abonar hipótesis de tipo conspirativo, es necesario introducir en el análisis de los sistemas informativos la acción, tanto deliberada como no, de actores que inciden, o buscan incidir, en su estructura y contenido.

En general, es cierto que mientras más alejadas en el tiempo y en el espacio estén las consecuencias de un acto del contexto original del acto, menos probable será que esas consecuencias hayan sido intencionales; pero, desde luego, esto se ve influido tanto por el alcance del saber que los actores poseen, como por el poder que son capaces de movilizar (Giddens, 1986, p. 48).

Aún cuando el resultado final de una acción permanezca en última instancia impredecible, no debería sorprendernos que actores con conocimientos suficientes acerca del funcionamiento de los medios de comunicación y acceso a recursos de gran magnitud, sean capaces de influir decisivamente en su orientación y contenido. De esta manera, es lícito preguntarse si, algunas veces, cuando parece que el perro de los medios de comunicación y el periodismo está moviendo la cola, no se tratará de un caso en que la cola mueve al perro.

The end: la verdad como construcción

Las tres películas que hemos comentado nos han brindado versiones bastante diferentes de la relación entre periodismo y verdad, versiones que han de tener alguna relación con el momento histórico en el que cada una se ha filmado. La parábola es bastante clara: si en un principio los periodistas eran los hombres fuertes, quienes en virtud de su profesión eran capaces de voltear al gobierno más poderoso del planeta esgrimiendo como su única arma la verdad, y en el punto medio nos encontramos con una elección moral, una verdadera decisión en la cual la profesionalidad no cubre acabadamente la opción éticamente legítima (pero así y todo el rol del periodista es puesto de relieve, aunque no ya como mero testigo, sino como actor), aquí en el final los periodistas se desdibujan y aparecen en su lugar los verdaderos creadores de noticias: intereses poderosos que saben cómo utilizar en su beneficio el sistema mediático, y tienen además la capacidad y los recursos para hacerlo.

La cuestión no es trivial si acordamos con Eliseo Verón en que "los medios informativos son el lugar en donde las sociedades industriales producen nuestra realidad" (Verón, 1983, p. X), es decir *nuestra verdad*. Dicha producción, como se ha apuntado, no es realizada por los medios en condiciones de ausencia de presiones y condicionamientos, sino justamente a partir de los mismos. La relación entre práctica periodística y verdad es tributaria de la conformación de la profesión al interior de la maquinaria industrial capitalista y esto es válido no sólo de un modo superficial, sino muy profundo. Analizando la génesis y desarrollo de lo que él denomina "escándalos mediáticos", John B. Thompson ha afirmado que

> la importancia de la inclinación al beneficio económico tiene menos que ver con las motivaciones profesionales de los medios que con la estructura general de las organizaciones mediáticas y las limitaciones que gravitan sobre ellas, estructura que ha contribuido a garantizar que un determinado género de noticias se haya convertido en un rasgo fundamental de la producción de periódicos (Thompson, 2001, p. 114).

Poner en discusión los componentes de esta relación y a la relación misma es un aspecto crucial de la discusión política contemporánea. Como emergentes de ese magma imaginario, las películas analizadas (y otros muchos textos culturales) pueden darnos algunos valiosos indicios para posicionamientos y acciones.

Recursos:

Moviendo al perro
https://www.youtube.com/watch?v=CNo0BicRM8k
Wag the dog (7.1 de rating en IMDb), es una comedia negra muy divertida (y que da que pensar) dirigida por Barry Levinson y con las actuaciones protagónicas de Dustin Hoffman y Rober De Niro. El trailer oficial da una buena idea del enfoque

Cine y periodismo
http://blogs.20minutos.es/sinefectos/2009/11/09/periodistas-cine-cine-periodistas/
Las comentadas en este capítulo son solo algunas de las muchas películas dedicadas al periodismo y los medios. En su blog, la periodista y cinéfila española Diana Sánchez ha hecho una revisión de algunos otros films del "subgénero".

Capítulo 9
La teoría matemática de la comunicación

En 1949 Claude Shannon, un ingeniero de la Bell Telephone dio a conocer su "teoría matemática de la comunicación", modelo cuya ambición era subsumir bajo su férula todo tipo de procesos comunicativos, ya sea entre máquinas, hombres o animales y que demostró ser singularmente exitoso en las décadas siguientes. Shannon, como muchos de los ingenieros de la época, estaba particularmente interesado en construir un modelo teórico que posibilitara el máximo aprovechamiento con un mínimo costo en las trasmisiones telegráficas y telefónicas. Su teoría de la comunicación, en consecuencia, es una teoría de la trasmisión. ¿Y qué se trasmite? Pues información.

El modelo de Shannon es sumamente conocido, tan es así que es lo primero que se nos viene a la mente cuando pensamos en la comunicación:

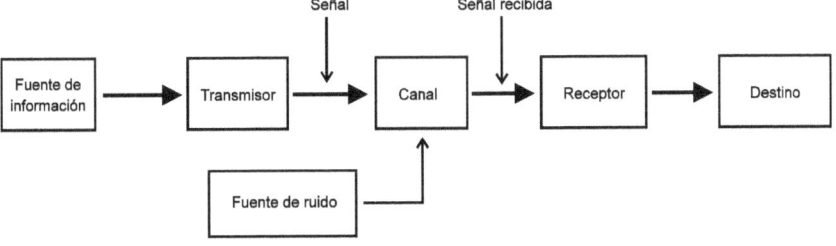

El concepto de información de Shannon debe tomarse cuidadosamente, por las particularidades que le imprime, que lo desvinculan del sentido que pueda tener el mensaje.

Es sorprendente pero cierto que, desde el punto de vista actual, dos mensajes, uno muy denso en significado y otro totalmente sin sentido, pueden ser equivalentes en cuanto a información. En realidad, en esta nueva teoría la palabra información se refiere no tanto a lo que decimos como a lo que podríamos decir. O sea que la información es una medida de nuestra libertad de elección cuando seleccionamos un mensaje (W. Weaver, 1984, p. 36).

¿Cómo medir la cantidad de información de un mensaje? La información depende de la cantidad de posibilidades de elección de mensajes diferentes o, desde otro punto de vista, de las posibilidades de predicción de cuál será el mensaje escogido. Supongamos un sistema de dos posibilidades, por ejemplo las dos caras de una moneda. Habiendo sólo dos alternativas posibles, tengo un 50 % de posibilidades de acierto (o de predicción). Partiendo de una situación de incertidumbre (dado que no conozco a priori si la moneda caerá sobre su cara o sobre su ceca), el mensaje emitido posee un valor de información de un bit (de *binary digit* o señal binaria), ya que se requiere una sola disyunción entre dos posibilidades para acceder al mensaje final.

Es fácil deducir que mientras más posibilidades de elección se tenga en la situación inicial, el mensaje contendrá un valor de información mayor, ya que será mucho más difícil predecirlo con anterioridad. Dado que cualquier elección de un elemento entre un repertorio finito puede traducirse en una serie de disyunciones binarias, la cantidad de información se medirá por bits.

Por ejemplo, para un sistema que cuenta con ocho eventualidades[1], las alternativas de elección son:

---

[1] El esquema siguiente está adaptado de Eco (1975).

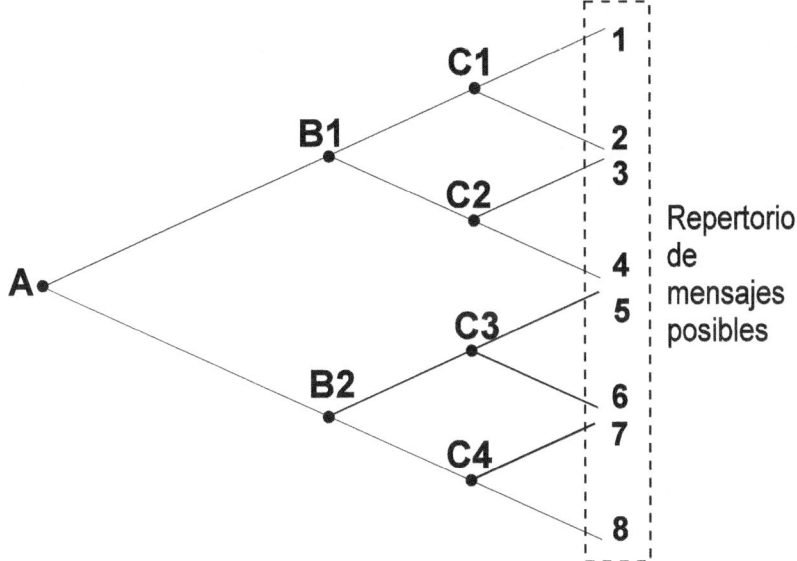

Para elegir un mensaje determinado, pongamos por caso el 5, necesito realizar tres disyunciones binarias: primero entre el grupo B1 y el B2, luego entre los subgrupos C3 y C4, por último entre el mensaje 5 y el 6.

Mientras mayor sea el repertorio de mensajes posibles, mayor será la cantidad de pasos (disyunciones binarias) que separen cada elemento de la situación inicial (representada en nuestro esquema por la letra A).

Más generalmente podemos afirmar que:

$$i = \lg_2 n$$

en donde *n* es la cantidad total de elementos del repertorio e *i* el valor de la información contenida por cada mensaje.

Como vemos, la teoría matemática de la comunicación posibilita medir el valor informativo de cualquier mensaje en relación al esfuerzo requerido para su trasmisión, desvinculándolo de manera absoluta del sentido que pueda tener el mensaje.

Hasta ahora nos hemos manejado con un sistema extremadamente simplificado en el que suponíamos que todos los elementos del repertorio tienen iguales posibilidades de ser elegidos. Esto no es así en casi ningún caso real.

Supongamos que realizamos el control de calidad de una pieza fabricada por una máquina y encontramos que sólo una de cada 100 piezas no alcanza el estándar de calidad exigido. Si bien el sistema es de dos elementos (aprobado / rechazado), la respuesta a la pregunta "¿Será aprobada la próxima pieza?" no contiene el mismo valor informativo que en el caso de la moneda, dado que tengo muchas más posibilidades de acierto. En concreto, un 99 % de posibilidades de acierto. No realizaremos el cálculo en cuestión[2]. Nos contentaremos con comentar que el resultado arroja que el valor informativo promedio de un mensaje en este sistema es de 0,11 bits, o sea sólo un noveno de lo que sería en un sistema con igualdad de posibilidades de elección.

Esto nos interesa porque el lenguaje humano funciona de una manera similar. Shannon demostró que si colocamos todas las letras del alfabeto en igual cantidad en una caja y las sacamos al azar, el mensaje resultante carece de sentido, pero va cobrándolo en la medida en que respetamos las proporciones inherentes a un lenguaje determinado. Es decir que se aproxima más a tener sentido si colocamos las letras en igual proporción a cómo aparecen, por ejemplo, en el castellano; más aún si colocamos pares de letras en igual proporción a su aparición en el lenguaje real y aún mejor si los elementos colocados en la caja son palabras.

¿Qué sucede aquí?

> Sencillamente se limitan las posibilidades de combinación de los elementos en juego y el número de los que constituyen el repertorio. En la situación de igualdad de probabilidades de origen se introduce un sistema de probabilidades: algunas combinaciones son posibles y otras no lo son. La información de origen disminuye y la posibilidad de trasmitir mensajes aumenta (Eco, 1975, p. 61).

En otros términos estamos hablando de la incorporación de la redundancia. La redundancia es esa parte del mensaje que puede considerarse repetitiva, que no agrega nueva información y que, en principio, parece que podría suprimirse. Sin embargo, la cosa no es tan sencilla. Uno de los principales inconvenientes de las lenguas filosóficas a priori[3] (aquellas que buscaban una total interpenetración entre el lenguaje y la realidad, de tal ma-

---

[2] El ejemplo ha sido extractado de Rapoport (1984), en donde también se desarrolla el cálculo conducente a estimar el valor de información de un mensaje promedio en este sistema.

[3] Para una reseña de los proyectos de lenguas filosóficas a priori, así como otras propuestas europeas de lenguas perfectas véase el interesantísimo libro de Umberto Eco (1993).

nera que la misma conformación de cada vocablo indicara claramente el significado del término) es la facilidad de confusión que comportan. Como ejemplo mencionemos que en el más conocido de estos proyectos –el del Obispo Wilkins– las palabras *Debα* y *Deba* designan al fuego y a los cometas respectivamente, por lo que se dificulta enormemente la distinción de los conceptos, tanto tipográfica como fonéticamente. Un lenguaje sin redundancia es un terreno fértil para la confusión. En términos de la teoría de la información se dice que la razón para no suprimir la redundancia es la inevitable presencia del ruido.

El ruido es un concepto que agrupa a todos los aditamentos indeseados que se agregan a la señal en el proceso de trasmisión (distorsiones de sonido, estáticas, en la forma o sombreado de la imagen, etc.). No es posible evitar de manera absoluta el ruido: "por más habilidad que se tenga en el proceso de codificación siempre habrá cierta incertidumbre indeseada acerca de cuál era el mensaje, una vez recibida la señal" (Eco, 1975, p. 40).

El modelo shannoniano es de una solidez notable en el campo de la ingeniería y ha sido enormemente provechoso en el desarrollo de sistemas de transmisión más eficientes. Sin embargo, es en su trasvasamiento a las ciencias sociales y al estudio de la comunicación humana –tarea emprendida entre otros por Warren Weaver y Roman Jakobson[4]– en donde ha recibido fuertes críticas. Umberto Eco, entre otros, planteó claramente las limitaciones del modelo: en la comunicación humana la señal no implica únicamente una elección estadística, sino que también está dotada de significado.

> Al nivel de la máquina, estábamos todavía en el universo de la cibernética, que se ocupa de las *señales*. Al introducir al hombre hemos pasado al universo del *sentido*. Ha quedado abierto un *proceso de significación*, porque la señal no es únicamente una serie de unidades discretas, computadas por bits de información, sino que es también una forma significante que el destinatario humano deberá llenar con un significado (Eco, 1975, pp. 50–51).

En este proceso de significación el receptor tiene un rol activo: la interpretación; rol que no encuentra su lugar en la teoría matemática de la información, absolutamente centrada en el emisor. Es de acuerdo a la intención de éste que analiza la eficacia o no de la comunicación, llegando incluso

---

[4] cf. el artículo ya citado de Weaver y el clásico "Lingüística y poética", de Jakobson (1975).

Weaver a proponer la idea del "ruido semántico", que agruparía a las distorsiones en el mensaje que produce la interpretación del receptor.

En consecuencia, el modelo informacional postula una relación de exterioridad para con los mensajes. Estos están separados de los actores y tienen autonomía respecto a ellos. Los mensajes se encuentran a disposición del hablante, como si se exhibieran en un escaparate: cualquier persona puede elegir cualquier mensaje, entre los permitidos por el código. Tan es así que ha sido caricaturizado como "la metáfora del tubo", aludiendo a que la comunicación es vista como un tubo en el que el emisor introduce un paquete (el mensaje) en un extremo para que sea extraído en el otro extremo por el receptor.

Lo que queda fuera de este tubo y es desconocido por el modelo es justamente el contexto (en sus variadas acepciones), elemento imprescindible a la hora de entablar este proceso de significación del que hablaba Eco. ¿Por qué entonces, pese a todas estas críticas, el modelo shannoniano sigue perviviendo en la forma en que cotidianamente entendemos el lenguaje y la comunicación? Porque –como dice Alejandro Piscitelli– "esta concepción del lenguaje es la *dominante* y [...] se presenta como completamente natural y obvia" (Piscitelli, 1993, p. 37). Testimonios de esta presencia son las frase que habitualmente escuchamos (y decimos): "le di una buena idea", "no puedo encontrar las palabras para expresar esta idea", etc.

El problema general de este tipo de posiciones es reducir la comunicación meramente a la transmisión de información.

Dice Pierre Levy al respecto:

> ¿los instrumentos suministrados por las teorías de la información y de los autómatas son capaces de dar cuenta de la historicidad, de la significación, de las singularidades que constituyen el mundo humano? Repitamos que la información medida por la teoría de Shannon solo tiene muy pocos vínculos con lo que entendemos ordinariamente por esta palabra. Ella no toma en cuenta el "sentido" de los mensajes, sino únicamente su probabilidad de aparición, lo que nos lleva a la discusión precedente sobre las estadísticas y las probabilidades. La lingüística computacional sobresale en tratar la sintaxis, pero ¿qué tiene que enseñarnos sobre las significaciones en contexto, que son, sin embargo, las claves de la comunicación? Los enfoques calculatorios de la inteligencia construyen modelos parciales de pequeños módulos del funcionamiento cognitivo, pero ¿qué es una inteligencia que no tiene acceso al sentido de lo que hace? (Levy, 2004, p. 116).

Es obvio que aquí la teoría matemática de la comunicación y la lingüística saussureana tendrían un amplio contacto. Tanto para una como para la otra, el sentido de un mensaje (o enunciado, o texto, o discurso, no nos detengamos aquí en este tipo de disquisiciones) puede encontrarse dentro de los límites del mismo mensaje y es, por lo tanto, exterior a la relación social en que ese mensaje es producido.

Encontramos rápidamente, sin embargo, que la significación de un enunciado –en cualquier situación de la vida cotidiana– depende necesariamente de un conjunto de condiciones y presupuestos indisociables de la situación en concreto en donde se produce ese enunciado. Esto es lo que explica que un mismo fragmento discursivo pueda recibir una multitud de significaciones que poco o nada tienen que ver unas con las otras.

El enunciado "Hace frío", por ejemplo, puede significar muy diversas cosas:
- "La temperatura es menor a 10ºC"
- "Cerrá la ventana"
- "Estoy enfermo"
- "Abrazame"

Y eso sin considerar las posibilidades de que constituya una contraseña previamente convenida, etc.

¿Cómo hace un hablante normal (es decir competente) para discriminar entre la multitud de posibles significados aquél que resulta "correcto"? Porque, más allá de que la interpretación, como proceso creativo, implica siempre la posibilidad de la diferencia y de la discrepancia, lo cierto es que en la generalidad de los casos resulta muy aproximada al sentido dado al locutor por su enunciado.

Es claro que el enunciado encierra ya indicaciones importantes, imprescindibles, pero no por ello suficientes. El plus de significación necesario (si se me perdona la expresión) debe buscarse, por un lado, en una ampliación de lo que entendemos por discurso. Si incluimos aquí el conjunto del acto de comunicación estaremos más cerca de dar una explicación a esta cuestión. Vemos así que el enunciado es sólo una parte del acto de comunicación, que además de lo lingüístico el enunciado es acompañado por una serie de señales de otro tipo, entre las que debemos incluir el comportamiento corporal no verbal (movimientos del cuerpo, ademanes, tratamiento del espacio), los aspectos no lingüísticos del habla (entonación o paralingüística); pero además que un acto de comunicación supone un contexto que lo contiene (que es aludido o indicado, que complementa, reafirma o contradice lo dicho). Y aún más allá: lo que se dice sólo es entendido en su relación con lo que es mostrado. O, en los términos de Bourdieu (1985): un

Ilustración 13: ¿Cuál es el valor informativo del tercer "Güeno" de Inodoro? ¿Y del rostro silencioso de Hortensia en el primer cuadrito de la cuarta fila? Resultan evidentes las limitaciones del modelo informacional para explicar la comunicación humana (Inodoro Pereyra, de Roberto Fontanarrosa)

discurso casi nunca se produce sólo para ser conocido, sino más bien para ser reconocido.

En todo esto resulta que dotar de significado a un acto de comunicación implica contextualizarlo en una situación concreta, en el ámbito de un entrecruzamiento de reglas y saberes compartidos por los interactuantes y que exceden en mucho al mero código lingüístico.

Que los intercambios comunicativos responden a reglas es algo que debe resaltarse. Pero estas reglas tienen dos características que las distinguen: la primera es su carácter no necesariamente prescriptivo, aunque puedan serlo. Las reglas de la comunicación y de la interacción son reglas que deben cumplirse so pena de incurrir en incorrecciones castigadas al menos con el descrédito del individuo en su pretensión de comunicante/interactuante competente. Pero cuando son transgredidas no necesariamente se debe a incompetencia, ya que estas reglas son en general parámetros interpretativos. Infringirlas puede ser la operación requerida para decir más, o decir otra cosa.

La segunda característica es que, en algún sentido, estas reglas escapan al dominio de nuestra conciencia. Tampoco debe entenderse que se localizan en alguna región inconsciente. Es mejor considerar la noción de Giddens (1986) de conciencia práctica: ese acervo de conocimientos (aprendidos por lo tanto, fruto de la socialización en una determinada cultura) que no resulta fácil poner en palabras, porque su aprendizaje no se da mediado por el lenguaje, sino a partir de las rutinas de la interacción.

No es imposible poner en palabras estas reglas comunicacionales. Si lo fuera, el propio campo de la comunicación estaría condenado al fracaso. Es posible, *pero no fácil ni inmediato,* al menos para el hablante normal. Se necesita, como veremos, pasar a un nivel *meta*.

Recursos

Wilkins: personaje de Borges y de Stephenson
http://goo.gl/o9THzh
La historia de la codificación del mundo es en verdad apasionante. Tomemos el ejemplo citado en el capítulo del Obispo John Wilkins, a quien Jorge Luis Borges le dedicó un ensayo ("El idioma analítico de John Wilkins"), ensayo a su vez leído y citado por Michel Foucault en el primer párrafo de *Las palabras y las cosas* (2007), uno de los libros más famosos del filósofo francés. Pero Wilkins también es un personaje del *Ciclo Barroco* de Neal Stephenson, un impresionante *tour de force* en el que este autor de ficción científica (más que de ciencia-ficción) se remonta al siglo XVII para ubicar allí, al mismo tiempo que el nacimiento de la ciencia moderna, el origen de la informática en la confluencia del Alfabeto Universal de Wilkins y el sistema numérico binario desarrollado por Gottfried Leibniz

El cuento de Borges

Neal Stephenson en Wikipedia

Capítulo 10
Relaciones económicas y penetración cultural

La comunicación como mercancía

Reflexionar acerca de la manera en que la comunicación y la cultura implican relaciones económicas nos lleva a considerar a los productos culturales como mercancías (o servicios) intercambiables por algún tipo de pago o remuneración. El campo definido así es realmente muy amplio y –al menos en cualquier economía donde el dinero es utilizado como sistema de intercambio– resulta consustancial a la misma producción cultural.

Resulta así, entre muchos ejemplos posibles, en el caso del mecenazgo: toda la obra de Miguel Ángel dependió de "financistas" como el Papa Julio II o los Médici. Es decir, para cualquier época podemos establecer que los artistas y productores culturales se encontraron inmersos en relaciones económicas, que sin ninguna duda tenían repercusiones en su obra (siguiendo con el ejemplo de Miguel Ángel, sólo recordemos su enojo a raíz de que el Papa –después de encargarle su diseño– desestima la construcción de un mausoleo, episodio que desemboca, primero, en el abandono de Roma por el artista y, luego, en su regreso forzado después de que lo amenazan con la excomunión, cosa nada trivial en esa época).

En uno de sus últimos libros, Raymond Williams (1982) hace una tipología de instituciones que han enmarcado a los productores culturales a lo largo de la historia (o –en algunos casos– de manera contemporánea): artista institucionalizado (como el bardo), artista retenido (mecenazgo), protección (como en el teatro isabelino), patrocinio (ventas por suscripción), patrocinio comercial o gubernamental, artesanos, profesionales de mercado y asalariados (Williams lo llama "profesionales de la sociedad por acciones"). Todas instituciones que se definen por la forma de sostenibilidad de la producción y los vínculos de manutención del productor.

Ahora bien, si las relaciones económicas han sido una constante, es cuando en el siglo XIX –como vimos– aparece como medio de comunicación la prensa de masas, y cuando ésta se define, no por alguna innovación técnica crucial, sino por un cambio en la consideración del mensaje, que pasa de vehículo de persuasión, a mercancía a colocarse en un mercado, cuando estas relaciones económicas se vuelven claramente, relaciones de tipo capitalista (innovación en la que son pioneros –en la década de 1830– el *New York Sun* de Day y el *Herald* de Gordon Benett, y que después de la Guerra Civil llevarán al paroxismo Hearst y Pulitzer). Como analizamos en el capítulo 3, que la información sea una mercancía, sometida a los vaivenes de la oferta y la demanda en un mercado y a las exigencias de la maximización de la ganancia (que es lo que hace, además, que se trate de una mercancía capitalista), es algo que no puede dejarse de lado nunca, ya que está en la base de las formas de organización que adquieren los medios, los formatos periodísticos, los valores noticia, las innovaciones técnicas, la estructuración de las audiencias, etc.

Estas cuestiones no fueron del todo desconocidas en la primera etapa del estudio de los medios de comunicación. Lazarsfeld y Merton, en el artículo analizado en el capítulo 6, señalan tanto la relación entre los medios y el capitalismo a nivel de la propiedad de los primeros, como las posibles consecuencias ideológicas que se derivarían de ello:

> Puesto que los *mass media* son sustentados por grandes complejos del mundo de los negocios enclavados en el actual sistema social y económico, los medios contribuyen al mantenimiento de ese sistema (Lazarsfeld & Merton, 1986, p. 37).

Por su parte, Adorno y Horkheimer también tenían conciencia clara de estas vinculaciones. Su amor por la obra de arte pura no los volvió ciegos a reconocer que "las obras de arte puras, que niegan el carácter de mercancía de la sociedad ya por el sólo hecho de seguir su propia ley, han sido siempre al mismo tiempo también mercancías" (Horkheimer & Adorno, 1987, pp. 188-189), al mismo tiempo que también señalaron las relaciones estructurales entre los sectores industriales y la producción cultural, que están "económicamente cointeresados y son interdependientes", y en donde

–además, y para la época del análisis– "los monopolios culturales son [en relación a industrias como la eléctrica y la naval] débiles y dependientes" (Horkheimer & Adorno, 1987, p. 149).

Sin embargo, estas intuiciones no van a ser desarrolladas por la *mass communication research*, que se concentró –como vimos– en los efectos mediáticos y el estudio de las audiencias, ni tampoco por la teoría crítica, que para la época de *Dialéctica del iluminismo* ya había adquirido un cariz fuertemente filosófico, un tanto alejado de las preocupaciones empíricas anteriores.

Así que recién en los años sesenta y setenta van a aparecer reflexiones teóricas e investigaciones que tomen como objeto a las relaciones económicas presentes en los medios de comunicación, y esto especialmente desde una perspectiva crítica, bajo el nombre genérico de *economía política de las comunicaciones*. La particularidad de este análisis va a ser –según uno de los referentes de la corriente– analizar los medios "como entidades económicas que desempeñan una función directamente económica en cuanto creadoras de plusvalía" (Garnham, 1983, p. 23), y esto se da de manera directa (con la venta de bienes y servicios) e indirecta (por vía de la publicidad).

No siempre el pensamiento crítico había considerado necesario un análisis económico de la cultura y la comunicación, y el mismo Garnham señala que la tarea de la economía política de la cultura es aclarar la famosa frase de *La ideología alemana*:

> Las ideas de la clase dominante son las ideas dominantes en cada época; o, dicho en otros términos, la clase que ejerce el poder material dominante en la sociedad es, al mismo tiempo, su poder espiritual dominante. La clase que tiene a su disposición los medios para la producción material dispone con ello, al mismo tiempo, de los medios para la producción espiritual, lo que hace que se le sometan, al propio tiempo, las ideas de quienes carecen de los medios necesarios para producir espiritualmente (Marx & Engels, 1972, p. 50).

Esto nos lleva a varias posibilidades problemáticas:
a) una lectura simplista de esta frase puede llevar a asumir que los medios de comunicación –en la medida en que son parte del dominio de clase– son totalmente, y en todos los casos, instrumentos ideológicos de ese dominio, con lo cual no es necesario analizarlos, ya que se deducen automáticamente sus efectos.
b) una segunda posibilidad viene de limitarse al hecho de que los medios son escenarios de la lucha ideológica, olvidando que también

implican procesos de producción material. En consecuencia, concentrarse en el examen crítico de los mensajes de los medios, deduciendo de allí tanto las intenciones de los emisores, como los efectos en las audiencias.

c) todavía una tercera posibilidad es rechazar (teórica, o empíricamente) "la cuestión de la determinación" y autonomizar la esfera de la cultura y lo simbólico. Ésta es la crítica que la economía política de la comunicación, especialmente la anglosajona, va a hacerle a los estudios culturales, especialmente a fines de los años ochenta y primeros noventa. Y todavía es un conflicto que reaparece de vez en cuando, en la discusión entre "estructuralistas" y "culturalistas", también en América Latina.

¿Y entonces, qué? Sigamos con Garnham, que realiza algunas sugerencias interesantes. Para él, hay que diferenciar dos cuestiones:

1) la cultura como fenómeno superestructural en relación con las formas no-culturales de producción material. Pensemos en el siglo XIX: aquí tendríamos una distinción entre la cultura pagada con la renta capitalista (artistas patrocinados, académicos, etc.) y la cultura subordinada pagada con los salarios (desde el cantor de bar hasta el periódico obrero). Es claro que la posibilidad de financiar su cultura de la burguesía es mucho mayor que la que está al alcance de los obreros, y así su visión del mundo tiene mayor publicidad y de hecho puede llegar a ser incorporada por las clases subordinadas. Esta es una primera forma de entender el fragmento de Marx y Engels citado.

2) La cultura como parte de la propia producción material, y cuya producción (de la cultura) se encuentra relacionada con las leyes de desarrollo del capital. Esta es una fase más reciente, que Marx posiblemente no entrevió.

Así que ahora nos concentramos en esta segunda posibilidad. La prensa de masas aparece –desde el punto de vista económico– en función de que existe capital excedente disponible y que la tasa de beneficio en los diarios es al menos similar a la de otros sectores de la economía (algo que se posibilita con la concentración urbana, la inexistencia de impuestos específicos –en comparación con Europa–, la innovación en las formas de distribución, y para ello la modificación de los contenidos, etc.).

¿Qué podríamos analizar de la comunicación, desde el punto de vista de la economía política? Una cuestión importante aquí es la de la propiedad de las empresas mediáticas, y más aún de las dinámicas sectoriales. Posiblemente este tema sea el que más se ha recorrido en la investigación empírica. Ya hace muchos años Murdock y Golding (1986) señalaron que la tendencia de las industrias mediáticas era hacia la **concentración** y la **conglomeración**. La concentración alude a la incidencia que tienen las mayores empresas de un sector en relación a la producción total de ese sector, y el caso límite es el de un monopolio. La conglomeración refiere a la adquisición por parte de una empresa de otras de sectores relacionados, o no. En el caso de sectores relacionados se puede hablar de **integración vertical**, cuando una firma se asegura la propiedad de empresas de otros eslabones de la misma cadena productiva (por ejemplo, hacia adelante: cuando un estudio cinematográfico adquiere cadenas de exhibición, o hacia atrás, cuando un diario adquiere plantas productoras de papel).

Veamos un ejemplo (en la página siguiente): la composición (hacia 2012) del Grupo Clarín, donde se ven las múltiples conexiones con sectores relacionados, o no tanto.

No vamos a profundizar en estos datos, sino sólo señalar que las dinámicas empresarias (respecto a su propiedad, alianzas, concentración, conglomeración) son uno de los temas principales para analizar en una economía de la comunicación. Y es un tema con una tradición muy extensa, tanto en Estados Unidos (con los trabajos de Herman Schiller o Dallas Smythe), como muy especialmente en América Latina, con las investigaciones de Armand Mattelart y Heriberto Muraro. Luego veremos un poco más en detalle este aspecto.

Pero hay otras cuestiones para analizar. Vincent Mosco (2006), un referente de la disciplina, señala como "procesos de entrada" de un mapa de la economía política de la comunicación, a tres factores:

a) la **mercantilización**, es decir la manera en que los productos culturales se convierten en mercancías (cómo se venden, de qué manera se financian y se obtienen ganancias). En este sentido, una primer cuestión refiere a la especificidad de la radio y televisión abiertas. Las emisoras privadas son empresas, claro, y manejan mucho dinero ¿pero cuál es la mercancía que venden? Smythe ha insistido, en un artículo bastante polémico de fines de los setenta, que la respuesta a esta pregunta es: "público", es decir, tiempo del público. Así que el contenido principal de los medios de *broadcasting* comerciales es la publicidad, y el resto (noticieros, telenovelas, series) son "almuerzos gratis" (Smythe, 1983). Esto es posiblemente un reduccionismo exagerado, pero no está de más tenerlo en cuenta.

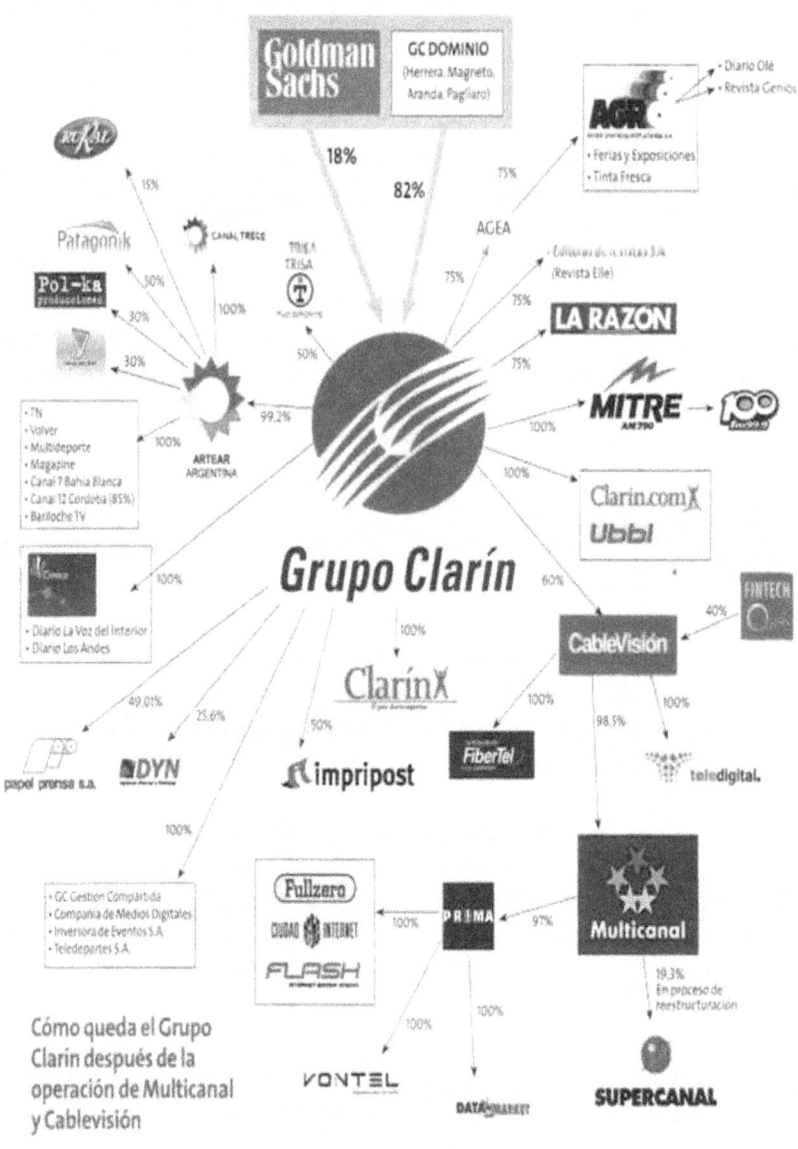

Ilustración 14: Composición empresaria del Grupo Clarín, hacia 2008

Estudiar la mercantilización también abarca la manera en que se desarrolla el trabajo asalariado en los medios de comunicación, y esto especialmente –en la actualidad– por el impacto tecnológico, que por un lado permite la aparición de experiencias donde la ganancia monetaria no es visible (como Wikipedia, y entonces es válido preguntarse si estamos ante un proceso de desmercantilización), pero que también redefinen lo que Scolari llama la "fuerza de trabajo digitalizada" (donde los comunicadores se ven obligados a hacer tareas múltiples: polivalencia) (Scolari, 2008).

b) **espacialización**, es decir, por un lado la expansión territorial (globalización), pero también las dinámicas que ya aludimos de concentración y conglomeración.

c) finalmente, la **estructuración**, pensando en los modos específicos en que las clases sociales subordinadas se constituyen como tales (no abundamos aquí sobre este punto).

Respecto a la mercantilización, o –recordemos la frase de Garnham– la manera en que las empresas de comunicación crean plusvalía, la corriente francesa que suele denominarse "economía de la cultura y de la comunicación" (con autores como Bernard Miège y Patrice Flichy) se ha interesado por las especificidades de cada trabajo involucrado en la producción mediática, pero también por las características distintivas de cada sector comunicacional.

Estos sectores quedan definidos por la aplicación de diferentes **lógicas sociales**, vale decir por la articulación de tecnologías, modos de consumo, formas de valorización económica de los productos y servicios, modalidades de competencia y de financiamiento. En general, se hace una diferencia entre tres sectores:

a) **edición discontinua, o modelo editorial** (libros, cds, películas de cine, también representaciones teatrales o recitales). Aquí el productor desarrolla determinado bien que se vende como ejemplar. El consumo es por unidad (cada lector compra un ejemplar del libro, cada espectador una entrada) y el pago que hace el consumidor cubre la totalidad de la facturación de la empresa. El precio, en general, no está relacionado con la dinámica oferta/demanda, sino más bien asociado a cuestiones de legitimación y prestigio.

b) **edición continua, o prensa** (diarios y revistas). Comparte unos cuantos aspectos con el sector anterior, pero se agrega la financiación parcial por vía de la publicidad. Además, cobra preeminencia la generación de hábitos de consumo, o fidelización.

c) **emisión continua, o modelo de flujo** (radio y televisión abiertas). El consumo es instantáneo, la emisión es continua y el financiamiento es por publicidad (también lo ha sido por tasas en algunos países europeos). A diferencia de los dos anteriores, que tienen costos de distribución y logística altos, aquí éstos son casi nulos, pero, en contrapartida, se elevan los costos de infraestructura y producción.

Con la aparición de Internet, estas distinciones se trastocan bastante, y están en fase de reacomodamiento. En un principio, hasta comienzos de este siglo, se pensaba que las redes iban a propender a una reintroducción de modalidades de pago. Es decir, una especie de retroceso desde la emisión continua a la edición discontinua. Se pensaba que se iban a imponer los sistemas *pay-per-view*, o lo que se llamaba lógica de club. Pero lo que se ha impuesto en los últimos años (o parece así) es una **lógica de redes**, que se caracteriza por la **escalabilidad de red**: el valor de la red se incrementa a partir de que lo hace la base de usuarios:

> Este movimiento, que corresponde al desarrollo de las diferentes formas de capital intangible, muestra explícitamente que las modalidades de creación de valor económico se modifican sustancialmente, así como los principales mecanismos concretos que permiten explicar la dinámica de esta economía: las formas de competencia, las modalidades de distribución de la renta y la determinación de los precios (Herscovici, 2009)

Por ahora todavía son problemáticas las cuestiones de "monetización", es decir de obtención de ganancia con la web 2.0, y los caminos más claros pasan por la publicidad. En este contexto, hay dos problemáticas nuevas que se vuelven estratégicas:
a) la gestión de los derechos de propiedad intelectual
b) la apropiación, por parte de las empresas, del trabajo de los usuarios (el caso de Facebook es paradigmático –más allá de la actual polémica sobre su valor de mercado, a partir de que empezó a cotizarse en la bolsa– la empresa está valorada entre 80 y 100 mil millones de dólares, pero este valor se ha construido fundamentalmente a partir de los usuarios: presencia, tiempo, trabajo).

Y esto último nos da una pista de uno de los ejes centrales de la reflexión actual acerca de la manera en que la comunicación crea hoy plusvalía, en el marco de un capitalismo "que tiende a transformar en mercancía todo tipo de valor de uso e informatizar la producción de toda actividad económica" (Sierra Caballero, 2006, p. 57), modelo que algunos autores han denominado **capitalismo cognitivo**. No podemos abundar sobre este punto aquí, pero bástenos con señalar el sugerente análisis de Paolo Virno, quien ha mostrado cómo las empresas han desarrollado metodologías de apropiación de las propias facultades comunicativas humanas, adquiridas en la socialización primaria (Virno, 2003).

Ilustración 15: Facebook: ejemplo actual de apropiación empresaria del trabajo de los usuarios

Penetración cultural

Como se dijo, uno de los temas para un análisis económico de los medios de comunicación refiere a la propiedad de los mismos, y también al "sometimiento de las ideas de los demás sectores de la sociedad", si recordamos la frase de *La ideología alemana*. En el Tercer Mundo en general, en América Latina en particular, el análisis de la propiedad de los medios (y del resto de los sectores estratégicos de la economía) arroja como dato, además de las tendencias a la concentración y conglomeración, la de transnacionalización, es decir la propiedad de las empresas locales de un país por parte de multinacionales, mayormente de origen norteamericano.

Este dato estuvo presente en la investigación crítica sobre medios de comunicación en el momento de constitución del campo en nuestro continente, aunque no siempre fue analizado de manera pormenorizada. En los trabajos de Armand Mattelart en Chile, por ejemplo, la crítica ideológica de los productos de los medios masivos se enmarca habitualmente en la realidad de la penetración del capital extranjero en los sectores mediáticos (Mattelart, 1973; Mattelart, Piccini, & Mattelart, 1976). En Argentina es especialmente importante el trabajo de Heriberto Muraro, en los análisis que publica en la revista *Crisis*, donde estudia la propiedad de los medios en varios países del continente, y su dependencia del capital extranjero, y en su libro de *Neocapitalismo y comunicación de masas* (1974), donde hace lo propio con la industria electrónica, la televisión y la publicidad, en nuestro país. Para él

> La industria cultural es, ante todo, una industria, y como tal no puede mantenerse apartada de las leyes del mercado. La unanimidad de los medios en contra de la liberación nacional se apoya en el hecho elemental de que éstos son, en general, propiedad de quienes más interés tienen en evitarla (Muraro, 2008, p. 282).

O sea que en principio tenemos un dato económico duro. Pero a este dato se le va a superponer una asignación de sus consecuencias: los medios de comunicación en manos del capitalismo extranjero (y más específicamente norteamericano), o de una burguesía local que actuaba en connivencia con el poder externo, van a actuar necesariamente en contra de los intereses nacionales.

Por supuesto, esto no es desatinado, y además partía de una tradición de pensamiento propio que había tenido un impacto muy fuerte (y que hasta hoy no ha sido realmente desacreditada): la teoría de la dependencia. Al respecto, vale la pena consignar que hasta la década de los sesenta, el pensamiento económico hegemónico planteaba la diferencia entre países ricos y pobres en términos evolutivos, resaltando la distancia entre los adelantados (desarrollados) y los que, por haber iniciado la carrera más tarde, aún no habían llegado a la meta (subdesarrollados, en vías de desarrollo). Las causas del subdesarrollo se derivaban a factores internos de los países pobres, y así cobraba un papel destacado la cuestión cultural, ya que el desarrollo sólo podía ser posible a partir del cambio de pautas culturales, para lo cual los medios de comunicación eran una herramienta indispensable en la creación de nuevas aspiraciones (Lerner), o en el establecimiento de un "clima para el cambio" (Schramm), todas estas ideas enmarcadas en la teoría de difusión de innovaciones.

El gran aporte de la teoría de la dependencia va a ser demostrar que el subdesarrollo no es un atraso, sino una forma de inserción contemporánea en los mercados mundiales, y que es la forma que les corresponde a las economías periféricas como proveedoras de materias primas, para luego importar los productos manufacturados en los países centrales, con la consiguiente externalización de la renta. Justamente, la distinción centro-periferia es la que va a ordenar esta teoría, para la cual "el desenvolvimiento mismo del capitalismo era el que iba desarrollando y subdesarrollando a las naciones, según el papel que les tocaba jugar" (cit. en Beigel, 2006)

El más conocido de los libros de Paulo Freire, *Pedagogía del oprimido* (1970), es parte de este mismo clima de época. Allí le dedica un apartado específico a la "invasión cultural", definida como "la penetración que hacen los invasores en el contexto cultural de los invadidos, imponiendo a éstos su visión del mundo, en la medida misma en que frenan su creatividad, inhibiendo su expansión" (Freire, 1970, p. 195). La invasión cultural, sigue diciendo Freire, es una manifestación de la conquista, y conduce a la inautenticidad de los invadidos, la que se manifiesta en que éstos "vean su realidad con la óptica de los invasores y no con la suya propia " (Freire, 1970, p. 196).

En este marco, y aunque no podemos aquí hacer mención al contexto socio-político de estas ideas, tanto económicas como comunicacionales (contexto que es muy necesario para una evaluación de las mismas), el rol que se les adjudicará a los medios de comunicación resultará muy distinto al de las etapas anteriores. Para muestra, véase esta definición, presente en un ensayo de Guillermo Bonfil Batalla:

> El imperialismo se introduce en el seno mismo de las culturas de los pueblos en desarrollo, para modificarlas. Las diversas formas de penetración están íntimamente ligadas entre sí: son aspectos de un mismo fenómeno. Dos son las categorías más importantes según el criterio de la finalidad que se persigue: los cambios en la producción y la demanda del mercado nacional que se promueven en función de los intereses del centro y no de las necesidades propias de un desarrollo nacional autónomo, y los cambios que afectan a la ideología de la población, con el fin de crear un ambiente favorable al mantenimiento y consolidación de la dependencia ante los países centrales, en cualquiera de sus facetas (Bonfil Batalla, 1981, p. 163).

Cito en extenso, porque resulta un buen resumen de los presupuestos del enfoque de la penetración cultural: por un lado se entiende que ésta incide en una distorsión de la economía de los países subdesarrollados, típicamente representada por la sobrevaloración de la producción y consumo de bienes suntuarios en detrimento de la realización de inversiones que se liguen de modo más directo al desarrollo nacional; distorsión que se alcanzará a partir de la utilización masiva de la publicidad y de los mismos mensajes informativos de los medios de comunicación. Por otro lado, esos mismos mensajes van a difundir el "american way of life" (el individualismo y el éxito asociado a la riqueza personal, el valor de la fuerza física en la resolución de los problemas, la naturalización del orden social capitalista, etc.).

Veamos algunos casos, que para Cees Hamelink (1985) son ejemplos de la penetración cultural (o, como él la llama, *sincronización cultural*):

- En un pueblo mexicano, la danza ritual tradicional precede a un partido de fútbol, pero se realiza alrededor de una gigantesca botella de Coca-Cola.
- Para los niños hambrientos de la ciudad de Recife, es más importante tener una muñeca Barbie que obtener comida.
- En Sudáfrica hay una crema que aclara la piel oscura. La publicidad sugiere que no puede haber belleza en la piel de color.
- Nigeria instala un sistema occidental de televisión en color cuando el costo de un aparato en blanco y negro equivale al ingreso anual de un granjero promedio.

Un capítulo especial de esta problemática es el reclamo que se va a ir articulando, especialmente en torno al Movimiento de Países No Alineados, relativo a los desequilibrios informativos entre Primer y Tercer Mundo, y la instauración de un Nuevo Orden Informativo, o Nuevo Orden Mundial de la Información y la Comunicación (NOMIC). Este tema, y su relación con el concepto y las experiencias de Políticas Nacionales de Comunicación excede el marco de este capítulo, pero debemos consignar que un argumento central en la discusión sobre el desequilibrio informativo estuvo dado por la preponderancia absoluta de las agencias de noticias (principalmente norteamericanas, también europeas) en el suministro de información a los medios del Tercer Mundo. Algunos datos que suministran Luis Ramiro Beltrán y Elizabeth Fox (Beltrán & Fox de Cardona, 1980) son suficientemente ilustrativos:

- en un análisis de 14 periódicos latinoamericanos en 1967 se determinó que la AP y la UPI contribuyeron con un 72% de las noticias extranjeras

- para una muestra de 29 diarios latinoamericanos, CIESPAL determinó ese mismo año que el 93% de las noticias extranjeras era suministrado por agencias norteamericanas o europeas (las primeras llegaban al 80% del total).
- en un estudio de 1975 se estableció que de 16 periódicos de la región, la UPI suministraba el 39% de las noticias extranjeras, mientras que la AP hacía lo propio con el 21%.

Estos análisis van a ser una parte importante de la argumentación de los países del Tercer Mundo en el debate que se va a desplegar a lo largo de la década de los setenta, especialmente en el ámbito de la UNESCO, y de hecho van a ser recogidos en el Informe de la Comisión McBride (que, casi en tono anecdótico, incluso cita la definición de "invasión cultural" de Paulo Freire). Y ya sabemos que el final de esta historia no va a ser del todo feliz: con la oleada neoconservadora de los ochenta, el NOMIC va ser considerado "sovietizante", Estados Unidos abandonará la UNESCO en 1985, llevándose gran parte del financiamiento del organismo, que luego de un éxodo de una década volverá al redil de las potencias occidentales, ya depurado de estos ánimos justicieros.

El NOMIC tuvo una derrota política, que no dice nada sobre la certeza de las proposiciones que le dieron fundamento. Pero me interesa, para cerrar este capítulo, apuntar algunas críticas más sustantivas que ha recibido el modelo de la invasión cultural. Muraro se ocupa especialmente del tema, y en este rubro indica:

- el modelo de invasión cultural puede llevar a pensar en la dominación como algo que viene necesariamente de afuera, como un enfrentamiento colonial a la vieja usanza. Sin embargo, el análisis empírico muestra las relaciones (mayormente de connivencia, pero a veces también competitivas) entre las burguesías nacionales y los oligopolios transnacionales.
- la categoría también sugiere un entorno cultural intocado hasta el momento de la "penetración" por la fuerza extraña, (por ejemplo, Bonfil Batalla habla de "la salvación de los auténticos valores nacionales") pero esto no tiene ninguna validez empírica, y es riesgoso políticamente. Además, hay características de la "cultura autóctona" que no son compatibles con un proyecto emancipatorio (Muraro menciona, por ejemplo, el machismo latinoamericano)

164 | Medios, masas y audiencias

Ilustración 16: La penetración cultural, tanto en lo que hace al consumo de mercancías innecesarias, como a la difusión mundial del "american way of life", sigue siendo una problemática vigente

- el modelo de la invasión cultural, sigue Muraro, "se desliza fácilmente a las viejas teorías del carácter omnipotente de los medios y sugestionable de las masas" (Muraro, 1987, p. 31).

La propuesta de Muraro es bastante diferente. Para él, la adopción de pautas culturales del Primer Mundo se explica, al menos en parte, porque sus destinatarios le dieron una recepción entusiasta, en la medida en que había una confluencia de intereses presente. Las mujeres que adoptaron el uso de electrodomésticos, argumenta, estaban respondiendo a los mensajes persuasivos de los medios, pero también es innegable que su uso facilita los trabajos domésticos, con ventajas tanto fisiológicas como simbólicas. Algo parecido pasa en el caso de los pobres urbanos, migrantes llegados a las metrópolis desde las zonas rurales: para ellos el consumo de medios fue también la manera más fácil de adquirir la información y las costumbres que les facilitaban la inserción en las ciudades.

Para Muraro, el problema de quienes sostienen la teoría de la dependencia de manera más ortodoxa, y asimismo de quienes hacen lo propio con el modelo de la invasión cultural, es que aunque en términos relativos las sociedades latinoamericanas se han vuelto más inequitativas, en términos absolutos hasta los grupos más pobres mejoraron su situación económica a lo largo del siglo xx. Dirá, con ánimo polémico:

> Tanto las mujeres latinoamericanas como los pobres urbanos han sido sectores sociales subordinados que, a través del proceso de cambio ocurrido en las últimas décadas en América Latina, alcanzaron condiciones de vida que, *observadas desde sus puntos de partida*, eran sustancialmente más dignas y que, en los medios manejados por las transnacionales, pudieron atisbar, a través de la malla de las mistificaciones de la cultura latinoamericana de exportación y de las redes del consumismo, propuestas que no estaban exentas de contenidos liberadores (Muraro, 1987, pp. 40-41)

Este tema, el de la penetración cultural o la invasión cultural, mutará en los noventa y en años más recientes hacia la problemática del desarrollo de las industrias culturales en el marco de la globalización, y muy especialmente la discusión –en el ámbito de la Organización Mundial del Comercio– sobre la "excepción cultural".

Recursos

Revista latinoamericana de economía política de la comunicación
http://www.eptic.com.br/eptic_es/index.php
A pesar de su gran incidencia política (o tal vez justamente por ello), la corriente de la economía política de la comunicación no suele ocupar un lugar central en las currículas de las carreras de Comunicación. Pero el campo cuenta con numerosos y valiosos investigadores, como da cuenta la revista on line *Eptic* que reúne a académicos de toda América Latina.

El blog de un especialista
http://martinbecerra.wordpress.com/
Martín Becerra es uno de los principales referentes en esta perspectiva en Argentina. Tiene como conducta una constante tarea de intervención intelectual en los debates públicos relacionados con su campo de especialidad, labor que queda reflejada (al menos parcialmente) en su propio blog. Vale la pena recorrerlo.

Capítulo 11
Crisis de la razón, dialéctica de la Ilustración e industria cultural

> *La esperanza de que el horror terrenal no posea la última palabra es seguramente un deseo no científico.*
>
> Max Horkheimer

Introducción

La Escuela de Frankfurt constituyó uno de los grupos de pensadores más originales y consistentes del siglo XX. Las aportaciones de quienes se nuclearon originalmente en el Instituto de Investigación Social (*Institut für Sozialforschung*) se cuentan entre las que más resonancia han generado en todos los campos de la filosofía, las ciencias sociales y el pensamiento político.

Adentrándonos en las primeras décadas del siglo XXI, tiempos marcados por la incertidumbre, resulta sugerente la relectura de los frankfurtianos (cuyas principales obras ya han cumplido media centuria) desde una posición distanciada del apasionamiento con que se los discutió en América

Latina en los '70 y '80, apasionamiento que no pocas veces encubrió la parcialidad y la exagerada simplificación[1].

La peculiar interpretación del desarrollo de la Razón que realiza la Escuela, especialmente en torno a *Dialéctica de la Ilustración* (libro escrito en forma conjunta por Max Horkheimer y Theodor Adorno durante la Segunda Guerra Mundial) y la estrecha vinculación que tienen en su desemboque los medios de comunicación de masas y el totalitarismo, son el objeto de este artículo.

Dado que las tesis de Adorno y Horkheimer son consecuencia de una apropiación crítica y original del tema weberiano de la racionalización como desencanto del mundo, comenzaremos con una muy somera descripción de este planteo. Luego abordaremos la forma en que Horkheimer desarrolla su crítica a la razón instrumental, para dar paso al lugar que le cabe al sistema mediático en el más amplio proceso de desarrollo del Iluminismo.

Weber y el proceso de racionalización

A diferencia de la perspectiva optimista que encierra la confianza de Marx en el triunfo final de una razón reconciliada con la sociedad, Max Weber expresó su convencimiento en que el desarrollo de los sistemas de racionalización conducían a formas de vida deshumanizadas y empobrecidas.

La racionalización es un fenómeno complejo, que abarca diferentes áreas de lo social y que se manifiesta de manera irregular en cada una de estas áreas. Así, en los países anglosajones encontró predominio la racionalización de la economía (que alcanzó cotas más altas en comparación con otros países), pero no sucedió lo mismo en lo que hace a la racionalización del derecho, extendida en forma muy anterior en la órbita latina. La amplitud del término queda de manifiesto porque, de hecho, "Weber llama racionalización a toda ampliación del saber empírico, de la capacidad de predicción y del dominio instrumental y organización sobre procesos empíricos" (Habermas, 1999, p. 216).

El proceso de racionalización supone la aparición y consolidación conjunta de dos tipos de instituciones: la empresa capitalista (que es la encarnación de la acción *económica* racional) y el Estado moderno (que a su vez

---

[1] Un relato de las diferentes recepciones que tuvieron los textos frankfurtianos en América Latina puede encontrarse en Entel et al. (1999) y Lenarduzzi (1999).

resulta la corporización de la acción *administrativa* racional). Ambos requieren, como medio organizativo, del desarrollo del derecho formal.

Pero una característica de la racionalización es el desarrollo de esferas autónomas de valor, que carecen de una lógica que las integre, tal como sucedía en las sociedades tradicionales (frecuentemente mediante la subordinación a la lógica religiosa). Una cultura racionalizada supone el desarrollo autónomo de a) la ciencia y la técnica, b) las normas jurídicas y morales, y c) los criterios estéticos y el arte. Los criterios de valoración de cada una de estas esferas no son extrapolables a las otras, por lo que se acrecienta la posibilidad de conflictos entre ellas.

Al rastrear la génesis de los procesos de racionalización, Weber encuentra un ethos coincidente entre la ética protestante y la aparición del capitalismo moderno, entendiendo que esta cosmovisión se basa en la obligación disciplinada del trabajo como un deber y en el desligue de la adquisición de dinero en relación a su disfrute. El capitalismo moderno se caracterizará –a su vez– por la reorganización racional de la producción.

Este problema es analizado en *La ética protestante y el espíritu del capitalismo* donde explica que no es el luteranismo la fuente del espíritu capitalista, sino lo que Weber denomina "protestantismo ascético", y dentro de él especialmente el calvinismo.

Son los rasgos principales de este espíritu:

- el rechazo radical de los medios mágicos, también de todos los sacramentos, como medios de búsqueda de la salvación, lo cual significa: el definitivo desencantamiento de la religión;
- el implacable aislamiento del creyente dentro de un mundo en que en todo momento corre el riesgo de divinizar a las criaturas, y en medio de una comunidad soteriológica que no admite una identificación visible de los elegidos;
- la idea de profesión, originalmente de origen luterano, según la cual el creyente ha de acreditarse en el mundo como sumiso instrumento de Dios a través del cumplimiento mundano de sus deberes profesionales;
- la transformación del rechazo judeo-cristiano del mundo en ascesis intramundana: en un incansable trabajo profesional en que el éxito externo no representa el fundamento real pero sí un fundamento cognoscitivo del destino soteriológico individual;
- finalmente, el rigor metódico de un modo de vida regido por principios, autocontrolado, centrado en el yo, que al organizarse en torno a la idea de la necesidad de asegurarse de la propia salvación va adueñándose siste-

máticamente de todos los ámbitos de la existencia (Habermas, 1999, pp. 223-224).

La doctrina calvinista tiene como consecuencia que en lo que hace al decisivo tema de la salvación, el hombre se encuentra solo y sin intercesión posible, lo que resulta en una situación de potencial generación de angustia que se salva por vía de la actividad en el mundo. "El calvinismo exige de sus fieles una vida coherente y de disciplina continua, con lo cual erradica la posibilidad del arrepentimiento y de remisión del pecado factible en la confesión católica" (Giddens, 1992, p. 220).

La profesión-vocación mundana es relacionada con el plan de Dios. Así, la acumulación de riqueza ya no será vista como actitud condenable, sino –al contrario– como moralmente deseable, ya que constituirá un indicador de constricción al trabajo y vida austera.

Si bien el puritanismo religioso tiene este rol central en el surgimiento del capitalismo moderno, esto no quiere decir que mantenga esta centralidad posteriormente. Una vez que se avanza en el proceso de desarrollo capitalista, el tipo de actitud que propició el puritanismo se desliga de su origen religioso y se hace constitutivo de los procesos de racionalización económica.

El problema de la racionalización es abordado de manera más integral por Weber en sus estudios sobre las características de las grandes religiones, centrándose en las sociedades india y china. La racionalización de una perspectiva religiosa implica dos aspectos, relacionados entre sí: a) la eliminación de la magia y de elementos mágicos (por ejemplo ritos de invocación que "obliguen" a la deidad de determinada manera); y b) el desarrollo de una teodicea internamente coherente y universalmente aplicable. En este sentido, Weber habla de la racionalización como el proceso de "desencantamiento del mundo".

En grado diverso, Weber encuentra que tanto en el confusionismo como en la religión brahmánica se desarrollaron ambos aspectos de la racionalización religiosa, e incluso algunos elementos similares a los existentes en el protocapitalismo europeo, pero en ninguno de los dos se avanzó en la misma dirección en que lo hizo Europa occidental, lo que muestra la complejidad de los procesos histórico-sociales.

Además de la racionalización religiosa, en Europa encontramos, a la par, la aparición de una forma específica de Estado y la cristalización del derecho racional. Al respecto, Weber atribuye una singular significación a la herencia del derecho romano sobre los futuros Estados europeos.

Los Estados nacionales centralizados surgen mediante un proceso análogo al desarrollo de la empresa capitalista. En los Estados tradicionales el poder se encuentra distribuido entre dignatarios locales que, aún subordinados formalmente al monarca, no poseen sujeción de hecho al mismo. Históricamente, los monarcas intentaron consolidar su posición creando una estructura de dependencia directa (personal administrativo y ejército). Este proceso llega a su mayor expresión en el moderno Estado burocrático, donde se estandarizan figuras como el "monopolio de la violencia por parte del Estado".

En conjunto, el proceso presenta un paralelo total con el desarrollo de la empresa capitalista a través de la expropiación gradual de los productores independientes. Al final, el Estado moderno controla los medios totales de organización política, los cuales de hecho quedan reunidos bajo un solo dirigente (cit. en Giddens, 1992, p. 293).

El Estado moderno se sostiene a partir de la burocracia, y éste es un ejemplo que Weber destaca de las contradicciones que pueden acaecer entre la racionalidad formal y la material. De hecho, el capitalismo moderno se caracteriza por la instauración plena de la acción racional con arreglo a fines, que va paulatinamente ocupando todo el espacio posible de la racionalización. Pero, como Habermas ha demostrado, el concepto de racionalidad de Weber no es sinónimo de racionalidad instrumental (o acción racional en relación a fines). Esta última es definida por el mismo Weber como sigue:

> Actúa de forma racional con arreglo a fines quien se guía en su acción por los fines, los medios y las consecuencias que su acción pueda tener, sopesando los medios con los fines, los fines con las consecuencias laterales y los distintos fines posibles entre sí, y en todo caso, pues, quien no actúa pasionalmente ni guiándose por la tradición (cit. en Habermas, 1999, p. 228).

Weber incluye en su concepto de racionalidad, no solamente la racionalidad instrumental (tal como acabamos de definir), sino también la racionalidad en la elección de los fines a seguir, quedando invalidados como fines racionales la pasión o la prosecución irreflexiva de la tradición. Sin embargo, Weber es escéptico en lo que hace a la posibilidad de establecer racionalmente los fines atendibles; el ámbito de la razón aquí se limita a la vigilancia procedimental en la elección de dichos fines y a la observación consecuente de los mismos. Así, la racionalidad abarca tanto la acción con arreglo a fines como la acción racional con arreglo a valores, constituyendo –cuando se dan de manera conjunta– un modo metódico racional de vida.

Pero las paradojas surgen por la aplicación consecuente de la acción racional con arreglo a fines. Así, por ejemplo, las reglamentaciones burocráticas y los procedimientos jurídicos abstractos tienen por objeto la eliminación de los privilegios, pero al mismo tiempo introducen (como consecuencia necesaria, aunque no necesariamente deseada) una organización que se caracteriza por el monopolio del poder administrativo, tal vez aún más arbitrario y autónomo.

Esta contradicción entre racionalidad formal y material es el origen de la "jaula" que, según Weber, aprisiona al hombre moderno. Medido en términos de eficiencia y productividad, el capitalismo es el sistema económico más avanzado que el hombre ha desarrollado y el desarrollo mismo de la racionalidad formal profundiza estas tendencias. Pero esto no puede lograrse si no es vulnerando algunos de los valores que dieron origen a la misma civilización occidental, como la autonomía y la creatividad individuales.

> En este sentido, puede decirse que la sociedad occidental se encuentra en una antinomia intrínseca entre la racionalidad formal y la de contenido; antinomia que, según el análisis de Weber del moderno capitalismo, no puede resolverse (Giddens, 1992, p. 299).

O como afirma Wellmer:

> Existe una filosofía de la historia profundamente pesimista implícita en la teoría de Weber sobre la racionalidad moderna. Que la humanidad se haga racional –por ejemplo, que la razón alcance la mayoría de edad (que después de todo es la tarea y el destino de la humanidad)– por medio de una lógica interna desencadena los procesos históricos que tienden a despersonalizar las relaciones sociales, a desecar la comunicación simbólica, y a someter la vida humana a la lógica impersonal de los sistemas racionalizados, anónimos y administrativos –procesos históricos, en resumen, que tienden a hacer que la vida humana se mecanice careciendo de libertad y significado (Wellmer, 1994, p. 77).

Crisis de la razón

Pese a que –como veremos– los frankfurtianos asumieron la imposibilidad de reponer a la Razón en el lugar que ocupó en la filosofía clásica (y en esto se mostraron de acuerdo con Weber), no por eso se abandonaron en algún tipo de relativismo. Aún cuando existan problemas para definirla acabadamente, "la racionalidad está en la raíz de cualquier teoría social progresista", como dirá Horkheimer.

Es válido recordar que en el momento en que inició su trabajo la teoría crítica las "filosofías de la vida" planteadas por filósofos de fines del siglo XIX como Nietzche, Dilthey y Bergson habían degenerado en una tendencia irracionalista que cuestionaba la validez del pensamiento científico como tal y que rechazaban el criterio de razón en sí mismo. Horkheimer cuestionó esta tendencia poniendo de relieve sus aspectos conformistas ya que, a su entender "los ataques contra la razón estaban destinados a reconciliar a los hombres con la irracionalidad del orden prevaleciente" (Jay, 1974, p. 94).

Horkheimer mantenía la distinción –clásica en la filosofía alemana– entre *Verstand* (entendimiento) y *Vernunft* (razón). La razón era la categoría fundamental del pensamiento filosófico, el tribunal crítico ante el que debía comparecer lo dado. Por ello, "la irracionalidad de la sociedad actual era constantemente desafiada por la posibilidad «negativa» de una alternativa verdaderamente racional" (Ibíd., p. 113).

Pero, ¿qué debía entenderse por razón? O incluso ¿qué entendía el *Institut* por este concepto? En 1937 Marcuse daba la siguiente definición:

> La razón es la categoría fundamental del pensamiento filosófico, la única por medio del cual éste se ha amarrado al destino humano. La filosofía quiere descubrir los fundamentos más generales y ulteriores del Ser. Bajo el nombre de razón concibió la idea de un ser auténtico en el cual todas las antítesis importantes (de sujeto y objeto, esencia y apariencia, pensamiento y ser) se reconciliarían. Conectada con esta idea estaba la convicción de que lo que existe no es ya e inmediatamente racional, sino que más bien debe comparecer ante la razón (cit. en Jay, 1974, p. 113).

Pero Horkheimer argumenta[2] que esta no es la idea actual que tenemos del concepto de razón. Realizando una relectura de los temas weberianos en torno a la racionalización de las sociedades modernas y el correlativo desencantamiento del mundo, Horkheimer afirma que la respuesta que obtendríamos si preguntamos a cualquier participante de la llamada civilización occidental, es que razón es la adecuación de medios a fines. Es decir, racional es aquella decisión que permite elegir el medio más apropiado para alcanzar un fin. Pero, ¿qué sucede cuando se quiere determinar la ra-

---

[2] El texto central en el que Horkheimer desarrolla esta cuestión es *Crítica de la razón instrumental* (2007).

cionalidad, no ya de un medio, sino del fin en sí mismo? Es decir, ¿cómo puede afirmarse que el fin en cuestión implica metas *racionales*?. La única forma de establecer esto es preguntarse respecto a qué pueden ser o no racionales esos fines. Es decir, volviendo a estos fines medios para fines ulteriores, *instrumentalizándolos*.

Es por ello que Horkheimer argumentaba que, en esta lógica, no resulta posible establecer la racionalidad de un fin en sí mismo, sino únicamente en relación a un fin superior y ulterior. Y este a su vez, a uno aún mas fundamental, por lo que nos encontramos con que los fines ultimísimos, no son analizables en cuanto a su racionalidad. De los medios puede decirse si son o no racionales, de los fines nada puede decirse. Dicho de otro modo: el ejercicio de la razón subjetiva (que es así como la llama Horkheimer) sólo comienza una vez que se ha establecido –en un modo no racional– el fin.

Horkheimer llamaba a esta concepción *razón subjetiva* porque la racionalidad se establece en función de los intereses y fines de un sujeto (individual o colectivo, lo mismo da). Pero de hecho, durante la mayor parte de la historia de la humanidad, la concepción de razón era fundamentalmente distinta. Era lo que Horkheimer llama *razón objetiva*. Desde esta perspectiva el mundo está *ordenado*, es decir, existe un orden natural que es coincidente con la estructura cognoscente del hombre; la tarea del filósofo es descubrir, desentrañar este orden que se encuentra más o menos oculto. La misma idea está presente en la teología cristiana y en las otras religiones monoteístas en donde –con formas diversas– Dios ha dispuesto el mundo de una forma tal que requiere la ubicación del hombre en su rol.

En estas concepciones, lo racional se asocia a lo coherente con este orden, natural, divino o ambas cosas a la vez. Aquí la razón es la capacidad del ser humano de desentrañar este orden natural, capacidad que debe ejercer mediante la crítica, la actividad de hacer comparecer lo dado ante la razón, que debe dictaminar su racionalidad o su carencia de ella. En esta concepción –hoy desusada y cuyo retroceso frente a la razón subjetiva no es esperable– las cosas, los medios y los fines, son racionales *en sí mismos*, objetivamente, con independencia de los intereses y necesidades de los sujetos.

Las consecuencias de esta deriva son de fundamental importancia. Si ya no es posible establecer la racionalidad de los fines en función de algún tipo de orden natural o divino, entonces tampoco resulta posible dar cuenta de los motivos últimos de la acción. No es posible establecer la verdad de un principio, salvo que este sea instrumento para otro fin. Justamente, salvo que se acuerde en el fin, los medios no son mejores o peores en sí mismos. Y en la reversa, los fines tampoco son mejores o peores, dada la inexistencia de un parámetro que pueda establecerlo. El precepto bíblico "*No matarás*" no es racional en sí mismo, sino solamente si puede justificar que es el mejor medio para alcanzar un fin superior (el orden social, por ejemplo). Pero si en algún momento puede demostrarse que existe una manera más eficiente de alcanzar idéntico fin, entonces ya no tiene sentido conservar la norma. Sorprendentemente para nosotros, Horkheimer ve en la idea de tolerancia el germen del totalitarismo. La tolerancia implica el respeto al otro, pero también el no compromiso con la verdad (o la imposibilidad del compromiso, a partir del convencimiento de la imposibilidad de su determinación). Para él, las democracias modernas son presa fácil del totalitarismo, ya que sólo se requiere que ideas totalitarias demuestren una mayor eficacia. Además, el totalitarismo es más sólido, ya que postula lo que hoy llamaríamos un pensamiento fuerte, un razón objetiva, una forma determinada de lo real y de orden. Frente a esto, las democracias sólo pueden oponer el vacío[3].

¿Por qué, entonces, aún existen ideas que se consideran como verdades en sí mismas, como metas a cumplir sin discusión (la justicia, la igualdad, el bien común)? Para Horkheimer, estas ideas son resquicios de un mundo en extinción, que aún perduran solamente por el prestigio adquirido en mejores tiempos.

Habermas sintetiza este punto diciendo que

> La razón subjetiva funciona como instrumento de autoconservación en una lucha en que los participantes se orientan por convicciones subjetivas últimas, en principio irracionales e irreconciliables entre sí: esta razón subjetiva ya no puede fundar sentido alguno y, junto con la unidad del mundo de la vida, pone en peligro la integración de la sociedad (Habermas, 1999, p. 446).

De cualquier manera, los frankfurtianos no abandonaron el proyecto del cuestionamiento a la irracionalidad del orden existente, lo que presuponía un tipo enfático de razón, aún cuando ésta ya no pudiera equipararse a una

---

[3] Horkheimer concluye de este análisis el inevitable arribo de la sociedad totalmente administrada, en donde la razón subjetiva colonizará la totalidad del espacio social, tesis que ha demostrado su incorrección, tanto teórica como empíricamente. La irreductibilidad de lo político planteada en los trabajos de Ernesto Laclau es una de los caminos para solucionar las insuficiencias de la crítica de la razón instrumental de Horkheimer. Intenté seguirlo en otro trabajo (Sandoval, 2000).

verdad trascendente y ahistórica y terminara reduciéndose a una crítica negativa. Aún cuando fueron conscientes de la ambigüedad del planteo, también se convencieron de la imposibilidad de superarla. Después de todo, como diría el mismo Horkheimer hacia el final de su vida: "la esperanza de que el horror terrenal no tenga la última palabra es seguramente un deseo no científico".[4]

La dialéctica de la Ilustración

La relectura que Adorno y Horkheimer realizan del proceso de desencantamiento del mundo descrito por Weber los lleva mucho más allá del surgimiento del capitalismo. En su visión,

> el proceso de "Ilustración" (*Aufklärung*) impulsado por la ciencia marca para la Teoría Crítica no las vías de un progreso garantizado, sino la huella de una decadencia que caracterizaría a la historia de la humanidad desde sus inicios. Esta decadencia se retrotrae hasta los comienzos del dominio de la naturaleza en la historia temprana de la humanidad, encuentra su medio histórico de desarrollo y despliegue en las estructuras racionales de la civilización occidental, llega a su fase de autorreflexión en la así denominada época de la "Ilustración" para desembocar, finalmente, en la barbarie de la aniquilación industrial de los hombres a mediados del siglo xx (Dubiel, 2000, p. 81).

Lukács: la racionalización como cosificación

Pero este redimensionamiento de la problemática weberiana de la racionalización es desarrollado por los autores de la teoría crítica a partir de la interpretación que ya había realizado de Weber Georg Lukács, en la década del '20. Lukács (1985) interpreta el proceso de racionalización desde el concepto marxista de cosificación, argumentando que en la estructura de la relación de mercancía puede descubrirse el prototipo de todas las formas de objetividad y de las correspondientes formas de subjetividad, que se dan en la sociedad burguesa. Así, bajo el capitalismo y como ya había afirmado Marx, las relaciones que los hombres establecen entre sí y con la naturaleza son asimiladas a cosas, a objetos manipulables.

Lukács acepta la descripción weberiana de los procesos de racionalización, pero no hace lo mismo con la tesis de la autonomía de las esferas de

---
[4] Esta frase aparece en el prólogo que Horkheimer, ya retirado en Suiza, escribiera para el libro de Jay *La imaginación dialéctica* (Jay, 1974).

valor. Para él, los procesos de racionalización social no son meramente análogos a los de racionalización económica. Al contrario, los primeros están causados por los segundos; es la asimilación de las relaciones sociales a la lógica de las mercancías lo que desencadena la racionalización social (por ejemplo la consolidación de la burocracia estatal): "la forma mercancía asume un carácter universal, convirtiéndose así en la forma de objetividad *simpliciter* de la sociedad capitalista" (Habermas, 1999, p. 454).

De hecho, es como consecuencia de que las relaciones entre las personas son ahora percibidas (y vividas) como relaciones de intercambio de objetos y mercancías, que asume su protagonismo la acción en relación a fines. Así, Lukács encuentra una forma de unidad en las sociedades modernas que Weber había desechado. De esta manera, también, puede realizar una crítica a la irracionalidad de las mismas, recuperando la posición de una razón enfática, aunque esta última ahora aparece bajo la idea de una totalidad patrimonio de una vanguardia revolucionaria (el Partido) que guiará al sujeto revolucionario (el proletariado) desde sus propios intereses y desde su propia conciencia[5].

La lucha del Iluminismo contra el mito

El punto de partida de Adorno y Horkheimer es diferente al de Lukács, a partir de sostener un valoración distinta del proletariado como sujeto del cambio. Para sostener la lectura lukacsiana de la racionalización como cosificación sin suscribir la conclusión de éste en lo que hace a la supresión dialéctica de la última por vía de la conciencia de clase del proletariado, Adorno y Horkheimer extienden el ámbito de la crítica. No se tratará ya del capitalismo y de la asimilación de las relaciones sociales a mercancías, sino del mismo pensamiento objetivante. En este contexto

> La abstracción que la forma mercancía implica es meramente la forma histórica en que el pensamiento identificante despliega su eficacia histórica universal y determina las formas de interacción propias de la sociedad capitalista (Habermas, 1999, p. 482).

La *Dialéctica del Iluminismo* es el resultado de este esfuerzo, y por ello se entiende que aquí se defina al Iluminismo (cuya crítica es el objetivo de la obra) en una amplia acepción: el pensamiento en continuo progreso.

---

[5] Lukács complementa su teoría de la cosificación con una teoría de la conciencia de clase.

El pensamiento objetivante o la razón instrumental (que es el programa del Iluminismo) son expandidos por Adorno y Horkheimer mucho más allá del registro que le dieran Weber y Lukács: temporalmente, es llevado hasta el origen mismo de la especie; conceptualmente, termina abarcando tanto la actitud objetivante frente a la naturaleza externa como también la represión de la naturaleza interna.

En la actitud de dominio de la naturaleza ya se encuentra implícito el punto de vista por el cual el hombre se separa de ella de una manera conflictiva, y la redefine en términos instrumentales. Separarse de la naturaleza, y ponerla bajo el dominio humano, ha sido una aspiración de la especie humana, explicable desde el espanto y el sufrimiento que ha supuesto en los primeros hombres la sumisión a las fuerzas naturales. Este proceso ha tenido sus costos:

> La humanidad ha debido someterse a un tratamiento espantoso para que naciese y se consolidase el Sí, el carácter idéntico, práctico, viril del hombre, y algo de todo ello se repite en cada infancia. El esfuerzo para mantener unido el yo abarca todos los estadios del yo, y la tentación de perderlo ha estado siempre unida a la ciega decisión de conservarlo (Horkheimer & Adorno, 1987, p. 49).

Es factible hipotetizar que las pinturas rupestres de los primeros *homo sapiens* ya eran una forma de intentar un dominio de la naturaleza, por vía de su adscripción a una mitología. El mito vuelve legible la naturaleza y la ordena, si bien al costo de limitar la acción de dominio a los siempre inseguros medios mágicos. Pero en la perspectiva de Adorno y Horkheimer, siempre los diferentes instrumentos que los hombres han utilizado en esta empresa han reproducido a su turno las condiciones de partida.

> La mitología misma ha puesto en marcha el proceso sin fin del iluminismo, en el que, con necesidad ineluctable, toda concepción teórica determinada cae bajo la acusación destructora de no ser más que una fe, hasta que también los conceptos de espíritu, verdad e incluso iluminismo quedan relegados como magia animista (Ibíd., p. 24).

Se entiende así que, a renglón seguido, el Iluminismo se haya propuesto como programa "quitar el miedo a los hombres y convertirlos en amos [y, para conseguirlo,] disolver los mitos y confutar la imaginación" (Ibíd., p. 15).

En un *Excursus* sobre el relato homérico de la epopeya de Ulises, Adorno y Horkheimer observan cómo en uno de los textos fundadores de la civilización occidental se encuentra presente la lucha del hombre por liberarse del poder de las fuerzas naturales –representado por monstruos y deidades míticas de corte arcaico–. En el texto de Homero conviven tradiciones de diferente data. Ulises consigue realizar su travesía en base a su astucia –el pensamiento– y contraponiéndose a deidades y figuras mitológicas pre–olímpicas que representan el pasado bárbaro, reciente en la época de la redacción del texto.

Uno a uno, los mitos (los Lotófagos, Polifemo el Cíclope, las sirenas) son vencidos por Ulises, el representante de la racionalidad instrumental. En el proceso de racionalización del pensamiento religioso que Weber describió, las deidades olímpicas que protegen a Ulises se encuentran más alejadas del mito y la magia que los seres mitológicos a los que se enfrenta. Pero más tarde, aún estos dioses deberán dejar su lugar a las religiones monoteístas, mucho más avanzadas en ese mismo proceso de racionalización religiosa.

La metafísica –que tiene su origen en el mundo griego y en correlación con el abandono de la creencia en los dioses olímpicos– establecerá su propia tradición, no siempre exenta de conflictos con las sucesivas hegemonías religiosas. Aún cuando siempre propició una razón mundana, la hidra del mito renació a su vez en su seno. Por eso, el Iluminismo del siglo XVIII se volvió decididamente contra la metafísica, ya que sus categorías, explican Adorno y Horkheimer, eran "la espiritualización –en la forma pura de las esencias ontológicas– [de] la inagotable ambigüedad de los demonios míticos" (Ibíd., p. 18).

Paralelamente a este proceso de destrucción de las bases de todo pensamiento metafísico, el Iluminismo ha adoptado como premisa fundamental la autoconservación, "pero cuanto más se realiza el proceso de la autoconservación a través de la división del trabajo, tanto más dicho progreso exige la autoalienación de los individuos, que deben adecuarse en cuerpo y alma a las exigencias del aparato técnico" (Ibíd., p. 45).

Obedeciendo a su lógica interna de permanente búsqueda de la desmitificación, el Iluminismo alumbrará la ciencia positivista, en donde la búsqueda de la verdad se subordina a la delimitación de los procedimientos eficaces. En este punto, la *Dialéctica del Iluminismo* recoge los argumentos esbozados anteriormente, especialmente por Horkheimer (1974, 2007), en lo que hace, por un lado, a la imposibilidad de la ciencia positivista para hacer conscientes los intereses que la guían en su tarea; y por el otro, a la generalización de una idea de razón (la razón subjetiva o instrumental) que abandona la posibilidad de establecer racionalmente los fines, y por consiguiente abandona la misma idea de verdad, en aras de un relativismo que se vuelve a su vez totalitario.

La instauración plena de la racionalidad instrumental desemboca, en el siglo xx, en dos experiencias distintas pero –a juicio de Adorno y Horkheimer– íntimamente vinculadas: la producción y consumo de una cultura masiva y el establecimiento del terror totalitario[6]. A estas dos consecuencias extremas del desarrollo de la racionalidad instrumental dedican, entonces, los ensayos finales del texto: "La industria cultural" y "Elementos del antisemitismo". El primero de ellos se discute detenidamente en el apartado siguiente.

La cultura en el marco de la dialéctica de la Ilustración: la industria cultural

"La civilización actual concede a todo un aire de semejanza", dicen Adorno y Horkheimer en el primer párrafo del ensayo destinado a la cultura de masas, y ese es el eje de su análisis: la uniformización y vaciamiento de toda experiencia cultural bajo las condiciones del capitalismo tardío.

De las múltiples líneas de abordaje que presenta este texto (definido por los mismos autores como aún más fragmentario que el resto del libro), nos concentraremos entonces en el aplanamiento o uniformización de los productos de la cultura de masas y de los mismos consumidores y el papel central que tienen para ello los mecanismos de estereotipación. Tanto la estructura que poseen los mensajes masivos como su contenido explícito apuntalan su función reproductora del sistema dominante, aún cuando pretenden de manera engañosa reproducir de manera transparente la realidad.

Las características de sistema que atraviesan la totalidad de los medios de comunicación también vincula a éstos con las industrias eléctricas y navales. En el capitalismo tardío, aunque parezcan aislados, los sectores "están económicamente cointeresados y son interdependientes"[7]. Las diferen-

---

[6] En un aforismo redactado algunos años después, Horkheimer reafirmaba su convencimiento en esta interconexión: "La democracia, cuyos votantes no son a la vez esclarecidos y humanizados, debe caer víctima finalmente de los propagandistas más inescrupulosos. El desarrollo de los medios de influencia sobre las masas como diarios, radio, televisión, encuestas, ligado a la influencia recíproca con el retroceso de la instrucción, deben llevar necesariamente a la dictadura y al retroceso de la humanidad" (Horkheimer, 1976, pp. 81-82).

[7] Esta afirmación, que en Adorno y Horkheimer no deja de ser una hipótesis, fue profundamente trabajada posteriormente por autores como Schiller en EE.UU. y

cias entre calidades de productos de la industria cultural no implica una desmentida a la unificación del sistema, sino una confirmación, ya que obedece simplemente a una depurada estrategia de impacto en el público. Los espectadores sólo son considerados como números estadísticos. De una manera análoga a la de Lazarsfeld (que hablaba de los efectos preselectivos y sucesivos), aunque obviamente muy diferente a la del sociólogo vienés, para Adorno y Horkheimer los medios seleccionan a sus audiencias, que ya se acercan a los mensajes desde las posiciones prefiguradas por la industria.

Justamente, el primer condicionante del efecto está constituido por la clasificación previa de los tipos de programas que posiciona al espectador de determinada manera. Esto continúa con indicadores precisos al interior del programa que muestran claramente –para el espectador ya entrenado– cómo deben tomarse los mensajes. La norma es la creación de una pseudo-realidad.

La característica sistémica de la industria cultural lleva a la imposibilidad de aportar evidencia empírica directa, ya que el efecto no está dado por uno u otro de los mensajes, sino por su misma participación en el conjunto.

De ahí que sea tan difícil para el sociólogo decir qué hace la televisión a la gente, puesto que, aunque puedan las técnicas perfeccionadas de la investigación social empírica aislar los "factores" que son característicos de la televisión, resulta que esos factores sólo adquieren su fuerza en la totalidad del sistema (Adorno, 2002, p. 56).

Analizar el efecto puntual de un mensaje, a la manera de Hovland, es errar el camino, porque presupone metodológicamente que el receptor se acerca al mensaje de una manera incontaminada, tal como sería si no existieran los medios. Pero ello no es así de ningún modo; al contrario, resulta más acertado postular que el receptor es producido en sus características centrales, en sus predisposiciones y deseos, por el mismo sistema y que, al mismo tiempo, en cada producto se encuentra cifrada la totalidad, cada uno reproduce en sí mismo la estructura general: "De cada film sonoro, de cada trasmisión radial, se puede deducir aquello que no se podría atribuir

---

Mattelart o Muraro en América Latina, ambos en la década de los '70. Más recientemente, Murdock y Golding han reclamado la necesidad de mantener el análisis de la estructura económica de los medios, como forma de contrarrestar la evanescencia a que se han vuelto propensas algunas corrientes de los estudios culturales (ver capítulo 10 de este libro).

como efecto a ninguno de ellos aisladamente, pero sí al conjunto de todos en la sociedad" (Horkheimer & Adorno, 1987, p. 154).

Por otra parte, esta interconexión entre los medios y los demás sectores de la industria también deviene del hecho de que la producción de cultura es una rama cada vez más importante de la actividad económica y su carácter comercial ya no trata de ocultarse. De hecho, ante la carencia de valores inmanentes de cualquier tipo que puedan servir para establecer jerarquías entre uno y otro producto (lo que se deriva de la homología estructural que se analiza en el punto siguiente), el relevo es tomado por el mismo carácter comercial de los mismos: la inversión monetaria se vuelve valor estético, y así "la medida unitaria del valor consiste en la dosis de *conspicuous production*, de inversión exhibida" (Ibíd., p. 150)[8].

Sin embargo, el hecho de que los productos de la cultura de masas sean desarrollados con objetivos mercantiles no es la característica central de los mismos. El carácter industrial de la cultura moderna deviene en realidad de su asimilación con el proceso de producción del capitalismo, es decir con la producción en serie. Así como en la cadena de montaje de la industria automotriz –paradigma del fordismo– el trabajo coordinado y en serie produce autos en todo iguales, la "cadena de montaje" de Hollywood produce también films idénticos. Las "piezas" con que se construyen los productos de la industria cultural son los estereotipos.

Los estereotipos

> Pese a todo progreso de las técnicas de la reproducción, de las reglas y de las especialidades, pese a todo agitado afanarse, el alimento que la industria cultural alarga a los hombres sigue siendo la piedra de la estereotipia (Ibíd., p. 179).

Los estereotipos son la materia con la que la industria cultural construye sus mensajes. Son figuras propias de cualquier narrativa, guiños simplificadores del relato, esquemas de interpretación necesarios para reducir la complejidad a niveles manejables y resultan imprescindibles para no caer en la desorganización mental y el caos. Además, la tecnología de la pro-

---

[8] Leemos en la contratapa del video de la película *Arma Mortal 2*: "La diversión está. Y *la excitación*, a partir de su persecución inicial sin aliento a través de las calles de L.A., hasta su furioso tiroteo final. En medio, hay una historia lanzada por una viuda, un baño atrapa–policías, un escape bajo el agua al estilo Houdini, y más poderosos golpes emotivos, incluida la increíble destrucción de una elegante casa en la colina. (Es una casa real, hasta sus cimientos de 35 pies de profundidad, demolida espectacularmente mientras filmaban 9 cámaras. «Odio las miniaturas», explica el director Richard Donner".

ducción para los medios los hace inevitables. Sin embargo "también aquí lo que nos interesa es el cambio funcional. Cuanto más se cosifican y endurecen los estereotipos en la actual organización de la industria cultural, tanto menos es probable que las personas cambien sus ideas preconcebidas con el progreso de su experiencia" (Adorno, 2002, p. 33).

La industria cultural ha llevado estas figuras a su extremo, a despojarlas de cualquier característica diferenciadora y presentarlas como esqueletos desnudos: todos los personajes, todas las realidades y situaciones a que aluden los films son sólo caricaturas, sombras simplificadas y apócrifas. Nada nuevo puede acontecer en un film, desde el momento de su inicio ya todos pueden adivinar cómo finalizará. Cada detalle está colocado a partir de una fría planificación, calculado de antemano; la unión de los detalles da por resultado al producto, pero éste carece de una coherencia global: su fuerza se asienta en cada partícula, independiente por sí misma. Esto sirve para facilitar enormemente la lectura: a esta altura ni siquiera es necesario receptar el total del producto, cada parte asegurará su efecto.

En su trabajo sobre la televisión, Adorno analiza el establecimiento de los arquetipos de la actual cultura popular, que sitúa hacia fines del siglo XVII en Inglaterra. Esta cultura popular original –afirma– representaba cabalmente su momento histórico de surgimiento y la ideología de las clases a las que estaba dirigida; en cambio, la cultura de masas actual mantiene las pautas ideológicas de su predecesora, pero el hecho de que ya no se corresponda con situación concreta alguna es un indicador de su función reaccionaria. Al analizar las novelas de Defoe y Richardson, Adorno sostiene que éstas resultaban más imprevisibles, a diferencia de las obras actuales, en dónde su mismo inicio da claras señales de cómo será su desarrollo. La industria cultural satisface así el anhelo de "«sentirse sobre terrenos seguro» que refleja una necesidad infantil de protección" (Ibíd., pp. 13-14). En el tránsito desde la cultura popular anterior a la cultura de masas actual se ha perdido la ambivalencia psicológica de los personajes que ha cedido ante una caracterización estereotipada y por ello mismo no problemática. Las primeras novelas populares presentaban personajes de gran complejidad, incluso ambivalentes en el plano psicológico, algo que se ha perdido al mismo tiempo que ya no existe la interioridad burguesa.

Esta operación de estereotipación que se registra en cada producto de la cultura de masas permite también quitar los restos de individualidad que le quedaban al espectador: él también es un estereotipo y debe comportarse como tal, como un trabajador medio, un estudiante medio, un padre medio, un votante medio.

Con todo, los productos de la industria cultural no pueden ser considerados como formas desviadas, atrasadas o bárbaras, como la crítica conservadora los ha querido caracterizar. Al contrario, se ubican en el punto más avanzado del imperio de la racionalidad instrumental. Si Kant había asignado al sujeto el papel de deslindar en la multiplicidad de las formas sensibles las estructuras subyacentes (que corresponderían a los conceptos fundamentales del orden de la razón), la industria le ahorra este esfuerzo a su público. Ya no es necesaria la operación del esquematismo a la que aludía el filósofo alemán, porque el sujeto se enfrenta a los esquemas mismos, ya depurados de toda singularidad. Los productos están predigeridos, conceptualmente los mensajes son todos iguales, aluden a los mismos esquemas de producción; por lo que sus diferencias se trasladan al campo del costo de la producción.

> Kant ha anticipado intuitivamente lo que ha sido realizado conscientemente sólo por Hollywood: las imágenes son censuradas en forma anticipada, en el momento mismo en que se las produce. Según los módulos del intelecto conforme al cual deberán ser contempladas (Horkheimer & Adorno, 1987, p. 105).

En cuanto al producto en sí, establece con el espectador una relación en la cual el único papel de éste es confirmar el esquema. El resultado es que

> los productos mismos, a partir del más típico, el film sonoro, paralizan tales facultades [la fantasía y el pensamiento de los espectadores] mediante su misma constitución objetiva. Tales productos están hechos de forma tal que su percepción adecuada exige rapidez de intuición, dotes de observación, competencia específica, pero prohíbe también la actividad mental del espectador, si éste no quiere perder los hechos que le pasan rápidamente delante (Ibíd., p. 153).

La introducción de los estereotipos resulta así un imperativo económico, es decir que se enmarca en el desarrollo mismo de la racionalidad instrumental. No solamente permiten que los receptores utilicen un esfuerzo menor para su consumo, sino que también abaratan los costos de producción.

Contenido moralizante y contrabando ideológico

La participación de la industria cultural en la conformación ideológica del capitalismo tardío se da en dos niveles diferenciados: el de la misma configuración estructural de sus productos y el de los contenidos que trasmite.

Ya hemos mencionado que la utilización de estereotipos implica la reproducción del modo de producción industrial, desde la misma forma en que estos productos son concebidos y desarrollados. Su misma estructura lleva al hombre a la masificación:

> la mecanización ha conquistado tanto poder sobre el hombre durante el tiempo libre y sobre su felicidad, determina tan íntegramente la fabricación de los productos para distraerse, que el hombre no tiene acceso más que a las copias y a las reproducciones del proceso de trabajo mismo (Ibíd., p. 165).[9]

Pero además, la industria cultural también reproduce el sistema a partir de sus mismos contenidos, en donde aparece más visiblemente el rol ideológico que el sistema le tiene asignado. Contra lo que afirman sus defensores, los mass media no fomentan una mayor democratización o la generación de espacios de libertad, ni siquiera cuando –aparentemente– fomentan una sexualidad menos represiva. El efecto es el contrario ya que la represión se enmascara, justamente, en una aparente *profusión erótica* de la industria cultural acompañada, sin embargo, por señales precisas que impiden la consumación.

Esta contradicción aparente puede explicarse al realizar una análisis psicológico de los mensajes, descubriendo así la existencia de distintos estratos de significación, que colaboran entre sí para lograr el efecto. Estos distintos estratos no suponen una significación propiamente inconsciente, sino, al decir de Adorno más bien «callada».

> En la práctica se verá que la relación entre el mensaje explícito y el mensaje oculto es sumamente compleja. Así, el mensaje oculto tiende a menudo a reforzar actitudes convencionalmente rígidas y «pseudo-realistas», análogas a las ideas aceptadas que propaga en forma más racionalista el mensaje superficial. Y a la inversa, se permite que cierto número de gratificaciones reprimidas que desempeñan un papel importante en el nivel oculto se manifiesten en la superficie en forma de chistes, observaciones de subido tono, situaciones sugestivas y otros artificios semejantes (Adorno, 2002, pp. 22-23).

---

[9] Como afirmaría más tarde Jean Baudrillard –refiriéndose a la televisión– "el principal mensaje de la televisión es «consuma más televisión»"

Las obras de la cultura popular se enmarcan en una moral puritana hace tiempo abandonada. Por ello los mensajes de los medios de masas deben debatirse en la ambivalencia: "aunque en el nivel explícito se promulguen los valores tradicionales de la sociedad puritana inglesa de clase media, el mensaje oculto se dirige a un ánimo que ya no está obligado por estos valores" (Ibíd., p. 17).

Las películas de Hollywood enuncian claramente los principios que regulan la moral capitalista, basados en el sostenimiento permanente de la amenaza de castración, "la esencia íntegra de la cultura industrializada", afirman los filósofos de Frankfurt (Ibíd., pp. 170).

Esta enumeración de principios hace que la diversión sea permanentemente "contaminada" con la presencia de un mensaje moralizante, con el que se liga el placer del entretenimiento a la reproducción ideológica. De hecho, es discutible que aún persista el entretenimiento, cuando la funcionalidad al sistema resulta tan preponderante. Pero este contenido ideológico no es una característica inmanente a la cultura popular, de la misma manera que no le resulta indisociable la pobreza del estereotipo. Para Adorno y Horkheimer la industria cultural contiene algunas contradicciones no resueltas y en realidad el problema no reside en que su objeto sea la diversión, sino precisamente en la adición de ese mensaje moralizante aún ausente en algunas de las expresiones de la cultura popular que retoma la industria cultural. Ésta "retiene momentos de lo mejor en los rasgos que la aproximan al circo, en el atrevimiento obstinadamente insensato de los acróbatas y clowns" (Ibíd., p. 172). Si los medios de masas se contentaran con prestar nuevos vehículos de expresión a la cultura popular, entonces no tendrían las características alienantes que su rol en el tardocapitalismo les obliga a cumplir.[10]

Adorno revalorizaba la cultura popular en su origen, ya que al buscar la emancipación de las tradiciones semifeudales de la época absolutista hacía hincapié en la autonomía del individuo, en su capacidad de tomar decisiones y llevar adelante su propia vida. Pero en el siglo XX, cuando la sociedad

---

[10] Se ha repetido muchas veces que los filósofos frankfurtianos tenían una consideración negativa de la cultura popular y sostenían un alineamiento total con el arte de élite. En cierta historia unívoca de la teoría de la comunicación, a la Escuela de Frankfurt le ha cabido el sayo de versión marxista de los apocalípticos, de impugnadores absolutos de la cultura popular, de necios defensores de una producción artística perimida. Sin embargo –y aún cuando la identificación de Adorno con el arte de vanguardia era evidente- la inflexible perspectiva dialéctica de estos teóricos vuelve bastante más complejo el análisis.

se ve envuelta en una fuerte fragmentación, los medios de masas dedican su esfuerzo a lograr una mayor integración. Así,

> los cuentos enseñan a sus lectores que hay que ser «realistas», que hay que desechar las nociones románticas, que hay que adaptarse a cualquier precio y que no puede esperarse nada más de individuo alguno [...] Cuanto menos es creíble realmente el mensaje y cuanto menos está en armonía con la existencia concreta de los espectadores, tanto más se lo mantiene en la cultura moderna (Adorno, 2002, p. 19).

Este mensaje moralizante siempre presente no se limita a la represión sexual; promueve los mecanismos de control social que, si bien siempre acompañaron al capitalismo, han sido llevados hasta sus límites más extremos, hasta la propia interioridad de los individuos. Un ejemplo ilustrativo que analizan Adorno y Horkheimer es el tratamiento de la marginación y la pobreza, ya que –al ser el conformismo la única actitud socialmente válida– la industria cultural necesita fijar una postura en relación a los excluidos del centro del sistema.

La existencia de sectores marginados dentro mismo de la sociedad moderna debe encontrar un lugar en el interior de la industria cultural, ya que ésta necesita mantener su afirmación de que es un retrato fiel de la realidad. La marginación, así, también tiene su espacio dentro de la producción cultural masiva, pero un espacio degradado y menoscabado.

> Quien siente frío y hambre, aún cuando una vez haya tenido buenas perspectivas, está marcado [...] En los films se convierte en el mejor de los casos en el individuo original, objeto de una sátira pérfidamente indulgente, aunque por lo común es el villano, que aparece como tal ya no bien muestra la cara, mucho antes de que la acción lo demuestre, a fin de que ni siquiera temporariamente pueda incurrirse en el error de que la sociedad se vuelva contra los hombres de buena voluntad (Horkheimer & Adorno, 1987, p. 180).

Objeto del más hipócrita asistencialismo, a través del cual la sociedad muestra su "buen corazón" de la mano de sus opresores más caracterizados, el apartamiento de aquellos que no cuajan en la sociedad (aún cuando sean fruto del mismo sistema) tiene un fin específico para los que todavía se sienten integrados; opera como un mensaje inequívoco: para permanecer como miembros de la sociedad "cada uno debe demostrar que se identifica sin residuos con el poder por el que es golpeado" (Ibíd., p. 184).

Como no podría ser de otra manera, la industria cultural también en este punto miente. Para ella el pobre no es inocente: acarrea su propia decisión de apartarse del núcleo de los hombres de bien, quienes irremediablemente ven que sus buenas obras y su recta conducta son premiadas con la felicidad y la prosperidad económica.

Nuevamente se confirma la efectividad de la industria cultural en su afán por quitar a las masas todo atisbo de rebelión, toda posibilidad de constitución como sujetos de un proceso de cambio. Ante la posibilidad de ser absolutamente marginado, absolutamente apartado de la vida social, no queda otra alternativa que la adaptación en las condiciones que el sistema determina, asumiendo por lo tanto una conducta típicamente masoquista.

El rol ideológico de los medios de comunicación queda al descubierto en la sensibilidad que demuestra para las modificaciones estructurales del capitalismo. Así, cuando desde comienzos del siglo XX el antiguo liberalismo del "hombre que se hace a sí mismo" cedió paso a un sistema basado en la cada vez mayor concentración económica, la industria cultural sustituyó –como mecanismo de promoción social– el esfuerzo individual por la selección por el azar.

Esto es patente en los estereotipos de los films de Hollywood, donde se repite la situación del personaje que, de la noche a la mañana, se convierte en rico y famoso, como consecuencia de los motivos más inverosímiles. Sin embargo esto no se circunscribe a la temática de las películas: en la misma vida de aquellos que obtienen el favor del éxito se resalta esta selección por el azar. La prensa del corazón está repleta de crónicas en donde una camarera cualquiera es elegida, gracias a la suerte, por un productor cinematográfico que la "descubre". El premio y el azar, y no ya el esfuerzo, se insinúan como el camino del éxito. A medida que la industria cultural tiene menos realidades para ofrecer, sugieren Adorno y Horkheimer, más se apoya en este tipo de mecanismos[11].

Ahora bien, no se trata de caer en una teoría conspirativa vulgar, ya que la formación de estos significados ocultos y totalitarios no deviene de la voluntad de quienes controlan, organizan, escriben o dirigen los programas. También es un error analizar los programas desde el supuesto de que su contenido es una proyección inconsciente de sus autores; las motivaciones de los autores se cuelan en sus obras, pero no de una manera omnideterminante. Antes bien, los productos culturales deben seguir "innumerables exigencias, normas empíricas, pautas establecidas y mecanismos de controles

---

[11] Sería interesante transpolar este análisis a lo medios argentinos de las últimas décadas, en donde cada vez que se profundizó la crisis económica proliferaron enormemente los programas de juegos de televisión y las promociones y concursos de los artículos más diversos.

que necesariamente reducen a un mínimo el margen de cualquier clase de auto-expresión crítica" (Adorno, 2002, p. 27). [12]

Integración, novedad, repetición

¿Qué hacer con aquellas manifestaciones que se apartan de los cánones establecidos por la industria cultural? Dos mecanismos opuestos utiliza la industria cultural para afrontarse al problema de la novedad. El primero de ellos se refiere a la capacidad de integración del sistema capitalista, capacidad desconocida en cualquier sistema económico–cultural anterior.

Este ítem ya es un lugar común, ejemplificado repetidas veces con la historia del grupo de rock que graba sus canciones de protesta contra el sistema en los estudios de una compañía multinacional. Para Adorno y Horkheimer "una vez que lo que resiste ha sido registrado en sus diferencias por parte de la industria cultural, forma parte ya de ella, tal como el reformador agrario se incorpora al capitalismo" (Horkheimer & Adorno, 1987, p. 159).

La característica monopólica de la industria cultural le permite ejercer su poder coercitivo sobre aquellos que pese a todo no se resignan a su dominio. En este sentido Tocqueville fue un visionario, afirman los frankfurtianos, al describir el autoritaritarismo y la opresión subyacentes a la igualación democrática: "El amo no dice más: debes pensar como yo o morir. Dice: eres libre de no pensar como yo, tu vida, tus bienes, todo te será dejado, pero a partir de este momento eres un intruso entre nosotros" (cit. en Horkheimer & Adorno, 1987, p. 161)[13].

Sin embargo, otro es el mecanismo predilecto para el desafío de la novedad: la evitación más absoluta, la sospecha ante todo aquello que no demuestra sus credenciales de haber sido ya aceptado. La industria cultural prefiere el reciclaje al riesgo. En el cine de Hollywood, la remake, la secuela o la transposición a la pantalla del best-seller tienen muchas más posibilidades que el guión original y novedoso. Las modificaciones que se introducen en las historias, cuando existen, sólo sirven para conservar lo medular. El frenesí y el cambio permanente sólo son posibles manteniendo in-

---

[12] La intuición de los frankfurtianos los lleva a sugerir una mecánica de funcionamiento de los mass media que se verá confirmada tres décadas después con los estudios sobre *newsmaking*. Para una descripción de esta corriente ver Wolf (1987).

[13] Tal vez no resulte ocioso hacer notar el que Adorno y Horkheimer citen a Tocqueville, un europeo que se maravilla y horroriza al mismo tiempo ante la nueva realidad representada por los Estados Unidos, en un paralelismo de la situación que les tocó vivir a ellos mismos durante su obligado exilio en ese país.

modificada la estructura de la producción, eliminando la posibilidad de una verdadera novedad, de la aparición real de la originalidad.

Sin embargo, en todo esto la industria cultural no va a contracorriente de los deseos de las masas, sino que los utiliza, aprovechando las debilidades psicológicas de la audiencia. Ya no es posible esperar nada del proletariado, argumentan Adorno y Horkheimer, víctimas pero también producto del desarrollo sin pausa del Iluminismo: "como los dominados han tomado siempre la moral que les venía de sus señores con mucha más seriedad que estos últimos, así hoy las masas engañadas creen en el mito del éxito aún más que los afortunados. Las masas tienen lo que quieren y reclaman obstinadamente la ideología mediante la cual se las esclaviza" (Ibíd., p. 162). La industria cultural opera así como una desviación de todo tipo de posibilidad de concreción del proletariado como sujeto revolucionario.

La crítica que la Escuela de Frankfurt –al menos en su corriente principal, representada por Adorno, Horkheimer y Marcuse[14]- realiza a la cultura de masas es consecuencia de su análisis del avance indetenible de la racionalidad instrumental, avance que ha de finalizar, en su perspectiva, en una colonización plena de las distintas áreas de la vida social.

Resulta claro que esta perspectiva posee importantes limitaciones para dar cuenta de la actividad productiva de las audiencias y las resemantizaciones que tienen lugar en el proceso de lectura, carencias que han sido señaladas repetidas veces en las últimas dos décadas[15]. Sin embargo, la producción cultural masiva sigue siendo acorde a la descripción que realizaran los frankfurtianos: las figuras estereotipadas siguen predominando (tal vez incluso con mayor intensidad) en gran parte de esa producción y su rol de acomodación ideológica aún es preponderante.

Lejos de proclamar la existencia de efectos directos, no se trata sin embargo de abonar por ello la tesis de la inocuidad absoluta del mensaje. Y al volver a considerar la forma de estructuración de los mismos –como dato en un análisis que se muestra más complejo y matizado– las tesis de los frankfurtianos mantienen valiosas indicaciones y sugerencias que no deben desaprovecharse.

---

[14] Los trabajos de otros integrantes del *Institut*, como Walter Benjamin o Leo Löwenthal, contienen matizaciones que los diferencian de lo descripto en este artículo.

[15] Como un ejemplo importante de estas críticas, ver Martín-Barbero (1987).

Recursos

Frases célebres
https://es.wikiquote.org/wiki/Theodor_Adorno
http://www.frasesypensamientos.com.ar/autor/theodor-adorno.html

"La esperanza está, primordialmente, en los que no hallan consuelo". Theodor Adorno fue, entre otras facetas, un brillante creador de aforismos, ese tipo de frases breves que condensan magistralmente una idea y hacen que el lector no pueda sino detenerse a reflexionar. Puede consultarse una selección de algunas de ellas en *Wikiquote* y también algunas más en la web *Frases y Pensamientos*.

Ensueños e ideología
https://www.youtube.com/watch?v=zEuK-YIF5ob8

En "La Rosa Púrpura de El Cairo" (1985) Woody Allen retrata –en clave de comedia– la fascinación que el cine podía provocar en la década de 1930, es decir en el contexto en el que Horkheimer y Adorno escribieron *Dialéctica de la Ilustración*. Cecilia, la protagonista del film, una mujer pobre e infeliz, sojuzgada por un marido aprovechador y holgazán, sólo encuentra una vía de escape en la oscuridad de la matiné, y en un momento de crisis pasa largas horas viendo una y otra vez la misma película, hasta que Tom Baxter, uno de los personajes, decide atravesar la distancia entre la pantalla y la reali-

dad para vivir un romance con ella. Es inevitable mirar el film de Allen desde las categorías de la industria cultural, y también de una posible crítica a su enfoque ¿alienación o placer posible? ¿fantasía o escapismo? El logro del director norteamericano, por supuesto, es no inclinarse de modo decidido por ninguna respuesta.

Ironía brasileña
https://www.youtube.com/watch?v=9VY-VeCZxMa4

Remixando la exitosísima telenovela brasileña *Celebridade*, un grupo de estudiantes de la Universidade Federal Fluminense ilustran un posible diálogo entre Paul Lazarsfeld y Theodor Adorno. El resultado es absolutamente hilarante.

Capítulo 12
net.art: el aura después de Benjamin

1

Es conocido que la terminología utilizada por Walter Benjamin, así como su verdadero aprecio por la teología cabalística, volvieron a algunos de sus textos objeto de recurrentes malentendidos y equívocos. "La obra de arte en la época de sus reproductibilidad técnica", seguramente su artículo más conocido, no escapa –ni mucho menos– a este destino.

El concepto benjaminiano de aura (que es el que queremos convocar para iniciar nuestra reflexión sobre las condiciones actuales del arte, al interior de una cultura digitalizada) es un ejemplo de lo dicho. De acuerdo al diccionario, el vocablo *aura* aparece definido como "hálito, aliento, soplo" o "atmósfera inmaterial que rodea a ciertos seres" y de allí que sea representada, por ejemplo en la iconografía cristiana, como un halo de luz que rodea los cuerpos de los santos, o al menos sus cabezas[1]. De allí a postular que la obra de arte adquiere su aura como delegación espiritual, o al menos que la misma es una huella indicativa de los sentimientos del artista, hay apenas un pequeño paso. Convengamos que una interpretación en clave mística del concepto no es privativa de posiciones absolutamente triviales,

---

[1] Más recientemente se ha hablado de la energía circundante en los seres vivos e incluso en los inanimados y existen técnicas que se proponen el registro de esta aura energética o espiritual, siendo la más conocida de ellas la kirlliangrafía.

y para muestra de ello basta con ver la opinión de Bertold Bretch, quien escribe en su diario

> [Según Benjamin el aura] parece estar en decadencia en los últimos tiempos, al igual que lo cúltico. B[enjamin] descubrió esto a través del análisis del filme, donde el aura se desintegra a causa de la reproductibilidad de las obras de arte. Todo es misticismo; misticismo, en una postura opuesta al misticismo. ¡En qué forma se adopta el concepto materialista de la historia!, es casi horrible (cit. en Buck-Morss, 1981, p. 299).

Pero parece claro que Benjamin estaba pensando en un registro muy diferente. Su texto inicia con una cita de Paul Valery, que en su tramo central afirma: "En todas las artes hay una parte física que no puede sustraerse a la acometividad del conocimiento y la fuerza modernos. *Ni la materia, ni el espacio, ni el tiempo son, desde hace veinte años, lo que han venido siendo desde siempre*" (Benjamin, 1989, p. 17 el subrayado es nuestro). ¿En qué medida pueden haber cambiado la materia, el espacio y el tiempo? A poco de reflexionar sobre ello, resulta evidente que Benjamin no se refiere aquí a cambios en la materialidad de estos elementos ni meramente a un cambio de época que se vería reflejado en un uso trivial del término *tiempo* –como en "estamos ante nuevos tiempos"–. La materia, el espacio y el tiempo, si es que han cambiado, lo han hecho porque se ha modificado la percepción que el hombre tiene de ellos; porque la apropiación que realiza de éstos la cultura actual es cualitativamente diferente y también es diferente el lugar que ocupan en el mapa del imaginario social.

La clave de lectura es, por consiguiente, la percepción social de la producción cultural.

En la obra artística, afirma Benjamin, coexisten dos valores: el valor cultual y el valor exhibitivo. En las culturas primitivas, las obras de arte (o las que hoy consideramos como tales) eran creadas para ocupar un lugar preciso en el ritual religioso, como representaciones del dios, los espíritus o la trascendencia. Éste sin duda era el aspecto central, y muchas obras lo reafirman ocultándose de hecho a las miradas de la mayoría de los fieles, volviéndose accesibles sólo al ser divino o a sus ministros[2]. Con todo, ade-

---

[2] "Hoy nos parece que el valor cultual empuja a la obra de arte a mantenerse oculta: ciertas estatuas de dioses sólo son accesibles a los sacerdotes de la «cella». Ciertas imágenes de Vírgenes permanecen casi todo el año encubiertas, y determinadas esculturas de catedrales medievales no son visibles para el espectador que pisa el santo suelo" (Benjamin, 1989, p. 29).

Ilustración 17: Fra Angelico - "Madonna de la Humildad" (circa 1430).

más, en cada época, la obra se realizó siguiendo las pautas estéticas, los cánones y convenciones reguladores de lo bello.

"A medida que las ejercitaciones artísticas se emancipan del regazo ritual, aumentan las ocasiones de exhibición de sus productos" (Ibíd, p. 29), dice Benjamin. De hecho, el historiador de arte Hans Belting ha sugerido que la era del arte, propiamente hablando, recién empieza con el Renacimiento, es decir alrededor del año 1400. Antes de esto el valor ritual absorbe totalmente a la obra, sin que quede residuo para el valor exhibitivo.

Belting ha dedicado un libro al análisis de las imágenes cristianas anteriores al Renacimiento al que tituló *La imagen antes de la era del arte*, lo que no implica, según Arthur Danto

> que esas imágenes no fueran arte en sentido amplio, sino que su condición artística no figuraba en la elaboración de las mismas, dado que el concepto de arte aún no había aparecido realmente en la conciencia colectiva. En consecuencia esas imágenes –de hecho iconos– tuvieron un papel bastante diferente en la vida de las personas del que tuvieron las obras de arte cuando ese concepto apareció al fin y comenzó a regir nuestra relación con ellas algo semejante a unas consideraciones estéticas (Danto, 2001, p. 25).

Estas "consideraciones estéticas" no son más que el desplazamiento del valor ritual desde una fundamentación religiosa a otra profana, pero dejando inmodificado el "modo aurático de existencia de la obra" (Benjamin, 1989, p. 26). El aura es definida por Benjamin como "el aquí y ahora de la obra de arte, su existencia irrepetible en el lugar en que se encuentra" (Ibíd., p. 20) que funda su autenticidad, o como "la manifestación irrepetible de una lejanía (por cercana que pueda estar)" (Ibíd., p. 24).

Aunque estemos frente a una obra de arte, aunque nuestra distancia respecto a su materialidad física sea ínfima, algo se nos escapa de ella, algo resulta inaprensible. Nuestra percepción no puede agotarla, ya que la obra impone distancia y misterio. O es nuestra percepción social la que hace que no podamos aprehenderla totalmente, ya que pervive en ella un sustrato que proviene de su lugar original en el ritual, transformado –en un mundo profano– en la "promesa de bienestar" de la que hablaba Stendhal (en una cita que se encuentra a menudo en los textos de Benjamin, y también de Adorno)[3].

La reproducción técnica de la obra de arte viene a quebrar este modo aurático de existencia. Si la reproducción manual, al descubrirse como tal, se convertía en falsificación, pero dejaba intacta (y aún, reforzaba) la autenticidad de la obra, la reproducción técnica se desentiende del problema de la autenticidad. Es más: proclama como su ser la inautenticidad:

> Al multiplicar las reproducciones pone su presencia masiva en el lugar de una presencia irrepetible. Y confiere actualidad a lo reproducido al permitirle salir,

---

[3] "Y en el sentido de la obra de arte, en la apariencia estética, surge aquello a lo que daba lugar, en el encantamiento del primitivo, el acontecimiento nuevo y tremendo: la aparición del todo en el detalle. En la obra de arte se cumple una vez más el desdoblamiento por el cual la cosa aparecía como algo espiritual, como manifestación del *mana*. Ello constituye su «aura»" (Horkheimer & Adorno, 1987, p. 33).

desde su situación respectiva, al encuentro de cada destinatario (Ibíd., pp. 22-23).

Con la reproducción técnica, el aura se desmorona.

Lejos de la nostalgia, Benjamin se entusiasma con las posibilidades inéditas que se abren la participación de las masas con este desmoronamiento. Después de todo, la lejanía que provocaba el aura siempre había servido a la conservación de las relaciones sociales, antes que a su transformación. Es por eso que los teóricos reaccionarios, cuando no rechazaron de plano a un medio como el cine, trataron de asimilarlo al arte convencional, dotándolo de elementos cultuales. Pero una comprensión cabal de las transformaciones que provocan los nuevos medios en la percepción, y de las profundas consecuencias sociales que ello conlleva, implica un cambio total de registro. Si el pintor observa a su modelo desde una distancia infranqueable, así como el chamán mantiene una distancia entre él y su paciente, apenas acortada por la imposición de las manos, el camarógrafo actúa como un cirujano: se adentra operativamente en su objeto, lo operacionaliza. De la misma forma, el público hace a un lado toda distancia para con la obra, transforma la contemplación en una activa apropiación.

El público del cine se relaciona con éste del mismo modo que los habitantes de un edificio lo hacen con su arquitectura: no desde la contemplación, sino desde el uso; no ópticamente –dirá Benjamin– sino de modo táctil. Todo signo es susceptible de ser visto como signo o como cosa, transpa-

Ilustración 18: Claude Monet "Régate à Argenteuil".

rentarse o volverse opaco (Récanati, 1981). Si el arte tiende a opacarse (de un modo mucho más enfático el moderno), los medios de masas son transparentes: el público usa y disfruta del cine[4]. El derrumbe del aura permite una apropiación de la obra que sólo puede ser consistente con una política revolucionaria, aún cuando el capitalismo trata de desviar estas potencialidades reinstaurando un modo aurático de consumo del cine (a partir del culto a las s*tars*) o –más directamente– propiciando la estetización fascista de la política.

La proliferación de la obra abierta por la reproducción técnica implica profundas transformaciones de las que Benjamin dice que sólo puede establecer pronósticos, a partir de la certeza de que "la cantidad se ha convertido en calidad: el crecimiento masivo del número de participantes ha modificado la índole de la participación" (Benjamin, 1989, p. 52). La misma mirada optimista hacia las perspectivas que abrían los nuevos medios para una extendida participación de las masas, y el valor político que podía tener para el socialismo, había llevado al pensador alemán a alabar el surgimiento del periódico, ya que anunciaba la posibilidad de ruptura de la barrera entre autores y lectores, una barrera que aún existía en los periódicos burgueses, pero que tambaleaba en la prensa soviética, en donde "el lector está siempre dispuesto a convertirse en un escritor, a saber: en alguien que describe o que prescribe" (Ibíd., p. 122).

En la perspectiva benjaminiana, y esta es la tesis que queremos discutir, la proliferación de la reproductibilidad técnica implica de por sí el derrumbe del modo aurático de contemplación de la obra, modo que sólo puede sobrevivir, forzadamente, con los intentos del capitalismo de obturar las posibilidades revolucionarias que se abrirían con este derrumbe.

2

Benjamin apreció acabadamente el arte surrealista y muy especialmente los escritos programáticos de André Breton. Incluso, Susan Buck-Morss (1981) nos informa que esta valoración benjaminiana del surrealismo fue

---

[4] Las cualidades positivas del cine no se agotan aquí: en él se da una colaboración íntima entre el hombre y la máquina, y esto implica que se trata de "un excelente instrumento de discurso materialista" (Benjamin, 1989, p. 37). Además, el cine permite atender "la legítima aspiración del hombre actual a ser reproducido" (Ibíd., p. 41), una intuición benjaminiana que debería estar en la raíz de una explicación seria de la proliferación de géneros como el *reality-show*.

uno de los puntos de discusión con su colega y amigo Theodor Adorno, más propenso a cuestionar el papel central que la corriente le adjudicaba a lo irracional, que para él implicaba una claudicación ante una realidad ya reificada.
En cambio

> era la técnica artística del surrealismo lo que fascinaba a Benjamin. El arte surrealista retrataba a los objetos cotidianos en su forma material, existente (en este sentido literal, la fantasía surrealista era "exacta"), y sin embargo estos objetos eran al mismo tiempo transformados por el hecho mismo de su presentación como arte (Buck-Morss, 1981, p. 255).

La afirmación de la investigadora norteamericana (y el aprecio de Benjamin) parece más pertinente en relación al dadaísmo, antecedente directo del surrealismo, que a este último, más preocupado por el inconsciente y los sueños. Pero, inevitablemente, surge la pregunta acerca de si esta "transformación" que sufren los objetos es equivalente a su adquisición de un aura.

De cualquier modo, la obra de algunos dadaístas, y particularmente de Marcel Duchamp, no parece haber sido considerada por Benjamin en sus escritos, muy posiblemente porque Duchamp se encontraba desde hacía dos décadas en Estados Unidos. Su obra más conocida (aunque no necesariamente la más importante) es muy ilustrativa de los problemas insolubles que el arte contemporáneo le plantearía a la teoría benjaminiana del aura. Se trata de *Fuente*, un *ready-made* presentado al Salón de Artistas Independientes de Nueva York en 1917, y rechazado inicialmente por éste, pese a que Duchamp era entonces el pintor europeo vivo más famoso en ese país[5].

Los *ready-mades* son objetos cotidianos, habitualmente industrializados que, al decir de Breton son "elevados a la categoría de arte por el deseo del artista"[6]. *Fuente* es un mingitorio, con su lado plano (el que habitualmente se encuentra fijado a la pared de un baño público) recostado sobre el suelo, y una inscripción en un costado. Uno puede imaginarse sin demasiados problemas la incomodidad del jurado del Salón al recibir esta "obra".

---

[5] Duchamp se había hecho muy famoso en Nueva York con la exhibición de algunas de sus pinturas, especialmente el "Desnudo bajando la escalera", en 1913. Él viajaría a Estados Unidos recién dos años después (su fama lo precedió), cuando ya había decidido abandonar la pintura y concentrarse en los *ready-mades*.

[6] "Un objeto industrial transformado, un objeto que ha sido desfuncionalizado" (Morgan, 2000, p. 19).

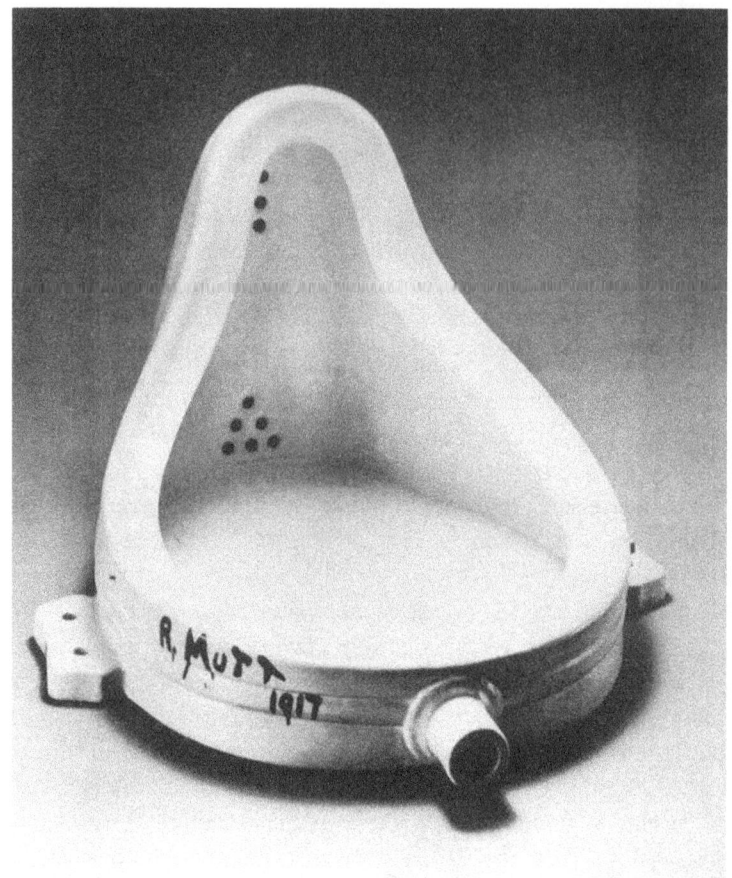

Ilustración 19: Marcel Duchamp - "Fuente" (1917).

Duchamp, por supuesto, tenía una personalidad afecta a la ironía, y debía encantarle ser motivo de escándalo en la burguesía bienpensante. Pero sus obras no se agotan en una intencionalidad juguetona: al abandonar la pintura "quería centrarse en la realidad de los artefactos industriales [porque] trataba de comprender cómo el artista podía entender, lidiar, con esta nueva industria, con estos nuevos objetos que ya no eran objetos artesanales" (Morgan, 2000, p. 16). En sus propias palabras, a él ya no le interesaba el "arte retinal".

Robert Morgan ha afirmado al respecto que, a su juicio, los *readymades* son objetos que han perdido su aura. Me parece, sin embargo, que esta conclusión no es correcta[7]. El mingitorio no poseía aura cuando estaba colocado en un baño público, pero adquiere una en el Museo de Arte de Filadelfia (donde se encuentra), y a esto se refería Breton cuando decía que era "elevado a la categoría de arte". La pregunta, después de todo es qué cosa es una obra de arte. Respecto a las obras de Duchamp, pero también al arte conceptual de fines de los '60 y '70, Timothy Binckley dijo:

> No sé qué decir, excepto que están hechas (creadas, realizadas o lo que sea) por gente considerada artista, son tratadas por los críticos como arte, se habla de ellas en libros y revistas que tienen que ver con el arte, son exhibidas en galerías de arte o vinculadas con ellas de otros modos, etc. El arte conceptual, como todo arte, está situado dentro de una tradición cultural a partir de la cual se ha desarrollado [...] Los mismos críticos que escriben sobre Picasso y Monet escriben sobre Duchamp y Barry (cit. en Dickie, 2005, p. 88).

¿Pero cómo llegamos aquí? En 1839, cuando se enteró del invento de la fotografía, el pintor Paul Delaroche dijo "hoy, la pintura ha muerto". Lo que evidentemente quería decir es que para una técnica artística que buscaba obtener una reproducción cada vez más fiel de lo que el ojo veía[8], la fotografía implicaba automáticamente su obsolescencia. Unas décadas después, Monet y los impresionistas encontraron un camino nuevo para la pintura, que se alejó cada vez más de la figuración y que supuso una fuerte ruptura con una tradición de cinco siglos, alumbrando la época del arte modernista.

> El modernismo marca un punto en el arte, antes del cual los pintores se dedicaban a la representación del mundo, pintando personas, paisajes y eventos históricos tal como se les presentaban o hubieran presentado al ojo. Con el modernismo, las condiciones de la representación se vuelven centrales, de aquí que el arte, en cierto sentido, se vuelve su propio tema (Danto, 2001, p. 29).

---

[7] La posición de Morgan es coherente con su idea de que "en la filosofía de Benjamin, él dice que el aura está integrada al objeto mismo" (Morgan, 2000, p. 50), pero esta interpretación es incompatible con una lectura materialista de Benjamin. El aura debe ser considerada producto de una percepción social, por lo que no puede estar adherida a la obra.

[8] En la tradición inaugurada a mediados del siglo XVI por Giorgio Vasari con su *Vida de los más excelentes pintores, escultores y arquitectos*.

Ilustración 20: Público contemplando "One: Number 31" (1950) de Jackson Pollock.

Así y todo, el arte modernista no reniega del aura. Danto dice que para Clement Greemberg, posiblemente al crítico modernista más influyente del siglo XX, el arte se presenta como arte solo, sin ninguna ayuda exterior, ante el ojo entrenado. Por supuesto, el interrogante que surge inmediatamente es ¿y qué es un "ojo entrenado", o quién lo posee?, pero es prácticamente una pregunta retórica: el ojo entrenado es el del Greemberg, que –simplemente– creía que tenía muy buen gusto, y que por eso podía defender que el expresionismo abstracto –que llevaba el programa modernista a su culminación– era verdadero arte, mientras que Duchamp y las obras que aparecieron en las galerías a partir de la década del '60 ya no lo eran, cuando lo que sucedía era que el arte contemporáneo estaba tematizando explícitamente la definición misma de obra de arte.

Las obras que hoy se ofrecen al espectador le retacean todo tipo de certezas. Antes que nada, lo ponen en la situación de decidir ¿es arte o no?

El problema que enfrenta el espectador de hoy es explicarse por qué ciertos objetos son considerados obras de arte, y la pregunta reviste carácter filosófico. En la lógica de cada objeto se trata de definir, nada más ni nada menos, el qué y el para qué del arte (Battistozzi, 2006, p. 9).

Es por ello que la producción artística contemporánea ha planteado serios desafíos a la reflexión filosófica sobre el arte, donde, entre las líneas de argumentación más habituales para dar con esta definición (una vez abandonado el paradigma vasariano del arte como mimesis), la que hacía hincapié en que una obra de arte tiene propiedades o consigue efectos estéticos (asociado esto a nociones como belleza, armonía, etc.) era seguramente la que parece más convincente. Sin embargo, desde un punto de vista sociológico (Williams, 1982) esta delimitación no alcanza a diferenciar su objeto por varias razones. Para empezar hay aspectos de la naturaleza que poseen similares cualidades y suscitan similares efectos (una puesta de sol, una flor, el mismo cuerpo humano[9]). Además, muchos elementos y prácticas humanos cumplen con los requisitos en cuestión, pero no son admitidos como "arte" (artesanía, decoración, patinaje sobre hielo, etc.) y, lo que es peor, incluso en el ámbito de las prácticas consideradas como artísticas, hay obras que no se consideran arte o no totalmente arte (literatura o música "popular"). Raymond Williams parece estar pensando en críticos como Greemberg cuando afirma que

> Lo que podemos observar como resultado es un endurecimiento de los juicios específicos hasta transformarse en presupuestos de clase, basados no sólo en criterios mixtos (pues se sostiene que existen casos de «tonterías hábilmente realizadas» o de «disparates profesionalmente brillantes», así como de «fuerza artística auténtica pero sin pulir») sino también, y crucialmente, en criterios que son incompatibles con la delimitación original a partir de la naturaleza de la práctica (Williams, 1982, p. 116).

El modernismo aún era compatible con un concepto de arte basado en consideraciones estéticas, pero esto ya no funcionaba con los *ready-mades*. Con todo, las obras de Duchamp pudieron ser consideradas meras excentricidades hasta que el arte pop y el arte conceptual retomaron el planteo y lo volvieron candente. Después de todo ¿qué diferencia podía haber entre *Brillo Box* de Andy Warhol y las cajas de Brillo que podían encontrarse en los escaparates de los supermercados?

---

[9] Cuando Benjamin da su definición más conocida de aura, es decir "la manifestación irrepetible de una lejanía (por cercana que pueda estar)", en realidad está hablando del "aura de objetos naturales" (Benjamin, 1986, p. 24).

La pregunta filosófica sobre la naturaleza del arte surgió dentro del arte cuando los artistas insistieron, presionaron contra los límites después de los límites y descubrieron que éstos cedían [...] Cuando una obra de arte puede ser cualquier objeto legitimado como arte surge la pregunta «¿Por qué soy yo una obra de arte?» (Danto, 2001, p. 37)[10].

La teoría institucional de George Dickie es un intento de responder a esta pregunta: si existen dos objetos visualmente indistinguibles (por ejemplo *Fuente* de Duchamp y un mingitorio común), pero uno de ellos es arte y el otro no, entonces debe existir un elemento externo a la obra (marco o contexto) que indique qué es una obra de arte y qué no. Esta afirmación es un principio sociológico bastante básico y podría deducirse de una lectura mínima de Goffman o de la etnometodología, pero aún así la teoría de Dickie ha sido muy resistida en el campo de la filosofía del arte.

Según la teoría institucional habría dos reglas suficientes para hacer arte: 1) crear un artefacto[11] y 2) que ese artefacto sea el tipo de cosas que se presenta al público de arte. El rol del artista implica que éste sabe que está haciendo una obra de arte (posee los conocimientos suficientes para saber de qué se trata eso) y que crea la obra para ser presentada (puede ser

---

[10] "El problema del arte siempre es la definición del arte", decía la curadora y galerista Florencia Braga Menéndez en una entrevista de la *Revista Ñ*, Nº 138, 20 de mayo de 2006, p. 12.

[11] Que una obra de arte deba ser necesariamente un artefacto, o ser artefactual, no es una premisa tautológica y de hecho, muchos defensores del arte conceptual no estarían de acuerdo con ella, ya que establece ciertos límites, que Dickie no oculta: "está claro que no cualquier cosa puede llegar a ser una obra de arte" (2005, p. 24), dice. Y si (me parece que a desgano) Dickie incluye los *ready*-mades de Duchamp como obras de arte, no hace lo mismo con las obras conceptuales de Robert Barry, por ejemplo la que "creó" al afirmar que se trataba de "todas las cosas que conozco, pero en las cuales no estoy pensando: 1:36 de la tarde, 15 de junio de 1969, Nueva York". De estas obras Timothy Binckley había dicho que no sabía que decir (en una cita mencionada antes), pero no es el caso de Dickie: "No bastará con decir, creo, que el conocimiento no pensado es su medio. Barry no trabaja su conocimiento no pensado [...]: sólo se refiere a estas cosas de un modo inusual. Al menos [SIC] Duchamp hizo que el urinario cambiase de lugar y que fuese exhibido dentro del marco del mundo del arte. Duchamp no hizo mucho en el sentido de habilidad aplicada, pero al menos hizo algo con algo [...] Las acciones de Duchamp y Barry son semejantes en ciertos aspectos, pero son básicamente de un tipo completamente distinto: la acción de Duchamp es un acto de hacer, mientras que la de Barry es sólo un acto de señalar algo. El espacio que divide ambas acciones marca la diferencia entre hacer arte y sólo decir que uno está haciendo arte. Duchamp se las arregla para permanecer dentro de la tradición cultural de la que habla Binckley, pero Barry, al tratar de (o fingir) perpetuar esa tradición cultural sale completamente de ella" (Ibíd., pp. 90-91).

que efectivamente esto no suceda, pero siempre es el tipo de cosa que se hace para ser presentado); además la obra se realiza con ciertas técnicas artísticas que hacen que se trate de un arte particular (pintura, escultura, danza, etc.). El rol del público es simétrico: tiene conciencia de que lo que se le presenta es arte y además posee una serie de capacidades y sensibilidades dispuestas para apreciar la obra de arte.

Lo que es primario es la comprensión compartida por todos los que están implicados, de que están comprometidos en una actividad o práctica establecida, dentro de la cual hay una variedad de roles diferentes: roles del creador, roles del presentador y roles del «consumidor» (Dickie, 2005, p. 105).

Además, hay otros roles complementarios, como los que ayudan al artista a presentar la obra (productores, directores de museos, galeristas, etc.), los que ayudan al público a interpretar las obras (periodistas, críticos, etc.) y los que reflexionan sobre todo el asunto (historiadores del arte, filósofos).

El mundo del arte consiste en la totalidad de roles que acabamos de exponer, con los roles de artista y público en su núcleo. Descrito de un modo algo más estructurado: el mundo del arte consiste en un conjunto de sistemas individuales de dicho mundo, cada uno de los cuales contiene sus propios roles artísticos específicos, más roles complementarios específicos. Por ejemplo, la pintura es un sistema del mundo del arte, el teatro es otro, y así sucesivamente […] Lo que tienen en común todos los sistemas del mundo del arte es que cada uno es un marco o un sistema para la creación de un artefacto para la presentación a un público (Ibíd., pp. 106-107)

Digamos entonces que un artefacto generado al interior del sistema del mundo del arte, es decir creado por artistas o personas a las que se le asigna la posibilidad de desempeñar ese rol, apreciadas por un público consciente, consideradas por directores de museos y marchands y comentadas por los críticos especializados, es una obra de arte, independientemente de sus cualidades o características.

Convengamos en que esta conclusión podría haber escandalizado a la burguesía bienpensante de hace un siglo, pero hoy se desliza peligrosamente hacia el sentido común. En una reseña crítica y lúcida del libro de Dickie, Silvia Schwarzböck afirma

El hecho de que no haya ya un gran relato desde el cual deban ser vistas las obras de arte es algo que el público ha percibido hace tiempo y, de ser posible, le gustaría que alguien se lo explique [...] A Dickie se le olvida que, cuando alguien recurre a la teoría para juzgar una obra de arte, lo que quiere, antes que nada, es saber por qué ese objeto es un objeto artístico. Ese interés no es ni frívolo ni secundario, dado que un objeto artístico es una clase de objeto que la sociedad ha decidido valorar por encima del resto de los objetos, con un criterio que no vale para los demás (Schwarzböck, 2005, p. 14).

El antiesencialismo es un buen punto de partida, una petición de principio imprescindible. Pero sólo cobra sentido si se avanza hacia una historización del objeto que explique cuáles son, en cada caso socio-histórico concreto, los criterios de valoración que hacen que algo (en este caso una obra) se convierta en un hecho institucional determinado (por ejemplo, arte). El "mundo del arte" es todavía una categoría demasiado abstracta, que reclama avanzar hacia una caracterización más precisa.

Ilustración 21: Andy Warhol - "Brillo Box" (1964)

Me parece que –sin ser una desmentida de estas premisas– la sociología de la cultura de Williams es mucho más precisa en este aspecto. En el capítulo "Identificaciones" de *Sociología de la comunicación y del arte* Williams propone el concepto central de *señal* y *sistema de señales* para dar cuenta de lo que convierte a un objeto en obra de arte.

> la primera forma profunda de organización social del arte es [...] la percepción social del arte mismo. Esta percepción es siempre práctica, sea o no seguida por un razonamiento teórico. Un área amplia, y por lo general desconocida de la historia de las artes es el desarrollo de sistemas de señales sociales que indican que lo que ahora se va a hacer accesible debe ser considerado como arte. Estos sistemas son muy diversos, pero entre ellos constituyen la organización social práctica de la primera forma cultural profunda en la cual determinadas artes son agrupadas, destacadas y diferenciadas (Williams, 1982, p. 121).

La idea de señales remite al concepto goffmaniano de *frame*. Las señales más simples, aduce Williams, son las de ocasión y lugar. Una galería o un museo son formas institucionales de señalar el lugar del arte. Por supuesto, los artistas contemporáneos han jugado conscientemente con estas señales y, al hacerlo, muchas veces han creado nuevos sistemas, o señales alternativas. Una obra carente de toda señal, sería simplemente ignorada como obra de arte. De cualquier modo, los casos límite son una minoría y hasta el arte más vanguardista suele rodearse de señales bastante inequívocas:

> con una frecuencia mucho mayor de la que generalmente estaríamos dispuestos a admitir, la señal opera sin cuestionamientos, porque es una manera convencional de responder a lo que de otra forma serían (y puede ser realmente todavía) preguntas difíciles o imposibles de responder, sobre la naturaleza de la obra y el tipo apropiado de respuesta (Ibíd., p. 122).

Las señales no siempre son externas (como la galería mencionada, o el telón en el teatro, el apagarse las luces del cine, etc.) sino que en casos muy interesantes son internalizadas en la obra, y se transforman en convenciones de género. De manera ilustrativa, Williams analiza en su libro el caso del soliloquio en el teatro isabelino y, de paso, plantea los límites o diferencias entre un análisis estrictamente sociológico y uno propio de los estudios culturales: mientras que el primero puede limitarse al análisis institucional del enmarcamiento de la obra (con lo que las características de ésta se tornan indiferentes), el segundo debe aventurarse también en el análisis formal de la misma.

Resumamos a qué punto hemos llegado. Benjamin localizó el ser de la obra de arte en su aura, y ésta en su valor cultual, religioso originalmente, secular luego. El aura estaba asociada directamente a la autenticidad de la obra, es decir a su carácter original, por lo que la reproducción mecánica no podía sino desauratizar a la producción cultural. La distancia entra la obra y la masa se eliminaría y el arte pasaría a ser una herramienta en la construcción de una sociedad socialista. Duchamp y los artistas pop y conceptuales demostraron, sin embargo, que podían utilizar objetos que supuestamente no deberían poseer ningún tipo de aura, y conseguir que sean considerados obras de arte, al punto que se volvió evidente que no existen criterios internos a la obra que indiquen si se trata o no de arte. El aura parecía tener una capacidad de sobrevivencia mucho mayor a la pensada por Benjamin. La filosofía y la sociología del arte responden a esta situación postulando que el carácter artístico se deriva de la posición de la obra en un sistema institucional, para lo cual es crucial que se encuentre señalizada como tal.

Podríamos decir que no estamos tan lejos de Benjamin: si para él el aura surgía de la percepción social de la obra, lo mismo diríamos ahora. Su error, en todo caso, fue sobrevalorar el poder desauratizador de los medios

Ilustración 22: Damien Hirst - "Away from the Flock" (1994)

de comunicación, o no considerar suficientemente la necesidad social de destacar algunos objetos como arte, adaptándose a las condiciones tecnológicas. Una obra de arte, concluimos, debe estar señalizada como tal, y esa señalización es la que le confiere el aura (si mantenemos el valor de este concepto).

3

¿Cómo repercutirán estas condiciones sociales de la práctica artística y del reconocimiento del arte, cuando el medio en que se desarrolla se vuelve virtual? Este es el caso de algunas tendencias actuales del arte contemporáneo, específicamente englobadas en el rótulo de net.art.

De hecho, Internet ha planteado una modificación de las más diversas actividades y esferas y no podía dejar de impactar en la práctica artística. A partir de mediados de lo '90 muchos artistas han venido encontrando en la red un lugar para la formación de comunidades de intereses comunes, para la construcción de proyectos colectivos, pero también para la experimentación en sí.

Como ha sucedido en muchas otras esferas, Internet propició la utopía de una comunicación directa, sin la mediación de instituciones y burocracias administrativas. La relación de los artistas contemporáneos con el mundo del arte ha sido ambigua y al denunciarlo y tratar de conmoverlo con su producción, la mayor parte de las veces lo que hicieron fue presionar contra los límites y descubrir que éstos cedían, como señalaba Danto. El net.art supuso un nuevo round en este combate, y por eso no debe sorprender que la cuestión sea tematizada explícitamente en los manifiestos y seudomanifiestos de la corriente. Natalie Bookchin y Alexei Shulgin afirman del net.art que constituye "el modernismo definitivo", y entre las características que apuntalan esta definición se encuentran:

> Llevar más allá la crítica institucional, con lo cual un artista/individuo puede equivaler o situarse al mismo nivel que cualquier institución o corporación

y también

> Desintegración y mutación entre las figuras de artista, curador, escritor, audiencia, galería, teórico, coleccionista de arte y museo (Bookchin & Shulgin, 1999).

El anhelo modernista de alcanzar la transparencia absoluta, eliminando los roles especializados y evaporando a las instituciones tergiversadoras ("males" potenciados, paradójicamente, por la modernidad) regresa en el momento de expansión de Internet como medio, y ese regreso es doble: por un lado en relación a las corrientes artísticas que han postulado como programa el desenquistamiento del arte, pero también en relación a los proyectos político-comunicacionales que han tratado –la mayor parte de las veces sin éxito– de que cada nueva tecnología comunicacional se convierta en la herramienta democratizadora definitiva (y así sucedió con las radios libres, el video casero, los sistemas de cable locales, etc.).

Por un período de tiempo (la década del 90, sobre todo) reconocemos en una serie de producciones una intención auténtica de asumir las consecuencias de la tan deseada y consecutivamente frustrada fusión de arte y vida, o de la desaparición de la figura del artista como individuo privilegiado que se hace cargo de rescatar simbólicamente los valores reprimidos de la sociedad burguesa por escapar o contradecir la lógica del mundo de la producción racional (Gómez, s. f., p. 5).

Tomemos como ejemplo el trabajo de "La Société Anonyme", un colectivo de artistas anónimos que ha producido un conjunto de obras hacia fines de los '90. Las obras están numeradas, y la que lleva el número 47 (LSA47) es un manifiesto o declaración de principios del grupo –"Redefinición de las prácticas artísticas s.21"– que empieza con la afirmación "No somos artistas, tampoco por supuesto «críticos». Somos productores, gente que produce". La huida del lugar del artista es reflexión crítica sobre el lugar del mismo como producto de un sistema institucional, ya sea por vía de su adscripción ingenua tradicional, como desde la estrategia que se ha vuelto hábito en el siglo xx: el posicionamiento inicial antitético a la institución-Arte como paso preparatorio a su absorción por ella. "Fin de juego para la *herencia Duchamp*", afirman polémicamente.

Cuando el capitalismo se ha vuelto crecientemente inmaterial, internalizando como fuerzas productivas las capacidades de agencia de los seres humanos[12] y acentuando la estetización de la vida social, también el lugar del arte ha de cambiar, salvo que se conforme con "seguir oficiando de chamán de la tribu". El anonimato se condice con la consideración de que el frente de batalla actual –en las condiciones del nuevo capitalismo– se constituye en torno a la cuestión crucial de la propiedad intelectual. En sintonía

---

[12] Y aquí se nota en La Société Anonyme la influencia de los teóricos del post-fordismo como Paolo Virno (2003).

con los movimientos que propician la libertad de la circulación de información, La Société Anonyme afirma que

> es preciso encontrar fórmulas que simultáneamente respeten el derecho de autor y el derecho colectivo de acceso púbico libre y abierto a la totalidad de los saberes y las prácticas de producción simbólica, revisando de forma profunda el concepto de propiedad intelectual. El que manejamos viene heredado de un tiempo en que las nociones de identidad, autoría y propiedad se asentaban en presupuestos juridico-bio-religiosos, y no, como ahora deben replantearse, en función de consideraciones de orden bio-tecno-político (LSA47).

En *Una Imagen Debe Siempre Ser Leída Dos Veces (LSA42)* (http://aleph-arts.org/art/lsa/lsa42/index.htm) realizan una apropiación de la obra de James Coleman *Connemara Landscap*, de 1980. La obra original consistía en la proyección de una única diapositiva que contenía unos trazos lineales muy ambiguos. El eje de la obra, en realidad, estaba en la insistencia que el artista había puesto en que la misma debía ser experimentada como imagen proyectada, prohibiendo cualquier forma de fotografía o grabación. En el mundo de la reproducción generalizada (la misma obra lo era) Coleman trataba de aislar la originalidad de la experiencia de su visualización, para lo cual era auxiliado por los celosos guardias del museo. *LSA42* consiste en la reproducción y puesta en circulación por la web de la grafía de Coleman, acompañada por dos leyendas: la primera dice "Desobedeciendo a James Coleman", pero la segunda es una cita del crítico Michael Newman sobre la obra de 1980: "En tanto que imagen «problema», *Connemara Landscape* funciona como un acertijo visual que posiblemente requiera un salto conceptual para su resolución", con lo cual se muestra el sentido de la intervención de LSA: las posibilidades de difusión global y de construcción colectiva del conocimiento que posibilita Internet son ese salto conceptual que reclamaba el arte contemporáneo.

En 1969 Vito Acconci produjo su obra *Blinks, 1969*, una serie de fotografías tomadas por el artista al caminar por una calle de Nueva York. El artista llevaba la cámara lista para disparar y trataba de no parpadear, caminando calle abajo. Cada vez que parpadeaba, sacaba una foto. La forma de presentación de esta obra (en secuencia, una al lado de la otra, en la pared del museo) es el punto que deconstruyen LSA en su obra *Blinks, 1997. Un homenaje invertido a Blinks, 1969, de Vito Acconci (LSA39)* (http://aleph-arts.org/art/lsa/lsa39/index.htm), proponiendo al espectador una experiencia similar a la de Acconci: que trate de no parpadear y que –al hacerlo– cliquee para pasar a la siguiente foto "de tal manera que será nuevamente una especie restituida de inconsciente óptico el que determine el tiempo y el espacio de su recorrido virtual, el que opere en el acto mismo de la recepción". Aquí son exploradas las potencialidades intrínsecas de Internet como medio cuyo eje es la interactividad.

El net.art, así, surgiría en la intersección de una crítica al lugar institucional del arte (contraponiendo la especificidad del museo a la generalidad expansiva y caótica de la red) y una recuperación/deslumbramiento por las promesas de la interactividad para el borramiento de la frontera autor/espectador. Pero la relación que mantiene el net.art con la institución-Arte es ambigua. Inicialmente la web se postuló como un espacio de construcción de vínculos comunitarios entre los artistas y realización de proyectos evitando la intercesión de museos, galerías y críticos, aún al costo de que las obras de net.art vieran retaceado su reconocimiento como arte, en parte porque sus autores no tenían reconocimiento previo, en parte por la ausencia de sistemas de señales adecuados, y también por las dificultades que presentaba para su inscripción en los dispositivos de institucionalización artística existentes (mercado, museos, galerías)[13]. Estos inconvenientes eran visualizados por algunos de los defensores del net.art como equivalentes a su potencial crítico. José Luis Brea afirma

> Lejos de pensar desde la pretensión del "reconocimiento", o del querer ser apreciada como forma artística, es preciso entonces explorar ante todo el potencial crítico y de cuestionamiento que sobre la misma noción de arte posee el desarrollo de una práctica que, afortunadamente y todavía, se ejerce en los márgenes de lo artístico. Ese potencial reside no en su capacidad de producir hallazgos formales o virtuosismos técnicos, sino precisamente en su capacidad de cuestionar el mismo existir separado de lo artístico en las sociedades actuales, en su capacidad de generar lo que los situacionistas describían como procesos de comunicación directa; en su potencial, en definitiva, para habitar y habilitar zonas temporalmente autónomas, inasequibles –cuando menos por ahora– a su absorción por el orden institucional (Brea, s. f.).

---

[13] Ver la entrevista a la artista Josephine Bosma, bastante ilustrativa de los inconvenientes y dudas que provoca la exposición de obras de net-art en los museos (Heck, s. f.).

net.art: el aura después de Benjamin | 213

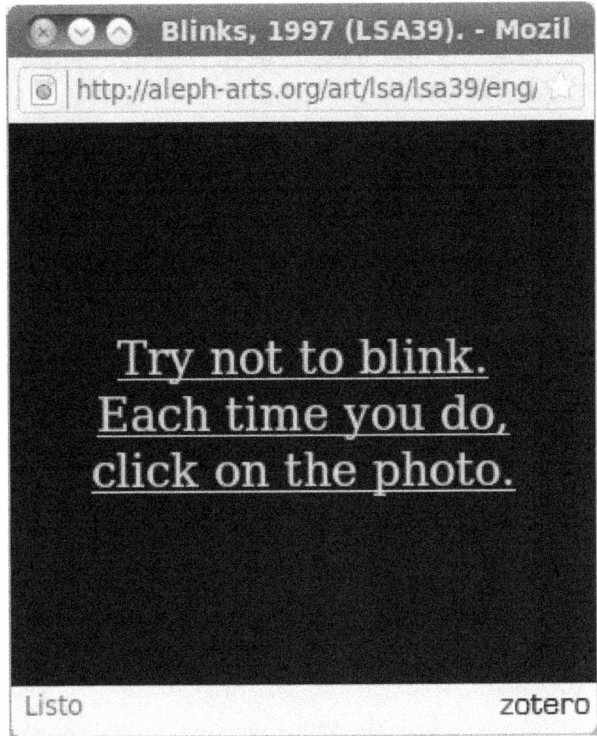

Ilustración 23: La Société Anonyme - "Blinks 1997. A reversed hommage to Vito Acconci's Blinks, 1969 (lsa39)" (1997)

La feliz denominación de "zona temporalmente autónoma" reconoce la capacidad del sistema institucional para dar respuesta a los desafíos que le propone una nueva forma de expresión. De hecho, en los últimos años se ha dado un proceso de creciente institucionalización del net.art. Como ejemplos mencionemos que *äda'web* –uno de los sitios pioneros– pasó ser un componente del Walter Art Center (http://adaweb.walkerart.org/), *rizhome.org* (http://rhizome.org/) es ahora un proyecto institucional del New Museum of Contemporary Art de Nueva York y documenta X (http://www.ljudmila.org/~vuk/dx/) es un componente de la exposición Documenta de Kassel. Como correlato del proceso de concentración que se corrobora en otro tipo de sitios –y de la anexión de Internet como un área más de injerencia de la estrategia de empresas e instituciones, con lo cual se la ha colonizado en un grado importante– la adscripción a museos de estos portales implica una legitimación del net.art, pero también la institucionalización de sistemas de señalización de la producción artísticamente relevante en el campo.

Por otro lado, la interactividad es explorada de maneras diversas. En muchos casos las obras no avanzan mucho más allá de la metáfora de los libros juveniles "Elige tu propia aventura", proponiendo alternativas sobre una estructura más bien simple, pero en otros casos las propuestas demuestran hasta dónde se puede llegar cuando las propiedades de los medios cibernéticos se ponen al servicio de un concepto artístico. *Happier Days* (http://adaweb.walkerart.org/context/hd/), por ejemplo, es un proyecto de Roth Stauffenberg donde se proponen algunas fotos sugerentes y se invita al visitante a colaborar con una historia. La obra, en sí, es la recopilación de las historias enviadas. *Desktop is* (http://www.easylife.org/desktop/) de Alexei Shulgin propuso una recopilación de los escritorios de las computadoras de un grupo de artistas plásticos. Un ejemplo actual es *Go-logo* (http://www.solaas.com.ar/gologo/), de Eric Londaits, proyecto integrante de ReadMe 100, una iniciativa del mismo Shulgin. *Go-logo* genera diseños en forma algorítmica, a partir de los caracteres ingresados por el visitante. Prácticamente en el límite de las posibilidades que brinda la red, el colectivo I/O/D desarrolló un navegador web, el Web Stalker (http://bak.spc.org/iod/), que se alimenta de los sitios y los reconstruye de un modo "rápido, sucio y predador".

Hay otro punto a considerar: el net.art comparte con otras experiencias del arte contemporáneo la problematización de la definición de obra. El abandono de la utilización del marco en la pintura modernista parece una ingenuidad infantil cuando la obra deja la pared y se apropia de un espacio específico, volviéndose *instalación*, pero mucho más cuando se convierte en *performance*. Muchas veces, ésta incluye algún tipo de registro (un video, por ejemplo) pero el resultado es inquietante: resulta claro que el registro es sólo un elemento del conjunto, pero la obra se ha vuelto –justamente– performativa, y la relación registro / performance es de un tipo muy diferente a la que regía el vínculo entre original y reproducción. No todo el net.art cuestiona de la misma manera la definición de obra, pero una parte significativa sí lo hace.

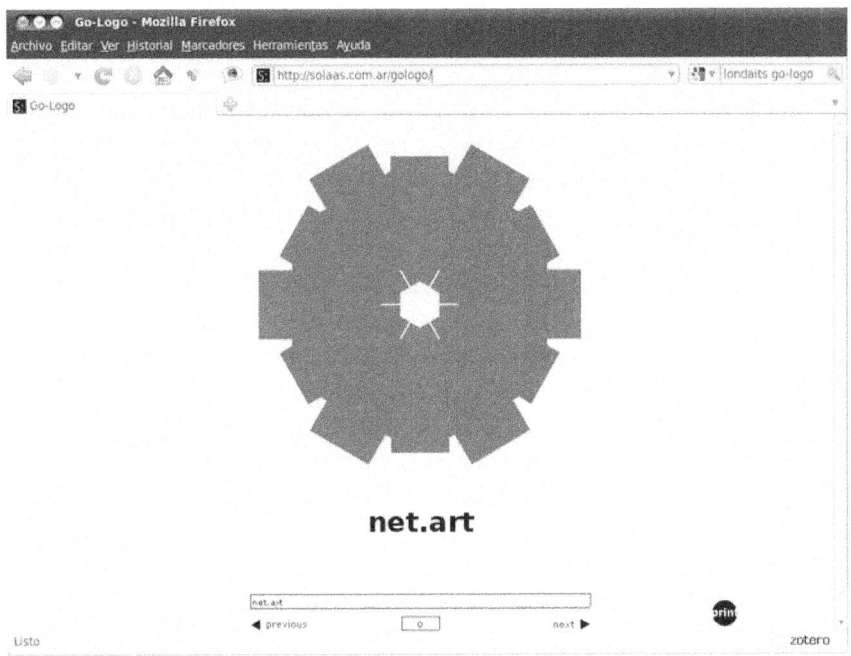

Ilustración 24: Eric Londaits - "Go-Logo" (2005)

Así, David Ross, director del SFMOMA (San Francisco Museum of Modern Art), incluye entre las características definitorias del net.art que sea "puramente efímero, lo opuesto a la cualidad épica. No deja huella. Puede tener la brevedad poética que resume una vida en la conciencia colectiva" (cit. en Tejerizo, s. f.).

Esta característica efímera está asociada, por supuesto, a la ubicuidad del medio y a su misma condición virtual:

> Eso implica por un lado que nada de lo que aquí ocurre tiene lugar propio; que el net.art es literalmente «utópico», es justamente «lo que no acontece en lugar alguno» y, al mismo tiempo, lo que se da en una multiplicidad de espacios, ubicuamente. En todos ellos puede darse a la vez, habitando una multiplicidad de lugares y tiempos, siendo ubicuo y multisíncrono, no teniendo a la vez ni espacio ni tiempo propio, ni aquí ni ahora. En ello pierde definitivamente el «aura», siempre ligada a la percepción de una distancia –que se refiere a una localización, a una «remisión de origen», a las coordenadas de un aquí y un ahora determinados. Justamente eso es lo que el net.art pierde de manera defi-

nitiva, y las consecuencias de este extravío, que ahora definitivamente sí está en trance de cumplirse, son por completo incalculables (Brea, s. f.).

Es obvio que en Internet la pregunta benjaminiana acerca de la relación entre la obra auténtica y su reproducción pierde toda pertinencia, como consecuencia de las transformaciones que provoca la "migración digital" (Vilches, 2001). Si para Benjamin la reproducción proclamaba como su ser la inautenticidad, lo que encontramos en la red es la imposibilidad de definición de los dos polos de esta relación (¿reproducción de qué sería un sitio web?). Más que inauténtico, el net.art proclama una esencia múltiple.

Sin embargo, no me parece apropiado acompañar la conclusión de Brea respecto a que ello implicaría la pérdida definitiva del aura. Los ejes de problematización que plantea el net.art se encuentran asociados íntimamente a los aspectos centrales del arte contemporáneo, se enmarcan en la misma problemática y se referencian en los mismos contextos significantes. De hecho, luego de una etapa inicial de mantenimiento de una identidad "pura", el net.art está confluyendo, tanto institucionalmente como en cuanto a sus características genéricas, en el magma del arte contemporáneo. Como manifiesta la net.artista Josephine Bosma, uno de los mayores referentes del movimiento.

> Tanto las obras como todo lo que esté relacionado con ellas (por tanto también la cultura en la que se encuentran y que generan) probablemente se diluirá en la realidad de cada día, de tal modo que ya no habrá un discurso separado entre el net.art y otras formas artísticas, como hoy ya casi está sucediendo (Heck, s. f.).

Es cierto que el net.art plantea algunos problemas específicos y algunos desafíos especiales para su institucionalización, pero esta especificidad es la que también dificulta su mismo reconocimiento como arte. La profundización de la crítica institucional que pregonan Bookchin y Shulgin, con la correlativa desintegración de las figuras características del mundo del arte, la resistencia a autodesignarse como artistas de La Société Anonyme, o el cuestionamiento de la existencia de lo artístico como esfera separada que Brea asigna como misión al net.art, encuentran sus propios límites en la necesidad imperiosa de que la producción del campo sea reconocida como arte. Es sintomático que las experiencias que aquí comentamos se llamen a sí mismas "arte" desde la denominación de la corriente ("net.art"), los dominios de Internet y los nombres de los sitios, demostrando la urgencia por encontrar marcas de señalización apropiadas, en ausencia de las más tradicionales y usuales (que, como dice Williams, son las de ocasión y lugar). También es un indicio de este proceso la adscripción de los sitios y net.artistas a centros reconocidos, otorgadores de legitimidad, e incluso el traslado de las experiencias a ambientes físicos suficientemente señalizados como contenedores del arte contemporáneo (museos, bienales, ferias[14]).

La relación con la "obra en la pantalla" puede implicar una menor distancia, si pensamos que un exponente del net.art puede experimentarse en pantuflas y con un trozo de pizza en la mano, pero en la medida en que nos sorprende y nos cuestiona acerca de nuestro lugar, en la medida en que depositamos en ella expectativas estéticas, en la medida –si se quiere– que aparecen señalizadas contra el fondo de lo cotidiano, entonces mantienen algo de ese valor cultual que toda sociedad necesita asignar a algunos objetos. Si es cierto –como afirmaron algunos posmodernistas– que estamos en la época del "pensamiento débil" –pero eso no quiere decir que el pensamiento hay desaparecido– entonces el net.art es el ejemplo más acabado de un arte con "aura debilitada".

---

[14] En la última edición de arteBA, por poner un ejemplo cercano, se incluyó la galería *Magazine in situ*, de Alicia Herrero, que funcionaba sólo por Internet.

Recursos

Testigo del momento
http://aleph-arto.org/
Según informa el mismo sitio, aleph.org fue un proyecto dedicado al net.art, pensamiento y crítica de las nuevas prácticas artísticas en Internet que se desarrolló entre 1997 y 2002, por iniciativa de la Asociación Cultural aleph, con dirección editorial de José Luis Brea y artística de La Société Anonyme. El sitio se encuentra aún on line, y es un buen reservorio de obras y de textos críticos.

Reflexiones agudas
http://goo.gl/eP2LSl
José Luis Brea, teórico y crítico de la cultura español fallecido en 2010, fue uno de los principales animadores de la escena en castellano del net-art. Sus principales textos sobre el tema fueron reunidos en el libro *La era postmedia: acción comunicativa, prácticas (post)artísticas y dispositivos neomediales*, de acceso libre en la web.

Museos virtuales
http://www.guggenheim.org/
http://www.macba.com.ar/
Existen numerosos museos dedicados al arte contemporáneo en todo el mundo, y todos tienen excelentes sitios web para visitar y conocer sus exposiciones e historia. Para botón de muestra, se pueden visitar los sitios del Museo Guggenheim de New York (verdadera institución faro del campo) y del recientemente creado Museo de Arte Contemporáneo de Buenos Aires.

Museo Guggenheim

MACBA

Capítulo 13

Más allá de la conquista de la cultura

Introducción

El presente ensayo tiene origen en reflexiones provocadas (en la amplia polisemia de este término) por algunas ideas de Héctor Schmucler, presentes en sus textos y en su enseñanza. Mi objetivo es poner en funcionamiento algunas categorías del pensamiento de Max Horkheimer y Theodor Adorno, específicamente las que hacen a lo que denominaron desarrollo del pensamiento objetivante o "Dialéctica de la Ilustración" y confrontarlas con ciertos aspectos de las sociedades de comienzos del tercer milenio, así como con autores y reflexiones que tratan de analizarlas.

En la visión de los frankfurtianos el Iluminismo, surgido del espanto y el miedo provocados por la sujeción a las fuerzas telúricas, se ha lanzado desde tiempos inmemoriales a una conquista sin fin, buscando el completo dominio de la naturaleza y la sujeción de toda manifestación de autonomía que pudiera implicar una amenaza a su seguridad. El siglo xx era para ellos el punto de llegada de esta larga travesía, con la conquista de la cultura, travestida en industria cultural, y con la explicitación de lairracionalidad subyacente a la razón subjetiva: la regresión del iluminismo a la mitología y la aparición de "un nuevo género de barbarie".

Las postrimerías del siglo xx y el inicio del actual han presentado nuevos desafíos y parecieran mostrar que los campos de conquista del pensamiento objetivante aún no se han detenido. A partir de algunas sugerencias contenidas en un artículo de Héctor Schmucler, trato de analizar como nueva etapa la que él denomina "industria de lo humano", es decir la conquista de la vida posibilitada por las terapias de modificación genética, así como las conexiones subyacentes con la más general noción de "biopolítica". En el apartado final analizo la incorporación de las habilidades comunicativas y lingüísticas de los seres humanos a los actuales modelos de organización de la empresa capitalista. Si bien algunas reflexiones contenidas en los textos y en las clases del profesor Schmucler se encuentran en el punto de partida de mis propias reflexiones, no siempre son iguales los puntos de arribo.

La conquista de la cultura

En la década de 1940, Max Horkheimer y Theodor Adorno diagnosticaron las causas profundas de la barbarie a la que había arribado la civilización occidental, y establecieron las mismas en lo que denominaron "pensamiento objetivante", realizando una particular relectura del tema weberiano de la racionalización y el desencantamiento del mundo, relectura que expandió el ámbito de este proceso, tanto en sentido temporal –al rastrear su inicio en el origen mismo de la especie– como conceptual –abarcando tanto la actitud objetivante frente a la naturaleza externa como así también la represión de la naturaleza interna–.

En la actitud de dominio de la naturaleza ya se encuentra implícito el punto de vista por el cual el hombre se separa de ella de una manera conflictiva, y la redefine en términos instrumentales. Separarse de la naturaleza, y ponerla bajo el dominio humano, ha sido una aspiración de la especie, explicable desde el espanto y el sufrimiento que ha supuesto en los primeros hombres la sumisión a las fuerzas naturales. Este proceso ha tenido sus costos:

> La humanidad ha debido someterse a un tratamiento espantoso para que naciese y se consolidase el Sí, el carácter idéntico, práctico, viril del hombre, y algo de todo ello se repite en cada infancia. El esfuerzo para mantener unido el yo abarca todos los estadios del yo, y la tentación de perderlo ha estado siempre unida a la ciega decisión de conservarlo (Horkheimer & Adorno, 1987, p. 49).

Es factible hipotetizar que las pinturas rupestres de los primeros *homo sapiens* ya eran una forma de intentar un dominio de la naturaleza, por vía de su adscripción a una mitología. El mito vuelve legible la naturaleza y la ordena, si bien al costo de limitar la acción de dominio a los siempre inseguros medios mágicos. Pero en la perspectiva de Adorno y Horkheimer, siempre los diferentes instrumentos que los hombres han utilizado en esta empresa reprodujeron a su turno las condiciones de partida.

> La mitología misma ha puesto en marcha el proceso sin fin del iluminismo, en el que, con necesidad ineluctable, toda concepción teórica determinada cae bajo la acusación destructora de no ser más que una fe, hasta que también los conceptos de espíritu, verdad e incluso iluminismo quedan relegados como magia animista (Ibíd., p. 24).

Se entiende así que, a renglón seguido, el Iluminismo se haya propuesto como programa "quitar el miedo a los hombres y convertirlos en amos [y, para conseguirlo,] disolver los mitos y confutar la imaginación" (Ibíd., p. 15). En su expansión, el Iluminismo, el "pensamiento en continuo progreso" derivará en el imperio siempre creciente de aquello que Horkheimer había llamado "razón subjetiva" (en contraposición a la "razón objetiva") o "razón instrumental": un modo de pensamiento que sólo puede afirmar la racionalidad de los medios, pero no ya de los fines de la acción humana.

Si bien la razón subjetiva inició su camino como acompañante metódico de las aventuras del Iluminismo —y por lo tanto puede rastrearse hasta los orígenes de la civilización occidental—, es en la Modernidad cuando su hegemonía se volvió tal que pasó a convertirse en sinónimo del comportamiento racional, sin más. Se volvió la noción de sentido común de razón, y así Horkheimer pudo empezar *Crítica de la razón instrumental* diciendo que se ha llegado a un punto en el que

> Urgido por dar una respuesta, el hombre medio dirá que, evidentemente, las cosas razonables son las cosas útiles y que todo hombre razonable debe estar en condiciones de discernir lo que es útil (Horkheimer, 2007, p. 15).

Pero la misma concepción que sostiene la afirmación del hombre común se encuentra en el núcleo del pensamiento científico y, de hecho, la afinidad entre positivismo y sentido común ha sido señalada en numerosas ocasiones. Ya en su artículo programático "Teoría tradicional y teoría crítica" Horkheimer había apuntado a las limitaciones de la ciencia positivista que hacía hincapié en la sistematicidad de las proposiciones[1] pero descon-

---

[1] El concepto de ciencia presente en Husserl, en quien Horkheimer encuentra a "la lógica más avanzada de nuestros días" es radicalmente limitativo. Para él "Ciencia es «cierto universo de proposiciones que surge de modo constante de la actividad teórica, y en cuyo orden sistemático un cierto universo de objetos alcanza su determinación». El que

fiaba profundamente de la búsqueda de principios generales, con lo cual se obturaba la misma posibilidad de dar sentido a su accionar o, como dirá más tarde, "la ciencia misma no sabe porqué ella ordena precisamente en esa dirección los hechos y se concentra en determinados objetos y no en otros" (Horkheimer, 1986, p. 56).

Ahora bien, en el Horkheimer de los años '30 había una propuesta de construcción de una ciencia social crítica alternativa al proyecto positivista. Horkheimer había podido afirmar que, frente al cientificismo positivista,

> hay un comportamiento humano que tiene por objeto la sociedad misma. No está dirigido solamente a subsanar inconvenientes, pues para él estos dependen más bien de la construcción de la sociedad en su conjunto. Si bien se origina en la estructura social, no está empeñado, ni por su intención consciente ni por su significado objetivo, en que una cosa cualquiera funcione mejor en esa estructura. Las categorías de mejor, útil, adecuado, productivo, valioso, tal como se las entiende en este sistema, son, para tal comportamiento, sospechosas en sí mismas, y de ningún modo constituyen supuestos extracientíficos con los cuales él tenga nada que hacer (Horkheimer, 2007, pp. 239-240).

Esta perspectiva propositiva parece haber desaparecido diez años después, para la época de *Crítica de la razón instrumental*. Hacia fines de la década del '40, Horkheimer se había convencido de la imposibilidad de frenar el avance de la razón subjetiva hacia la sociedad totalmente administrada. Las consecuencias de este deslizamiento desde la razón objetiva a la subjetiva son claramente políticas: si ya no es posible, dado el imperio de la razón subjetiva, sostener ningún fundamento como racional, entonces quedarán también en entredicho –y necesariamente– los principios mismos que han sustentado la democracia. Ideas como la libertad individual, la igualdad ante la ley o el respeto a la vida sólo podrán sostener su validez, argumenta Horkheimer, si demuestran ser los mejores medios para la obtención de un fin ulterior (la paz social, por ejemplo), pero siempre quedarán expuestas a la posibilidad de que otros mecanismos demuestren una eficacia mayor. Como hoy ya no es posible establecer la racionalidad de los fines en función de algún tipo de orden natural o divino, entonces resulta imposible dar cuenta de los motivos últimos de la propia acción. O, inclu-

---

todas las partes, sin excepción y sin contradicciones, estén encadenadas las unas con las otras, es la exigencia básica que debe cumplir cualquier sistema teórico. La armonía de las partes, que excluye toda contradicción, así como la ausencia de componentes superfluos, puramente dogmáticos, que nada tienen que ver con los fenómenos observables, son señaladas [...] como condiciones imprescindibles" (Horkheimer, 2007, p. 225).

so, cualquier fin puede volverse legítimo. Tomando como caso ejemplar la obra del marqués de Sade, como instancia límite en la cual la racionalidad se ponía al servicio de la contracara exacta de los valores de la tradición del cristianismo, Adorno y Horkheimer mostraron el destino del programa iluminista, si éste es llevado a su extrema consecuencia:

> Sade aceleró la disolución de los vínculos [...]: la crítica a la solidaridad con la sociedad, al trabajo, a la familia, hasta proclamar la anarquía. Su obra desenmascara el carácter mitológico de los principios sobre los que –para la religión– descansa la civilización, el decálogo, la autoridad paterna, la propiedad [...]. Cada uno de los diez mandamientos recibe la demostración de su nulidad ante el tribunal de la razón formal (Horkheimer & Adorno, 1987, p. 141).

La instauración plena de la racionalidad instrumental desembocaba en el siglo XX, a juicio de los frankfurtianos, en dos experiencias distintas pero íntimamente vinculadas: la producción y consumo de una cultura masiva y el establecimiento del terror totalitario[2].

Cultura y pensamiento objetivante

La producción industrial de la cultura abandonará la pretensión que había acompañado siempre a la obra de arte autónoma, esa "promesa de bienestar" (en la afirmación de Stendhal que se cita a menudo en los textos de Adorno, y también de Benjamin), para retroceder hasta ocupar un rol privilegiado en el sostenimiento de las estructuras de dominio del capitalismo avanzado.

En el siglo XX, la cultura también se vuelve una cosa razonable, es decir útil. Su misión es el "entretenimiento" de las masas y para ello el pensamiento objetivante desarrollará sistemas que calcularán los efectos y volverán eficiente la producción industrial de la cultura. La reducción de la complejidad de la vida a un manojo de estereotipos que harán las veces de piezas en las cadenas de montaje de la industria cultural es la muestra más acabada de este proceso.

---

[2] En un aforismo redactado algunos años después, Horkheimer reafirmaba su convencimiento en esta interconexión: "La democracia, cuyos votantes no son a la vez esclarecidos y humanizados, debe caer víctima finalmente de los propagandistas más inescrupulosos. El desarrollo de los medios de influencia sobre las masas como diarios, radio, televisión, encuestas, ligado a la influencia recíproca con el retroceso de la instrucción, deben llevar necesariamente a la dictadura y al retroceso de la humanidad" (Horkheimer, 1976, pp. 81-82).

En el pensamiento cultural de la teoría crítica, la pobreza de la cultura masiva no deriva de las supuestas limitaciones de sus destinatarios[3], y tampoco de que constituyan formas desviadas, atrasadas o bárbaras, como la crítica conservadora la ha querido caracterizar. Al contrario, la industria cultural se ubica en el punto más avanzado del imperio de la racionalidad instrumental. Si Kant había asignado al sujeto el papel de deslindar, en la multiplicidad de las formas sensibles, las estructuras subyacentes (que correspondían a los conceptos fundamentales del orden de la razón), la industria permitirá ahorrarle este esfuerzo a su público. Ya no será necesaria la operación del esquematismo porque el sujeto se enfrentará a los esquemas mismos, ya depurados de toda singularidad. Los productos estarán predigeridos, conceptualmente los mensajes serán todos iguales, aludirán a los mismos esquemas de producción; por lo que sus diferencias se trasladarán al campo del costo de realización de los mismos.

> Kant ha anticipado intuitivamente lo que ha sido realizado conscientemente sólo por Hollywood: las imágenes son censuradas en forma anticipada, en el momento mismo en que se las produce, según los módulos del intelecto conforme al cual deberán ser contempladas (Horkheimer & Adorno, 1987, p. 105).

La misión de la industria cultural no se cumplirá sólo por la presencia de un mensaje que refuerza el estado de cosas imperante, aunque éste exista[4], sino más precisamente por la estructura misma de sus productos, que permite convertir el ámbito del ocio en un espacio de reproducción del sistema de trabajo:

> La mecanización ha conquistado tanto poder sobre el hombre durante el tiempo libre y sobre su felicidad, determina tan íntegramente la fabricación de los

---

[3] En *Televisión y cultura de masas* (2002) Adorno demostrará que la cultura popular inglesa de los siglos XVII y XVIII, que provee gran parte de las tramas y personajes comunes en las ficciones de la industria cultural, no poseía como característica esta pobreza. Las tramas de Defoe y Richardson eran más imprevisibles y los personajes mostraban cierta ambivalencia psicológica, elementos hoy ausentes.

[4] Aunque su objetivo explícito sea la diversión, los productos de la industria cultural no desaprovechan la oportunidad de reforzamiento ideológico, ya sea en su superficie o en aquellos estratos de significación de los que Adorno afirma que son significaciones, antes que inconscientes, "calladas". Recordemos que la ideología nunca está oculta en sí, sino que se ocultan sus cimientos reales ("mostrar un sistema de producción e intercambio como si fuera sólo uno de intercambio"). La ideología está a la vista de todos: una serie de teorías, imágenes, representaciones y discursos son productos de las relaciones ideológicas que los sujetos contraen con sus propias condiciones de existencia (Eagleton, 1997).

productos para distraerse, que el hombre no tiene acceso más que a las copias y a las reproducciones del proceso de trabajo mismo. El supuesto contenido no es más que una pálida fachada; lo que se imprime es la sucesión automática de operaciones reguladas. Sólo se puede escapar al proceso de trabajo en la fábrica y en la oficina adecuándose a él en el ocio (Ibíd., p. 165).

La apelación que trata de justificar a la industria cultural afirmando que "es lo que la gente quiere" resulta así totalmente falaz, ya que el público es producido, en sus expectativas, actitudes, predisposiciones y deseos, por el mismo sistema. El ansia de dominio del Iluminismo ha sojuzgado la amenaza de autonomía que siempre supuso el arte.

La colonización de la vida

El desarrollo del Iluminismo no parece haber encontrado aún su límite. En los últimos años de su vida Horkheimer afirmó que "al final, si alguna catástrofe no destruye la vida por completo, habrá una sociedad totalmente administrada" (Horkheimer, 1986, p. 65). ¿Cómo continuar el diagnóstico de los frankfurtianos, si asumimos su validez, al menos como hipótesis de trabajo? ¿Qué campo de sujeción invadirá el pensamiento objetivante, el frío cálculo de medios y fines, una vez asegurada la conquista de la cultura?

Héctor Schmucler sugiere una línea al respecto, de consecuencias perturbadoras:

> La industria cultural significaba la eliminación de cualquier forma de autonomía de la creación humana. La industria de lo humano, que encuentra en la manipulación genética su expresión más destacada, va más lejos: admite la posibilidad de concluir con la libre apertura al mundo como rasgo indelegable de los seres humanos. Si la cultura no resiste su transformación en puro objeto productivo, la humanidad misma se desvanece cuando se postula la posibilidad de predeterminar el comportamiento de los hombres (Schmucler, 2001, p. 10).

Si la imaginación distópica de los escritores de ciencia ficción del siglo XX parecía proponer sus pesadillas como alusiones a las tendencias más deshumanizantes de las sociedades contemporáneas, el inicio del siglo XXI está volviendo literales esas metáforas. El biólogo molecular Lee Silver, de la Universidad de Princeton, a partir del reconocimiento de que los costos que suponen tecnologías como la modificación genética hereditaria las harán accesibles sólo a los sectores más ricos de la población, ha llegado a postular un futuro en el que se diferenciarán nítidamente los "GenRich" (ricos en genes) y los "Naturales":

> Todos los aspectos de la economía, la prensa, la industria del entretenimiento y el conocimiento industrial serán controlados por los miembros de la clase GenRich... Los Naturales trabajarán como proveedores de servicios o trabajadores con pagos bajos... [Eventualmente] la clase GenRich y la clase Natural serán especies completamente separadas sin habilidad de poder cruzar las especies entre sí y con el mismo tipo de interés romántico uno en el otro que el que el actual humano tiene por un chimpancé. (Centro para la Genética y la Sociedad (CGS), 2005b, pp. 113-114).

Si este futurible es de por sí aterrador, aún más lo es la manera en que Silver justifica la aplicación de estas tecnologías, de las que es claramente consciente de sus resultados. La sociedad norteamericana, argumenta, privilegia el principio de que el destino de las personas está asociado tanto a su libertad personal como a su fortuna personal. Si, de hecho, los jóvenes provenientes de las clases acomodadas acceden a posibilidades educativas negadas a los pobres, lo que se traducirá más tarde en su inclusión en los círculos dirigentes de la economía y la política del país; entonces el uso de las tecnología de modificación genética vendrá simplemente a prolongar esta racionalidad social fundante. En sus palabras: "en una sociedad que valora la libertad individual sobre todo lo demás, es difícil encontrar una base legítima para restringir el uso de reprogenéticas" (cit. en Ibíd., p. 114).

Para ser más claros, basta con acudir a las palabras de Lester Thurow, economista del MIT:

> Supongamos que los padres pueden aumentar 30 puntos el coeficiente intelectual de sus hijos ¿No les gustaría hacerlo? Además, si no lo hicieran, su hijo sería el más estúpido del vecindario (cit. en Ibíd., p. 114).

La eugenesia, como ideología subyacente en las amenazas que suponen los usos extremos de las tecnologías de modificación genética, es la expresión más cabal de una ciencia que no puede dar cuenta de los fines que persigue, preocupación que atravesó longitudinalmente la larga reflexión de la teoría crítica. Abandonada la posibilidad de definir racionalmente los fines, éstos son impuestos por el deseo de dominio o –lo que termina siendo otra forma del mismo– por la lógica irracional del mercado.

La utilización de terapias genéticas para la selección del género previa al embarazo, que ya está empezando a comercializarse en EE.UU., muestra la trivialidad subyacente a "lo que quiere la gente", al mismo tiempo que su condición de vanguardia de un modelo social que parece calcado del "Mundo Feliz" de Huxley.

Si esta forma de selección se vuelve la norma, no habrá ningún cimiento ético ni moral sobre el cual oponerse a futuras selecciones eugenésicas de color de piel, estatura o tipo de musculatura. La selección sexual abre la puerta a un futuro tecno-eugenésico comercializado de bebés diseñados y combinados como accesorios (Centro para la Genética y la Sociedad (CGS), 2005a, p. 192).

Pero ¿cuál es la lógica de esas selecciones?, o, nuevamente, ¿qué esconde lo que la gente quiere? Los históricos puntos de contacto entre la ciencia eugenésica y las más brutales formas del racismo, renacen en los actuales opositores a cualquier forma de control social de las terapias genéticas, y se patentizan aún más claramente en sus visiones del futuro.

Desde una perspectiva eugenésica, la ciencia de la manipulación genética anunciaba su futuro apoyada en una ideología a la que casi nadie ponía obstáculos: el progreso. Las nociones de raza y racismo –difícilmente separables de la eugenesia– tienen un espacio común con la creencia en el progreso que la Modernidad hizo posible (Schmucler, 2001, p. 14).

El racismo, el eurocentrismo y el darwinismo social se patentizaban en el sostén ideológico de la vieja eugenesia, pero también de la actual. Jurema Werneck (Secretaria Ejecutiva de la Articulación de Mujeres Negras de Brasil) ha señalado las "llamativas coincidencias" existentes en las formulaciones y prácticas eugenésicas, donde las iniciativas se desarrollan en el cuerpo de la mujer y son encabezadas por hombres de grupos raciales o étnicos considerados superiores (blancos occidentales) provenientes de los países del hemisferio norte, mientras que las mujeres sometidas a intervenciones pertenecen a grupos considerados inferiores y viven en países y regiones sometidos a la pobreza y la explotación económica.

Desafiadas por la generación de múltiples vulnerabilidades, [las mujeres negras] nos vemos obligadas a invertir nuestras pautas políticas a fin de dar respuesta a los ambiciosos proyectos de científicos, empresas y consumidores (e incluso algunos sectores del movimiento feminista) de los países blancos del norte. Esto, al mismo tiempo que estamos inmersas en nuestras propias demandas de justicia y del fin del racismo y la desigualdad de género, de acceso a los bienes sociales, al agua potable, a un ambiente sano, de lucha contra el hambre y la pobreza, de control de la epidemia de VIH/sida, entre otras cosas (Werneck, 2005, p. 204)[5].

Biopolítica, control y la nueva definición de libertad

El pensamiento objetivante no se detiene ante lo sagrado de la vida y convierte a la misma naturaleza humana en objeto de un cálculo racional de medios y fines. Se tratará, entonces, de la producción de la vida humana misma. En un registro algo diferente, pero plenamente coincidente, Michel Foucault se centró en esta problemática al proponer la noción de biopolítica[6]. No es menor que localice ejemplarmente el origen de esta tecnología

---

[5] Por eso es que resulta tan difícil –cuando nos ubicamos en una posición geográfica, cultural e ideológica muy diferente- compartir las apreciaciones que realiza Robert Nisbet sobre la noción de progreso: "Por muchas corrupciones que haya experimentado la idea de progreso [...], sigo convencido de que esta idea ha contribuido más que cualquier otra, a lo largo de veinticinco siglos de la historia de Occidente, tanto a fomentar la creatividad en los más diversos campos como a alimentar la esperanza y la confianza de la humanidad y de los individuos en la posibilidad de cambiar y mejorar el mundo" (Nisbet, 1996, pp. 24-25).
Es más difícil aún cuando Nisbet cuenta entre estas "corrupciones" la misma confianza en el progreso que exhiben "las naciones que constituyen las más terribles amenazas que pesan sobre la cultura occidental y sus valores espirituales y morales" (Ibíd., p. 26), un discurso que se ubica a un tris de postular el "Eje del mal". Es difícil realizar el esfuerzo de salvar la noción de progreso sin sucumbir a una defensa dogmática y conservadora de los "valores de la civilización occidental", es decir sin retroceder a un eurocentrismo retrógrado. Nisbet no lo consigue, aunque incluso es dudoso que lo intente. Las alusiones al texto de T. S. Eliot "Notas para la definición de la cultura" y su defensa de la tradición, lo muestran cómodo con posiciones claramente conservadoras, algo un tanto paradójico para un defensor de la idea de "progreso". Tal vez, justamente, sea aplicable a Nisbet lo que Raymond Williams dijo de Eliot, hace ya medio siglo: "lo que es muy claro en el nuevo conservadurismo es que una genuina objeción teórica al principio y los efectos de una sociedad individualista «atomizada» se combina y debe combinarse con la adhesión a los principios de un sistema económico fundado precisamente en ese punto de vista individualista «atomizado»" (Williams, 2001, p. 204). O, dicho más claramente, "tira la piedra, pero esconde la mano".

[6] Si bien pareciera que Foucault sólo muy tardíamente estudió a los frankfurtianos, existen puntos de vinculación más que interesantes. En un artículo sobre estas zonas de contacto Henri Leroux señala que "Foucault elogia a Frankfurt por intentar captar el punto exacto; en el que estamos, de nuestra historia, que es –y esa es para él la gran problemática moderna- la que sin artificios hace el balance exacto sobre la razón" (Leroux, 2006, p. 65). Y, de hecho, "puede decirse que el intento de Foucault de reconsiderar su doctrina del poder [presente en sus trabajos finales sobre la hermenéutica del sujeto] corresponde a un deseo de validar la visión «pesimista» de la evolución [que posee] Frankfurt –la única apta para tomar la medida trágica de la

de poder en el quiebre que suponen las concepciones fisiocráticas frente a las mercantilistas. Las últimas postulaban –en relación al problema crucial del grano y la escasez– una serie de reglamentaciones tendientes a asegurar un grano abundante y barato, a partir de que los salarios sean los más bajos posibles. De esta manera esperaban contar con un conjunto de mercancías comercializables a bajo costo, las que –al ser vendidas en el extranjero– permitirían importar grandes cantidades de oro, con el objetivo final de fortalecer la riqueza del Estado. Las sucesivas crisis de escasez mostraron la fragilidad del razonamiento, y llevaron a los fisiócratas a una argumentación en todo diferente: la eliminación de las reglamentaciones permitiría un alza del precio del grano, induciendo a los campesinos a ampliar sus cosechas y alentando a los intermediarios a no acapararlo. El precio no subiría de manera indefinida, sino que alcanzaría un nivel óptimo tanto para su siembra como para su consumo, eliminando el problema de la escasez y su potencial peligro, la rebelión. El paso del mercantilismo a los fisiócratas es el pasaje desde la aplicación del sentido común (y el deseo del soberano) a la aplicación de los principios racionales de la ciencia o, en lo términos de Foucault, el paso de los mecanismos de la soberanía y la disciplina a los de la seguridad y el gobierno.

> Será preciso manipular, suscitar, facilitar, dejar hacer; en otras palabras, será preciso manejar y ya no reglamentar. El objetivo esencial de esa gestión no será tanto impedir las cosas como procurar que las regulaciones necesarias y naturales actúen, e incluso establecer regulaciones que faciliten las regulaciones naturales (Foucault, 2006, pp. 403-404).

Vale decir, la biopolítica nace cuando el dogma queda sustituido por el conocimiento científico de la naturaleza, pero un conocimiento que no aparece de ningún modo desinteresado, sino que busca poner al servicio del poder, encauzándolos, los procesos naturales. Para lograr esto, es necesario favorecer que estos procesos se desarrollen sin restricciones voluntaristas. Paradójicamente, "un dispositivo de seguridad [...] sólo puede funcionar bien con la condición de que se dé algo que es justamente la libertad" (Ibíd., p. 71). Así, se está en condiciones de pasar del derecho sobera-

---

época– pero para plantear el desafío, incluso en esas condiciones extremas, de volver a dar a la razón autónoma su naturaleza propia" (Ibíd., p. 57). Curiosamente, Leroux presenta una versión del filósofo francés mucho menos estructuralista y opresiva que las que circulan corrientemente y que suelen finalizar en la interpelación: "¡Pero entonces usted cree que no es posible salirse del poder!", paso previo al nihilismo político, o al abandono de Foucault como pensador que aporte algún tipo de productividad política.

no feudal –que aún cuando proponía su imperio sobre la vida y la muerte, sólo alcanzaba a efectivizarse como derecho de hacer morir o dejar vivir– a un dispositivo totalmente nuevo: el de hacer vivir y dejar morir.

> La biopolítica tiene que ver con la población, y ésta como problema político, como problema a la vez científico y político, como problema biológico y problema de poder [...] En los mecanismos introducidos por la biopolítica, el interés estará en principio, desde luego, en las previsiones, las estimaciones estadísticas, las mediciones globales; se tratará, igualmente, no de modificar tal o cual fenómeno en particular, no a tal o cual individuo en tanto que lo es, sino, en esencia, de intervenir en el nivel de las determinaciones de esos fenómenos generales, esos fenómenos en lo que tienen de global [...] No se trata, en absoluto, de conectarse a un cuerpo individual, como lo hace la disciplina. No se trata en modo alguno, por consiguiente, de tomar al individuo en el nivel de detalle sino, al contrario, de actuar mediante mecanismos globales de tal manera que se obtengan estados globales de equilibrio y regularidad; en síntesis, de tomar en cuenta la vida, los procesos biológicos del hombre/especie y asegurar en ellos no una disciplina, sino una regularización (Foucault, 2000, pp. 222-223).

En la modernidad, dirá Foucault, el poder descubre que su mandato se ejerce no simplemente sobre un grupo humano más o menos numeroso, sino sobre seres vivos regidos o atravesados por leyes biológicas, que éstos también son ámbitos de ejercicio del poder. Estas tecnologías se concentrarán en la regulación de los aglomerados humanos en forma despersonalizada: el urbanismo, la higiene pública, las políticas encaminadas a modificar las tasas de natalidad o mortalidad, van en esta vía. Cierto, las regulaciones biopolíticas actúan sobre los procesos vitales en el nivel de la población, mientras que las técnicas eugenésicas no pueden (aún) prescindir de los cuerpos individuales. Pero esta observación, antes que cuestionar la relación, sugiere que el vínculo entre las tecnologías disciplinarias y las regulaciones poblacionales se vuelve, en las sociedades de comienzos del tercer milenio, aún más íntimo que el que suponía Foucault.

El nuevo modelo social –*sociedades de control* las denomina Gilles Deleuze– permite la proliferación de la libertad, pero a condición de que ésta se encauce rigurosamente. Ya no se trata de limitar los movimientos por medio del encierro, sino de permitir los desplazamientos, pero en el marco de una grilla ya definida, aunque prácticamente invisible[7]. Si el modelo de

---

[7] A riesgo de forzamiento, puede echarse mano a la diferenciación que hace Anthony Giddens (1986) entre conciencia discursiva y conciencia práctica: si el encierro disciplinario opera en el nivel de la conciencia discursiva ("a la vista" de los sujetos del

las sociedades disciplinarias implicaba retener los cuerpos, ahora se trata de liberarlos, incluso de sus limitaciones biológicas[8] y genéticas, mientras que lo que aparece retenido es el uso/disfrute de ciertos bienes o servicios. De ahí que el *acceso* se vuelva una categoría central tanto de las estrategias del capitalismo global (Rifkin, 2000), como de las mismas reivindicaciones de los trabajadores y –justamente– *excluidos*. Después de todo, los hombres siempre viven las relaciones con sus condiciones de existencia en el marco de la ideología dominante, lo que lleva a que "las masas tienen ahora lo que quieren y reclaman obstinadamente la ideología mediante la cual se las esclaviza" (Horkheimer & Adorno, 1987, p. 162).

En las sociedades de control

> los mecanismos de comando se tornan aún más "democráticos", aún más inmanentes al campo social, distribuidos a través de los cuerpos y las mentes de los ciudadanos. Los comportamientos de inclusión y exclusión social adecuados para gobernar son, por ello, cada vez más interiorizados dentro de los propios sujetos. El poder es ahora ejercido por medio de máquinas que, directamente, organizan las mentes (en sistemas de comunicaciones, redes de información, etc.) y los cuerpos (en sistemas de bienestar, actividades monitoreadas, etc.) hacia un estado de alineación autónoma del sentido de la vida y el deseo de creatividad (Hardt & Negri, 2000, p. 25).

La "apertura al mundo", entonces, continuaría e incluso sería en algún modo potenciada[9], pero lo haría de una manera tan radicalmente redefinida y tan profundamente funcional a los objetivos del capitalismo transnacional, que vuelve problemática la misma definición de "libertad".

¿Cómo no ver en la ambición eugenésica de producción de cuerpos "perfectos" (en relación a una matriz de presupuestos ideológicos acerca de dicha perfección), o en la modulación de las sociedades de control, siempre dispuestas a ofrecer mayores dosis de libertad a cambio de que las elecciones se den en el sentido querido por el poder, nuevos vectores de desarrollo del pensamiento objetivante denunciado por Adorno y Horkheimer?

---

mismo), las sociedades de control actúan en el registro de la conciencia práctica, con lo que vuelven más difícil volver evidente la existencia de sus dispositivos (aunque la misma, si no explicada, es experimentada por los sujetos).

[8] Es parte de la misma lógica que estamos comentando la expansión de las cirugías plásticas al punto de que se esté hablando de la existencia de adictos a las mismas.

[9] Como sucede con las tendencias actuales del *management* que acentúan la actitud positiva, la motivación, la creatividad y cierta autonomía para la toma de decisiones (*empowerment* o "empoderamiento" ya sea de los empleados, de los clientes o de los usuarios).

Si la industria de lo humano demuestra que no hay límites evidentes al imperio de la razón subjetiva, del frío cálculo de los mejores medios para alcanzar el fin propuesto (sea éste el que sea), la trama de generación biopolítica explica a su vez la manera profunda en que los sujetos son producidos por el poder[10], vale decir los modos en que el pensamiento objetivante se aplica a definir las sociedades del tercer milenio.

El paradójico regreso de la palabra

En el artículo que abre su libro *Memoria de la comunicación*, Héctor Schmucler afirma que es una de sus convicciones que "estamos viviendo una cultura signada por la declinación de la palabra, devaluada hasta el extremo, y que como consecuencia de esa pobreza ha crecido la desolación en el mundo" (Schmucler, 1997, p. 17). En lugar de la palabra, las sociedades tardomodernas propondrían la utopía de la massmediatización generalizada, donde la tecnología se volvería la cifra del futuro posible y deseable. El artículo terminaba con una pregunta/interpelación: "¿queda tiempo para que la palabra regrese?" (Ibíd., p. 26).

Aún compartiendo su perspectiva general, creo que las sociedades actuales muestran un modo inquietante de retorno de la palabra exiliada, muy lejano a los deseos de Schmucler, y en el que nuevamente resultan de utilidad para la reflexión algunas intuiciones de la teoría crítica. Lejos de la noción de que el ocio es un tiempo vacío[11], los frankfurtianos habían localizado el papel preciso que éste cumple en las sociedades de la modernidad

---

[10] El hecho de que la libertad de los sujetos sea un requerimiento interno a las sociedades de control ya fue intuido por los frankfurtianos: "El hecho de ofrecer al público una jerarquía de cualidades en serie sirve sólo para la cuantificación más completa. Cada uno debe comportarse, por así decirlo, espontáneamente, de acuerdo con su *level* determinado en forma anticipada por índices estadísticos, y dirigirse a la categoría de productos de masa que ha sido preparada para su tipo" (Horkheimer & Adorno, 1987, p. 149).

[11] "El ocio es una cantidad de tiempo libre, exento de las exigencias del tiempo de la obligación (el tiempo del trabajo profesional o escolar, y las sujeciones a él anexas, como trasladarse de un lugar a otro, etc.) y del tiempo del compromiso (el tiempo de las obligaciones sociales, administrativas, familiares y domésticas). El ocio no define a priori ningún tipo de actividad; lo que lo caracteriza es sólo su forma liberatoria, el ocio se presenta como un puro continente, como una envoltura de tiempo liberado, el ocio no define nada más que un vacío" (Yonet, 1988, p. 58). En su deseo de adjudicar mayor capacidad de agencia a los sujetos, Yonet se extralimita y acaba por derribar cualquier precaución estructural.

tardía: asegurar el cierre del ciclo productivo, tanto desde un punto de vista estrictamente económico como así también ideológico.

Si antes al esclavo no se le dejaba tiempo más que para producir, ahora, con la tecnificación, el tiempo libre que se le va a conceder será un tiempo "ocupado". La automatización consolidará un modelo que culturalice y organice la población a fin de "entretenerla" durante el tiempo no productivo, pero en cuyo transcurso consuma la producido. La sociedad postindustrial será entonces una sociedad con la ley determinante de producir mercancías y, esencialmente, necesidades (Muñoz, 1989, p. 9).

De allí que el tiempo del ocio, cuando éste se vuelve sinónimo de consumo de los productos de la industria cultural, adquirirá el cariz de continuidad de los procesos productivos: "Sólo se puede escapar al proceso de trabajo en la fábrica y en la oficina adecuándose a él en el ocio" (Horkheimer & Adorno, 1987, p. 165).

Sin embargo, en su análisis de la "multitud postfordista", Paolo Virno (2003) encuentra que esta premisa ha sido invertida: ya no se trata, en las sociedades de inicios del tercer milenio, de que el ocio dé continuidad al momento del trabajo, sino de que éste se apropia del bagaje de recursos y habilidades adquiridos y utilizados en la esfera doméstica y en las relaciones interpersonales, y los transforma en poderosas fuerzas productivas al servicio del capital.

En el postfordismo, el trabajo se vuelve una actividad virtuosa, en el sentido en que éste término había sido discutido tanto por Marx como por Hanna Arendt: una actividad que no produce una obra sino que se cumple en sí misma y que exige, para tener lugar, la presencia de los otros. Para Marx los virtuosos (músicos, bailarines, predicadores, etc.) realizan un trabajo asalariado no productivo, y por lo tanto se asimilan a las tareas serviles (aquellas donde no se invierte capital, sino que se gasta un rédito); son por lo tanto un caso interesante desde el punto de vista analítico, pero marginal desde el empírico. Por su parte, Arendt está interesada en las similitudes que existen entre los artistas virtuosos y la acción política: asumiendo la división aristotélica de la experiencia humana en Trabajo, Acción Política e Intelecto, ella encuentra que lo distintivo de la *praxis* es que consiste en una acción que tiene su fin en sí misma[12] y que depende de la presencia de los otros, en este caso en el espacio público, es decir las mismas características de los artistas virtuosos.

---

[12] Hoy diríamos: es *performativa* (o mejor, para sustituir un neologismo burdo por otro más elegante, *realizativa*, tal como hacen los traductores de Austin).

Aquí, el principal problema para Arendt era la asimilación de la política a los modos característicos del trabajo, el borramiento de los límites entre una y otro, en perjuicio de la primera. Virno va a argumentar en un sentido simétricamente opuesto:

> Sostengo que en el trabajo contemporáneo se manifiesta la "exposición a los ojos de los otros", la relación con la presencia de los demás, el inicio de procesos inéditos, la constitutiva familiaridad con la contingencia, lo imprevisto y lo posible. Sostengo que el trabajo postfordista, el trabajo que produce plusvalía, el trabajo subordinado, emplea dotes y requisitos humanos que, según la tradición secular, correspondían más bien a la acción política (Virno, 2003, pp. 43-44).

En el pasaje hacia el modelo postfordista la industria cultural cumple un papel clave. Por definición, la industria cultural es una actividad sin obra, es decir "virtuosa"[13] y es en ella en donde empezaron a coincidir el trabajo asalariado, las tecnologías de planificación y organización del capitalismo de escala, y las cualidades otrora asignadas a la acción política. Esta combinación, que resultó experimental en los primeros diarios masivos o en el cine de los grandes estudios de las décadas del '30 y '40, luego se volvió la norma –y ésta es, creo, una de las ideas más sugerentes de Virno– *en todo tipo de producción*.

Cuando Virno alude a que el trabajo ha incorporado las características de la acción política lo que está diciendo es que las facultades humanas genéricas de la comunicación y el lenguaje, que hasta antes del postfordismo quedaban por fuera del espacio productivo, ahora han sido conquistadas por el capitalismo y transformadas en fuerzas productivas centrales. Virno recuerda que desde siempre una de las formas que tuvo la empresa capitalista de incrementar la productividad (y la ganancia) fue la sustracción del saber de los obreros: cuando éstos encontraban un modo menos fatigoso de hacer el trabajo, éste era incorporado como modificación organizativa. Pero ahora el trabajo del empleado *es* encontrar formas que mejoren la organización. Se exige, como competencias habituales, la creatividad, la intuición, la asunción de riesgos, la *comunicación*.

---

[13] Por supuesto que existen registros que pueden asimilarse al resultado de un proceso productivo estándar: discos, películas, etc. Pero la industria cultural no ofrece un film enlatado, sino la experiencia del cine. Tal vez habría que poner algunos resguardos al uso del sustantivo "consumo" asociado al adjetivo "cultural".

Es habitual hoy, por ejemplo, entender a una organización como una "red de conversaciones"[14], donde la actividad principal de su personal es de tipo comunicativo: recibir pedidos, asumir compromisos, redactar informes, establecer estrategias, etc. Un ejemplo entre muchos otros posibles: la especialista chilena Sally Schachner, en una entrevista reciente realizada por el Diario *La Voz del Interior* decía que

> Antes, con el trabajo mecánico, la gente no tenía necesidad de hablar. Ahora, las tareas creativas exigen más comunicación, y en el contexto de la empresa es crucial. [El trabajo mecánico es] la parte más fácil de resolver en una empresa porque se adapta la tecnología y se diseña lo que se necesita [...] Lo difícil es definir la política de la institución, ponerse de acuerdo, superar las discrepancias, entender al otro y ser capaz de negociar, y para ello la comunicación es indispensable, y por supuesto, es lo que define el éxito o fracaso de una empresa[15].

Pero por si queda alguna duda acerca de la intencionalidad del capital con esta preocupación por las cuestiones comunicativas y conversacionales, Schachner se sincera:

> guste o no guste, las conversaciones se dan, pero la propuesta es convertir esa conversación en un elemento de la productividad de la empresa, ya que malas conversaciones disminuyen la productividad, en tanto que buenas conversaciones la aumentan[16].

Curiosa forma, la del capital, de poner su atención en la palabra, no para restituirle su valor liberador, sino para convertirla en un nuevo –y más poderoso– instrumento de dominio. Si Schmucler se lamentaba de que "el verbo, en su sentido fuerte y responsable, es un exiliado de los sistemas interactivos de las redes globales" (Schmucler, 1997, p. 26), pareciera por el contrario que la capacidad de integración de lo distinto que Horkheimer y Adorno señalaron como distintiva del capitalismo, lo ha llevado a reparar en este "olvido", propiciando un retorno de la palabra exiliada, aunque del modo omnímodo que los frankfurtianos sabían consustancial al desarrollo del pensamiento objetivante.

---

[14] Así lo hace el influyente modelo del filósofo organizacional Francisco Flores, colaborador de los epistemólogos constructivistas Humberto Maturana y Francisco Varela.
[15] "Una organización es una gran red de conversaciones", entrevista a Sally Schachner publicada en *La Voz del Interior*, suplemento de economía, 31 de octubre de 2006.
[16] Ibíd..

Coda

Dado que el objetivo enunciado de este ensayo era poner en funcionamiento algunas categorías del pensamiento frankfurtiano, el tono apocalíptico que lo atraviesa se vuelve prácticamente inevitable. No considero, sin embargo, que el diagnóstico crítico de nuestro tiempo deba traducirse necesariamente en la apatía o el nihilismo político. Al contrario, creo que relevar minuciosamente el campo delimitado por las estrategias del poder establecido es un requisito para la visualización de los signos de lo nuevo, es el prolegómeno para reconocer "como discurso lo que no era escuchado más que como ruido" (Rancière, 1996, p. 45), es decir para dar lugar a la creatividad siempre nueva de la política.

Digámoslo mejor con las palabras de Schmucler: "justamente porque al desilusionar quitan un velo encubridor, porque admiten percibir la magnitud del peligro, estas ideas alientan, aún, una esperanza" (Schmucler, 1997, p. 17).

Recursos

Todos vigilados
http://www.cedecom.es/cedecom-ext/noticia.asp?id=843
En *Un mundo vigilado* (2007), uno de sus últimos libros, y en clave deleuzeana, Armand Mattelart se aboca al análisis de las tecnologías de vigilancia cada vez más omnipresentes en las sociedades actuales. La productora audiovisual española CEDECOM realizó –dentro de su ciclo Tesis para Canal Sur 2 de Andalucía– un programa sobre este tema, que incluye una más que interesante entrevista al autor.

Reflexiones latinoamericanas
http://www.boell-latinoamerica.org/downloads/Libro_biopolitica.pdf
La Fundación Heinrich Böll promovió, mediante una serie de jornadas y encuentros entre especialistas de América latina, un profundo debate sobre las consecuencias que, en las distintas esferas de la vida, conllevan las nuevas tecnologías de ingeniería genética. El resultado se compiló en el libro *¿Un mundo patentado? La privatización de la vida y del conocimiento*

Capítulo 14

Umberto Eco y el análisis semiótico-estructural de los fenómenos socioculturales.

Fernando Aníbal Becerra Artieda

Las reflexiones sobre los **signos** y sus modos de funcionamiento en el mundo social, desde su nacimiento hasta mediados de la década del 60, carecieron de argumentos y estrategias metodológicas precisas. Esta apreciación surge tras una rápida recorrida por la historia de esta disciplina. Y es pertinente a pesar de los esfuerzos desplegados desde la primera década del siglo veinte por el ginebrino Ferdinand de Saussure, cuando propuso en su *Curso de Lingüística General* una ciencia que estudie la vida de los signos en la sociedad. A pesar, también, del manto estructuralista que cubrió el período 1945/1965, bajo la presencia dominante del antropólogo Lévi-Strauss. Finalmente, a pesar de la sistematización de Roland Barthes, expuesta en *Elementos de Semiología* (1971). Éstos y otros pensadores propusieron pasos decisivos para su constitución; sin embargo, no existe la menor duda de que uno de los más exitosos en semejante pretensión ha sido el académico italiano Umberto Eco.

La cultura como proceso de comunicación

Este intelectual contemporáneo escribió un texto fundamental para una disciplina que, en opinión de sus practicantes, se encontraba en construcción. Un texto "casi" incuestionable hasta mediados de la década del '70. Su título. *La Estructura Ausente. Introducción a la semiótica* (1975)[1]. Los objetivos de su autor son: 1) la institucionalización de un campo del saber (la semiótica), 2) la construcción de una persuasiva sistematización teórica (a partir de la combinación de teorías y conceptos lingüístico-semióticos, filosóficos y antroposociológicos, entre otros), 3) una recuperación de la antropología levistraussiana a partir de la crítica de su estructuralismo ontológico y la apropiación de las imágenes de la cultura como proceso de comunicación, y 4) la aplicación sistemática de modelos analógicos para la comprensión de fenómenos socioculturales (la "obra de arte" como recurso epistemológico). Finalmente, Eco asume la impronta de Barthes –la **semiología política**–, una apuesta desde la *izquierda progresista* para que se "haga nuestra voluntad" y no la deseada por el capitalismo, los medios de comunicación o los factores estructurantes del sentido y de la acción social.

Desde las primeras páginas de *La estructura ausente*, Eco muestra el *estado del arte* de aquello que denomina el **campo semiótico** a mediados de los sesentas. Una disciplina que se encontraba en "vías de difusión y definición" y que recurre permanentemente a sus dos padres fundadores (Saussure y Peirce) para avanzar en la precisión de sus límites. Y en una síntesis digna de imitación, detalla un conjunto de investigaciones que incluyen desde "los sistemas de comunicación más «naturales» y «espontáneos» –menos «culturales»–, hasta los procesos culturales más complejos" (LEA, p.10). Una breve presentación de estos saberes, contenidos y autores se presentan en la siguiente tabla.

---

[1] Dadas las características de este capítulo, en lo sucesivo nos referiremos a este libro con las iniciales LEA.

Investigaciones del campo semiótico a mediados de la década del '60 según Eco.

1. Zoosemiótica. Señales olfativas, Comunicación táctil, Códigos de gusto.

2. Paralingüística. Lenguajes tamborileados y silbados, Cinésica y prosémica, Semiótica médica.

3. Códigos musicales. Lenguajes formalizados, Lenguas naturales.

4. Comunicaciones visuales. Estructuras narrativas, Códigos culturales, Mensajes estéticos.

5. Comunicación de masas. Retórica.

Este relevamiento le permite a Eco determinar a aquello que denomina los **umbrales de la semiótica**. El primero, **umbral inferior**, refiere a todas aquellos áreas del conocimiento que decididamente no se constituyen a partir de la noción de **sentido**. Y menciona: los estudios neuro-fisiológicos sobre fenómenos sensoriales, las investigaciones cibernéticas aplicadas a los organismos vivientes, las investigaciones genéticas –en las que también se utilizan los términos "código" y "mensaje". Y la razón es simple: se encuentran en el universo del pasaje de señales. En cuanto al segundo, **umbral superior**, está representado por los estudios que refieren a todos los procesos culturales como procesos de comunicación ("aquellos en los que entran en juego agentes humanos que se ponen en contacto sirviéndose de convenciones sociales" [LEA, p. 22]).

Ahora bien, Eco se manifiesta realmente preocupado por determinar el umbral superior, por "el linde entre aquellos fenómenos culturales que *sin lugar a dudas* son signos (por ejemplo las palabras) y aquellos fenómenos culturales que parecen tener otras funciones no comunicativas (por ejemplo: un automóvil sirve para transportar y no para comunicar)" (LEA, p. 23). Pues entiende que si no se resuelve este problema "ni siquiera podemos aceptar la definición de la semiótica como disciplina que estudia *todos* los fenómenos culturales como procesos de comunicación" (LEA, p. 22).

Y su interés en resolver las cuestiones de frontera esconde una disputa anterior: la protagonizada por Barthes (y su **semiología de la connota-**

ción) contra Luis Prieto y Georges Mounin, entre otros (partidarios de una **semiología de la comunicación**). De esta manera, Eco ingresa al conflicto decidido a manifestar su apoyo a la posición barthesiana, aunque para ello deba realizar un gran esfuerzo silogístico, de pruebas y contrapruebas. Sólo reconociendo esta diferencia epistémica –y en el fondo política–, se pueden comprender las famosas *dos hipótesis* sobre las que se asienta la siguiente conclusión:

> la semiótica estudia todos los procesos culturales como procesos de comunicación; tiende a demostrar que bajo los procesos culturales hay unos sistemas; la dialéctica entre sistema y proceso nos lleva a afirmar la dialéctica entre código y mensaje (LEA, p. 28).

Las hipótesis propuestas son las siguientes.

1. *Toda cultura se ha de estudiar como un fenómeno de comunicación (o en su aspecto más radical "la cultura 'es' comunicación").* Desde esta posición, Eco sostiene: a) que la semiótica es una teoría general de la cultura y, en último análisis, de la antropología cultural; b) reducir toda la cultura a comunicación no significa reducir toda la vida material a "espíritu" o una serie de acontecimientos mentales puros; c) imaginar la cultura como una sub-especie de la comunicación no significa que sea solamente comunicación, sino que se puede comprender mejor si se examina desde el punto de vista de la comunicación, y d) los objetos, los comportamientos, las relaciones de producción y los valores funcionan desde el punto de vista social, precisamente porque obedecen a ciertas leyes semióticas.

2. *Todos los aspectos de la cultura pueden ser estudiados como contenidos de la comunicación (o cualquier aspecto de la cultura puede convertirse en una unidad de sentido).* Esta idea se refiere a 1) cualquier aspecto de la cultura se convierte en una unidad semántica; y 2) si esto es así, los sistemas de significados se constituyen en estructuras (campos o ejes semánticos) que obedecen a las mismas leyes de las formas significantes. En palabras de Eco: "automóvil" no es sólo una unidad semántica a partir del momento en que se pone en relación con la entidad significante /automóvil/. Es unidad semántica a partir del momento en que se dispone de un eje de oposiciones o de relaciones con otras unidades semánticas como "carro", "bicicleta" o incluso "pie". Este sería el nivel semántico desde donde puede ser analizado el objeto automóvil. Pero ade-

más, existe un nivel simbólico, cuando se usa como objeto. En este caso el auto como objeto que transporta gente o cosas se convierte en el significante de una unidad semántica que no es "automóvil", sino por ejemplo "velocidad", "comodidad" o "riqueza".

Eco concluye que ambas hipótesis –respaldadas por sus respectivas premisas– se sostienen mutuamente en forma dialéctica:

> En la cultura cada entidad puede convertirse en fenómeno semiótico. Las leyes de la comunicación son las leyes de la cultura. La cultura puede ser enteramente estudiada bajo un punto de vista semiótico. La semiótica es una disciplina que puede y debe ocuparse de toda la cultura (LEA, p. 28).

Este enlace obliga a Umberto Eco a desentrañar el **fenómeno comunicativo**, aquello que denomina la "comunicación cultural". Si todos los fenómenos de cultura pueden ser analizados como procesos de comunicación, entonces se vuelve necesario desarrollar un modelo de comunicación que pueda dar cuenta de sus características y funcionamiento desde las perspectivas abiertas por la doble hipótesis. Este modelo se muestra en la misma obra de forma sistemática, y fue denominado **Modelo del proceso de descodificación de un mensaje poético** (o **estético**). Sin embargo, ya había sido presentado por Eco y un grupo de colaboradores –entre quienes se encontraba Paolo Fabbri– en 1965 en el artículo titulado *"Por una indagación semiológica del mensaje televisivo"*.

El modelo de comunicación: elementos y funcionamiento

A los efectos de una divulgación pedagógica, esta propuesta será expuesta a partir de las siguientes dimensiones: 1) una descripción sucinta de sus elementos, 2) la dinámica de su funcionamiento y, finalmente 3) las ventajas y desventajas como modelo explicativo. Sin embargo, es oportuno señalar –tal como consignará en parágrafos posteriores– que este **"Modelo de descodificación..."** fue *adoptado por la comunidad de semiólogos de orientación estructuralista debido a sus bondades respecto de otros circulantes en su momento*. Aceptación y vigencia sostenida hasta principios de la década del '70, cuando diversos intelectuales producen en forma explícita y simultánea, el cuestionamiento al estructuralismo levistraussiano y las lingüísticas saussureana y estructuralistas. En este sentido, es importante destacar que el mismo Umberto Eco, en tanto intelectual crítico con capacidad de autocrítica, participó activamente de las discusiones, reconoció las limitaciones de su modelo y fue capaz de elaborar hacia mediados de los años setentas, una propuesta cualitativamente diferente.

Descripción y funcionamiento del modelo

El semiólogo Umberto Eco inicia sus reflexiones a partir del modelo de comunicación entre máquinas –una "situación comunicativa sencilla"–. He aquí el modelo de la Teoría Matemática de la Información, expuesto en 1949 por Shannon y su discípulo Weaver. Y tras una breve descripción realizada en las primeras páginas propone un proceso de complejización progresiva que le permite diferenciarlo de otro modelo, sensiblemente diferente: el *proceso comunicativo entre seres humanos*. Esta comparación le ha servido en tanto esfuerzo capaz de *redefinir términos y relaciones*.

A continuación se presentan los elementos más significativos del **"Modelo de descodificación..."** y sus respectivos modos de funcionamiento en el marco de una **semiótica estructural**.

El Emisor

Eco inicia su reelaboración a partir de la *identificación en el emisor humano* de aquellas dos funciones presentes en el esquema de Shannon (*fuente y transmisor*). Desde esta mirada, los hablantes se constituyen en una única fuente de información. Y a partir de esta sencilla operación conmutativa, desbarata toda pretensión de aplicación directa e irreflexiva de las imágenes propuestas por el modelo de la Teoría Matemática de la Información al ámbito de la comunicación entre seres humanos, inclusive del *aggiornamento* realizado por Roman Jakobson. Ahora bien, el emisor dispuesto a producir un mensaje se encuentra sometido a un **doble proceso de selección**: por un lado, de **unidades de sentido disponibles**, y luego de **combinaciones posibles** entre estas mismas unidades.

El Mensaje Significante

El mensaje producido se erige en una **materia significante**, pues es **investida de sentido**. Esto significa que los agentes presentes en el proceso de comunicación no envían una simple señal construida sobre una serie de unidades discretas computables por *bits* de información, sino una **forma significante** "cargada" de significaciones. De esta manera, Eco muestra cómo se produce el ingreso al "mundo de los sentidos". Esta perspectiva permite diferenciar dos **sistemas de información**: a) el físico (entre máquinas) y b) el semiótico (entre humanos); y respecto a la **interacción humana**, dos modalidades de pasaje de información. a) la centrada en la señal (la cibernética), y b) la centrada en el sentido (semiótica, "la comunicación cultural"). Eco sostiene que ambos, a pesar de las diferencias, pueden ser llamados legítimamente "información", en tanto consisten en un *estado de libertad* respecto a una ulterior determinación de uso. Sin embargo, el emisor *no puede* producir cualquier mensaje significante; está constreñido y sujetado a condiciones que le son impuestas política y culturalmente. En otros términos: cada mensaje es producto de una *alienación* para *lograr comunicación*.

Asimismo, los mensajes en tanto formas significantes –que luego serán interpretados cuando sean percibidos como mensajes significados– se presentan *estructurados*, no se constituyen como formas caóticas, sino que su producción obedece a cierta "lógica", a cierto "diagrama estructural" que integra y compone como una totalidad a sus partes integrantes. De allí que la semiótica estructural insista en que cada mensaje *propone* una determinada forma de descodificación. Sin embargo, Eco reconoce la existencia de cierta tensión dialéctica entre determinación de lectura –aquello que llama "forma"– y su "apertura" –las posibilidades que brinda a más de una interpretación–. Tensión directamente relacionada a la existencia de códigos –en tanto sistema de equivalencias– ambiguos o redundantes (y como será expuesto en los ítems siguientes, cuanto más ambiguo el código "en producción", más libertad de interpretación "en recepción"). En síntesis: si el mensaje significante ha sido elaborado con códigos altamente "informativos" y menos redundantes –en el sentido de la teoría matemática de Shannon– se presentarán como "ambiguos" y promotores de instancias de "auto-reflexión", y por lo tanto sería posible pensar en que quedará más expuesta a diferentes descodificaciones y más influenciada a la selección de diferentes códigos.

Umberto Eco propone esta conclusión a partir de sus reflexiones anteriores a propósito de las obras de arte. En uno de los textos que le otorgaron reconocimiento internacional, *Obra abierta* [1962] (1970), señaló que en esos años se habría producido aquello que Kuhn llamaría "cambio paradigmático", una transformación en la visión del mundo que se reflejaba en todos los órdenes. Y uno de estos –el cambio en el pensamiento científico– le ayudó a pensar en que también las producciones artísticas se habían transformado. Se habría producido un desplazamiento de "concepciones cerradas" –de "órdenes claros y prefijados"– que han tenido como consecuencia la percepción de obras artísticas "cerradas" que poseen un carácter autónomo y una univocidad tal que el destinatario *interpreta directamente* aquello que el artista propone, a una época en donde existe una imagen del mundo dominado por el desorden, caos, indeterminación tal como ha sido reconstruido por la física, la teoría de la información y las corrientes filosóficas en boga.

Esta nueva perspectiva permitiría pensar en que las "poéticas contemporáneas" (se refiere a los movimientos de vanguardia presentes desde principios de siglo en la pintura, el cine, la música, la narrativa, la poesía, el teatro) se erigen en torno a la *indeterminación* y la *ambigüedad* y que obligan a pensar en la *activa participación* de los destinatarios. De esta manera, cambia la posición del destinatario del mensaje (de pasivo a activo) lo cual lleva a una transformación en la concepción general del modelo de comunicación humana.

Los Códigos y Subcódigos (en producción)

De acuerdo a las líneas anteriores, Eco entiende que a la hora de producir el mensaje, el emisor se encuentra *doblemente constreñido*: por un lado, respecto al uso de determinadas **unidades culturales** y en segundo término, respecto a sus **combinaciones**. Pero esta posibilidad, sólo puede alcanzarse en tanto y en cuanto las culturas desarrollen **sistemas de códigos**, es decir, convenciones sociales –que implica la dialéctica consenso/imposición, y por lo tanto la ubicación de la lengua como fenómeno social– dónde a determinado significado le corresponde un determinado significante. Ahora bien, Eco sostiene que las unidades culturales (significados), la materia significante y los códigos –que permiten la correspondencia/equivalencia de ambos conjuntos–, conforman sistemas donde cada uno de aquellos adquiere un **valor posicional** en su interior.

En términos generales existen dos posibilidades (doble faz) para pensar la noción de código. Por un lado, se entiende **como un sistema (una estructura) de posibilidades**, superpuesto a la igualdad de probabilidades del sistema en su origen que cumple con la función de limitar el número de elecciones posibles; y por otro, se muestra como **facilitador de los procesos comunicativos**, y por lo tanto, como **sistema codificante**. De manera tal que en la producción de un mensaje se pone en juego aquello que ha sido denominado la *función ordenadora* del código.

En el primer caso, esta función limita las posibilidades de *combinación* de las unidades en juego y el número de los que constituyen el repertorio. Es decir, en la situación de *igualdad de probabilidades* de origen se introduce (se superpone) un *sistema de probabilidades*, y sólo algunas de sus combinaciones son posibles. Y en este sentido, la información de origen –en sentido matemático– disminuye, pero aumentan las posibilidad de transmitir mensajes. Una vez más, la presencia del código facilita la comunicación, en tanto reduce los niveles de entropía y ruido que se pueden generar en los sistemas de información.

Pero también Eco señaló que el código posee otras características. Por ejemplo, al constituirse en una **convención social**, goza de una particularidad: su **historicidad**, su *dependencia de la variable espacio-tiempo*. En su texto demuestra la "inestabilidad" de los sistemas, aunque exceptúa –y no muy convencido– los "casos raros de definiciones científicas". Asimismo, en la comunicación humana, los códigos ponen en evidencia la presencia de la **cultura**. Es decir. aquello que es *posible pensar y hablar,* según la diversidad de formas de vida. También es cierto que existe **desigualdad en la posesión y uso** de los códigos de acuerdo a características sociodemográficas y socioculturales en los que se encuentra inserta la comunidad de participantes de los intercambios. Asimismo, a partir de un trabajo de *recuperación arqueológica* podría reconstruirse aquello que ha denominado **código base**, el llamado **código denotativo** (en nuestro caso de la lengua castellana contemporánea), un código fundacional a partir del cual se erigen **subcódigos** subsidiarios, aunque no menos importantes en el intercambio cotidiano. En este sentido, puede afirmarse que el emisor dispone de una *multiplicidad códigos* cuya elección para dar sentido a un mensaje estaría determinada por una serie de circunstancias: a) la **situación de la comunicación** y b) el **conjunto del patrimonio del saber**.

En esta línea es pertinente la siguiente afirmación: **el estudio del código constituye una problemática central de la semiótica estructural.** Y su presencia llega a erguirse como una verdadera clave de lectura. *Inclusive Eco se pregunta si el hombre es libre de comunicar todo lo que piensa o si está condicionado por el código.* Y la respuesta, clara y sin rodeos, fue que el *"emisor es hablado por el código".* Las razones expuestas por Eco son las siguientes: el emisor está sometido a una serie de condicionantes biológicos y culturales lo cual permite pensar que en la mayoría de los casos habla por los automatismos del código. Empero, no cae en el reduccionismo extremo, pues sostiene que aun "hablado" por el código, el emisor superpone las reglas y el sistema de probabilidades del código a la riqueza de las informaciones posibles y de las que se hubieran podido generar si no hubiera control de aquél. Es decir: aún con las limitaciones del código existe un sistema de posibilidades que obliga a decisiones.

El recorrido didáctico presentado hasta el momento, impone aclarar la particular mirada de Umberto Eco sobre un conjunto de conceptos dispuestos en varios párrafos con mayor o menor soltura. Y estos son: **sentido**, **significado** y **denotación**. El *sentido* fue presentado como un determinado recorrido (una selección binaria, en términos de la teoría shannoniana) elegido por el emisor entre las disponibles como hablante de una lengua (y su uso). Respecto a la *denotación*, el sentido que tiene lugar dentro de un conjunto de otras unidades que forman parte de un campo interrelacionado. Y en cuanto al *significado,* como una **unidad cultural** (y por lo tanto, definido culturalmente y distinguido como entidad). De esta manera, se entiende cómo no está ligado al referente (el objeto), sino a una de las posibilidades en las que se presenta la significación. Y sí, cómo se encuentra ligado a un **sistema global semántico** donde encuentra su identidad. Por ejemplo: el término /perro/ no denota un objeto físico, real, existe, verdadero, sino una unidad cultural que permanece constante e invariable aunque se traduzca como /dog/, /cane/, etc. O que corresponde a una mayor extensión o intención (como por ejemplo aquello que se considera /delito/). O, finalmente, que requiere de varias unidades culturales y por lo tanto de varios términos (como /nieve/ para los esquimales). De esta forma, insistió Eco, se aprende a reconocer al lenguaje como fenómeno socio-cultural.

Eco expresó que la "unidad cultural" se define por el sistema, por su lugar en él, por las unidades que se le oponen y la circunscriben. Una unidad subsiste y encuentra identidad en la medida en que existe otra que tiene un valor distinto. Es lo que Eco –recuperando los estudios precedentes– llama **campo semántico**, *lugar* donde se manifiesta la visión del mundo propia de una cultura. Y desde el punto de vista semiológico es interesante reconocer que Eco postula 1) la posibilidad de que en una misma cultura puedan funcionar **campos semánticos contradictorios**, 2) que una misma unidad cultural pueda formar parte de dos **campos semánticos complementarios**, y 3) que en una misma cultura, un campo semántico puede deshacerse con gran facilidad y **reestructurarse en un campo nuevo**, por lo cual una unidad cultural puede asumir –desde una mirada diacrónica– valores diferentes. Finalmente, este universo semántico estructurado por cada cultura "no es una nebulosa", sino que se estructura en **sub-sistemas** (*campos menores*) y **ejes semánticos**. Los ejes semánticos y los campos que se construyen a su alrededor son **instrumentos de producción de datos de una estrategia metodológica** que facilitan identificar unidades culturales y sus posiciones –*relaciones de coexistencia y oposiciones*– a los fines de estudiar mensajes.

En cuanto a la **connotación,** Eco planteó su definición como un conjunto de unidades culturales que el significante puede *evocar institucionalmente* en la mente del emisor (y como se verá luego, también del destinatario). Evocación que de ninguna manera puede entenderse como una disponibilidad psíquica, sino que es **totalmente cultural.** Ese "plus de significación" –en términos de Barthes–, esos subcódigos sometidos al "arbitrario" del campo político y cultural, esa "suma de todas las unidades culturales que el significante puede evocar", se presenta de la siguiente manera.

Tipos de connotación según Umberto Eco
1. Recursos connotativos. Significado definicional, Unidades semánticas que componen el significado, Definiciones ideológicas.
2. Emotivas. Hiponimia, hiperonimia, antominia, Traducción a otro sistema semiótico, Artificio retórico.
3. Retórico-estilísticas. Axiológicas globales.

Subcódigos ideológicos (en producción)

En el texto de referencia, la ideología aparece en primera instancia como *residuo extra-semiótico* que determina los acontecimientos semióticos, pues constituye una "visión del mundo compartida entre muchos seres humanos". Esta mirada impone una descripción de la ideología como "aspecto del sistema semántico global", como una realidad ya fragmentada. Al imaginarla como "manera de dar forma al mundo" se presupone un proceso de interpretación, por lo tanto, sujeto a revisión cada vez que nuevos mensajes re-estructuran el código al introducir *cadenas connotativas nuevas*, y por ello, *nuevas atribuciones de valor*. De acuerdo a Eco, definir la ideología como "visión parcial del mundo" es vincularla a la acepción marxista ("falsa conciencia'"). En este sentido, la ideología es un mensaje que partiendo de una descripción factual intenta justificación teórica y que "gradualmente se incorpora a la sociedad como elemento del código" (LEA, p. 141). La ideología, bajo el prisma semiótico, se manifiesta como "la connotación final de la cadena de connotaciones, o como la connotación de todas las connotaciones de un término" (LEA; p. 160).

Pero Eco adjudicó un nuevo interés a la semiología: saber cómo el nuevo elemento del código puede llamarse **ideológico**. Su respuesta podría organizarse en dos dimensiones. La primera, cuando un código se convierte en un significante que *connota automáticamente otra unidad cultural fija* ("si consciente o inconscientemente rechazamos la posibilidad de aplicar [otra connotación]" [LEA, p. 144]). De esta manera el mensaje se ha convertido en un instrumento ideológico que oculta todas las demás relaciones, se ha convertido en "un mensaje esclerotizado que ha pasado a ser unidad significante de un subcódigo retórico" (LEA, pp. 144-145). Eco añadió:

> En este caso el mensaje oculta (en lugar de comunicar) las condiciones materiales que debía expresar. Y ha llegado a este estadio porque ha asumido funciones mixtificadoras que nos impiden ver los distintos sistemas semánticos en la totalidad de sus relaciones mutuas (LEA; p. 145).

Un ejemplo bastará para comprender la postura del académico italiano. "EEUU = capitalismo = libertad".

Respecto a la segunda dimensión, Eco sostuvo que un código puede llamarse ideológico cuando la **estructura del código** se constituye "en la ideología misma". De esta manera, la ideología no sería un residuo extra-semiótico, sino directamente la que condiciona la elección de determinada unidades culturales y a sus posibles combinaciones.

Relación entre aparato retórico y subcódigos ideológicos ("en producción")

De acuerdo a la terminología de las funciones de Jakobson, la mayoría de los mensajes son **persuasivos**, *aún los preponderantemente informativos*. Y la persuasión, desde una mirada histórica, se ha identificado con la **retórica**. Eco no desconoce esta particularidad, motivo por el cual propuso que en "en producción", el emisor puede realizar dos usos de la retórica: 1) *"nutritiva"* ("honesta", "cauta", guiada por el "razonamiento filosófico", "generativa", incluida como "dialéctica moderada entre redundancia e información") y 2) *"consoladora"* (predispuesta al "engaño", a su utilización en calidad de "técnicas argumentales cosificadas" o como "técnicas de propaganda y persuasión de masas", que "finge informar e innovar" para confirmar sistemas de "esperanzas" productos de la historia, que se muestra capaz de movilizar "sistemas de estímulos presignificantes" en tanto recursos reconocidos como capaces de producir ciertos efectos en los destinatarios.

A partir de estas premisas, Eco sostuvo que al utilizar la retórica para proponer "fórmulas adquiridas", su eficacia descansa en el reconocimiento del código, en tanto saberes compartidos y cosificados. Y de allí a la noción de ideología, un paso, de acuerdo a las ideas expuestas en el parágrafo anterior. De esta manera, si la ideología es una unidad cultural aparejable a una fórmula retórica –en tanto unidad significante–, por inferencia podría analizarse desde la semiótica estructural. Modelo cuyas herramientas son capaces de segmentar el campo semántico global, ese universo simbólico repleto de ideologías que se reflejan en los modos preconstituidos del lenguaje.

La articulación retórica/ideología expuesta en las líneas anteriores parecería negar la autonomía de una u otra: toda retórica derivaría en construcción de códigos ideológicos. Sin embargo, Eco señaló que "en producción" el emisor –si se lo propone– puede hacer uso de la función "nutritiva" de la retórica (alejada de la ideología, de las frases hechas, de la connotación cosificada), y que en tanto "arte" –caracterizado por el uso de argumentos y premisas informativas– romper con las pretensiones de los códigos ideológicos presentes en los mensajes, reconvirtiendo aquellas retóricas en datos de un nuevo conocimiento liberador.

Elementos extrasemióticos: circunstancia (en producción)

Si bien Eco refiere a las circunstancias como "elementos extra-semióticos" imprescindibles en el análisis de los procesos de comunicación, también es cierto que siempre los asocia a instancias de evaluación y descodificación de mensajes (la frase típica es: "existen condiciones u ocasiones extra-semióticas que permiten orientar la descodificación en un sentido o en otro"). Reconstruyendo una frase presente en el texto de Eco podría afirmarse que la circunstancia se presenta como el *conjunto de la realidad* que condiciona la selección de códigos y subcódigos, ligando los procesos de codificación y descodificación con su propia presencia. La circunstancia sería el complejo de condicionamientos materiales, económicos, culturales "en el cuadro de los cuales se produce la comunicación".

Sin embargo, de sus propias palabras se desprende una nueva enseñanza: no es menos cierto que también pueden pensarse como previstas por el emisor para *minimizar ambigüedades*. En palabras de Eco, tal actitud sería posible porque las circunstancias "escapan al control semiótico".

Destinatario

Al igual que el emisor, la imagen de la recepción se construye a partir de la identificación en un único papel de las imágenes de **destinatario** y *receptor físico*. Pero el cambio no se reduce a simples cuestiones de número de elementos presentes en el modelo, puede percibirse un cambio cualitativo. El destinatario no es imaginado como sujeto "manipulado", "persuadido" o "influido", "pasivo" e "inactivo", según la terminología de la *mass communication research* hasta mediados de los 60's. En palabras del propio Eco, el destinatario "transforma los significantes del mensaje en significados, aunque estos sean distintos de los que quería el [emisor]". Y luego remata: el destinatario "funciona como *receptor semántico*".

Y esta no es una genial intuición de un brillante intelectual. Sí, en cambio, es el producto de un trabajo de verdadera *imaginación científica*, puesta al servicio de la crítica a las ideas dominantes en el campo semio-lingüístico, pues Eco extendió sus anteriores propuestas sobre las obras de arte en tanto mensajes poéticos a todos los mensajes producidos en el marco de una comunicación entre humanos. Es aquello que se conoce como la **metáfora epistemológica del arte**: "La obra de arte nos obliga a pensar la lengua de modo distinto y a ver el mundo con nuevos ojos; pero en el mismo momento en que se propone como innovación se convierte en modelo" para la investigación del funcionamiento de los procesos de comunicación.

Como fue expuesto en ítems anteriores, la profunda transformación que promovió Eco respecto del destinatario le permitió derribar modelos de comunicación anteriores, renovar las condiciones de interpretación de los procesos de comunicación. Y estas "alteraciones" mostraron un destinatario **partícipe**, activo en el proceso de descodificación. De una presencia muy diferente al primer esquema de la Teoría de Usos y Gratificaciones del funcionalismo sociológico norteamericano. Toda la argumentación desplegada en *La estructura ausente*, "ha intentado poner de relieve la importancia del *polo-destinatario*" dentro del continuum.

Finalmente sería útil reseñar qué tipo de acción activa protagoniza el destinatario. Según Eco, los agentes realizan un **proceso de descodificación** a partir de su **experiencia adquirida**, el **patrimonio del saber disponible** (reconocidas a través de los códigos y subcódigos de connotación), su ideología y las circunstancias del proceso comunicativo. Pero aún más: el tipo de tarea que asigna Eco delinea la imagen de un destinatario *comprometido* con el proceso de descodificación, *interesado en el desciframiento de la estructura* –ontológicamente ausente, pero probable como hipótesis de investigación–. Y más: un **destinatario militante**, que a partir de una **actitud de distanciamiento**, resulta capaz de un **trabajo de intelectual: la desautomatización del lenguaje**. O en otros términos, una *reacción de espaciamiento* tras una *sensación de extrañeza* que precede a reconsiderar el mensaje, "mirando la cosa descrita de otra manera y, como es natural, también los medios de representación y el código en que se refieren". En esta nueva perspectiva, el destinatario de los mensajes goza de poder y de acuerdo a Eco, *puede ejercerlo...*

El Mensaje Significado

El mensaje como forma significante –tal como lo enuncia el emisor– resulta una **fuente de mensajes captados posibles** para el destinatario. Si bien es cierto que el emisor ha estructurado el mensaje para limitar las lecturas posibles, cuando comienza a circular en la esfera pública, aquél ha dejado de dominar la situación comunicativa, y aquella producción simbólica se encuentra a *total merced* de la descodificación del destinatario. Finalmente, si el destinatario se manifiesta activo, el mensaje –en cuanto materia significante– resulta transformado por un proceso de descodificación que lo constituye en **mensaje significado**. La posibilidad de la puesta en discusión del código, y de la presencia simultánea de las circunstancias, saberes previos e ideologías del destinatario, permitirían hipotetizar la existencia de un proceso de descodificación totalmente diferente al imaginado por otras corrientes estudiosas de los procesos de comunicación humana.

¿Esta apertura implica una ruptura total entre los dos polos del continuum comunicativo? La respuesta de Eco fue la siguiente: ¡es posible! Las razones de ellos estarían dadas por la ambigüedad del código del emisor y también por las características de destinatario y las circunstancias de la comunicación. De aquí que el autor italiano haya promovido la existencia de una **dialéctica entre fidelidad al código y libertad de interpretación e iniciativas a nivel del destinatario**. ¿Qué puede hacer la semiología? Comparando mensaje-significante y mensaje-significado, puede determinar un **campo de libertad** más allá del cual "no pueden pasar las lecturas" y un **campo de determinación** que constituye la fuerza de su diagrama estructural, su capacidad para ofrecer, junto a una forma vacía, las indicaciones para rellenarla.

Desde esta consideración ¿cómo se transforma el mensaje-significante en mensaje-significado? Eco describió una serie de trabajos, a saber.

1. recreación *arqueológica* de los códigos del emisor,

2. recreación *arqueológica* de las circunstancias en la que el emisor pronuncia el mensaje,
3. *sometimiento a prueba* (una interrogación) de la forma significante para determinar hasta qué punto resiste la introducción (por vía de la crítica) de nuevos sentidos [mediante códigos de enriquecimiento],
4. *repudiación de códigos arbitrarios* que insertos por el destinatario durante su proceso de descodificación permitan la irrupción de sentidos "aberrantes" (es decir: fuera del campo de sentidos posibles y autorizados por el código utilizado en la producción).

Códigos y sub-códigos (en recepción)

La caracterización de estos conceptos en tanto elementos de la estructura elemental de la comunicación, no difiere de las señaladas en la instancia de producción. Pero "en recepción", se incorporan nuevas consideraciones; por ejemplo, la posibilidad de *no compartir* el código, la discusión misma respecto al código y sub-códigos.

De acuerdo a Eco, la centralidad de la noción de **descodificación**, insta a imaginarla como profundamente distinto a la "simple" operación complementaria a la codificación: puede haber diferencias entre el sentido del emisor y el destinatario. Y el hecho de que exista esta diferencia no debería causar alarma e inquietud ni siquiera implica la existencia de "ruidos". En palabras pronunciadas con posterioridad, el semiólogo italiano sostuvo que dadas

> distintas situaciones socioculturales, hay una diversidad de códigos, es decir, de reglas de competencia y de interpretación. Y el mensaje tiene una fuerza significante que se puede llenar con distintos significados, con tal de que haya distintos códigos que establezcan distintas reglas de correlación entre los significantes y los significados dados. Y siempre que haya códigos básicos aceptados por todos tendremos diferentes subcódigos, por lo que una misma palabra, cuyo significado denotativo más difundido conocemos todos, puede connotar una cosa para unos y otra para otros.

Aquí se ubican todas las variables ligadas a los elementos intermediarios, mediadores, entre emisor y receptor.

Tal como fue explicitado con anterioridad, Eco sostuvo que la ambigüedad de los códigos utilizados por el emisor favorece la utilización de subcódigos connotativos y/o ideológicos. Al utilizar como modelo heurístico los mensajes poéticos/estéticos, Eco demostró que

> cuanto más "abierto" está el mensaje a diferentes descodificaciones, tanto más influenciada está la selección del código y de subcódigos por las predisposiciones ideológicas del destinatario, además de las circunstancias de la comunicación (LEA, p. 140).

Esta conclusión habilitó a posteriori descripciones de operaciones de descodificaciones "al margen" de la estructura codificante. Semejantes procesos de descodificación fueron calificados de **aberrantes**. En *La estructura ausente*, apenas apunta algunas características e intentará mostrar su funcionamiento a partir de un esquema titulado **"Descodificación aberrante en las comunicaciones de masa"**. Pero será en una obra posterior –escrita junto a su colega Paolo Fabbri– donde desplegará un conjunto de categorías explicativas. Allí expusieron una tipología de cuatro posibilidades de descodificación aberrante: *1) incomprensión (rechazo) del mensaje debido a la carencia total del código*; *2) incomprensión del mensaje por disparidad de códigos*; *3) incomprensión del mensaje debido a interferencias circunstanciales*, y *4) rechazo del mensaje porque se deslegitima al emisor*.

Tras la presentación de Eco, la descodificación aberrante adquirió *estatuto de problema empírico y teórico*. Pues si la Teoría Matemática de la Información insistía en las *condiciones óptimas de transmisibilidad* de los mensajes, desde este modelo semiótico-estructural se entendió que en lo que respecta a los efectos y funciones de los *media* no se podría prescindir de la forma en que se articulan los mecanismos de reconocimiento y de atribución de sentido. Especialmente en lo que se refiere a las correlaciones entre los órdenes semiótico (significación del mensaje) y sociológico (las variables aportadas por las investigaciones empíricas de Lazarsfeld y colaboradores).

Subcódigos ideológicos

Cuanto más abierto se encuentre el mensaje a descodificaciones, tanto más influenciada está la selección de códigos y de sub-códigos por las predisposiciones ideológicas de los destinatarios, ha sentenciado Eco. Pero ¿por qué el destinatario *elige* una **connotación ideológica** en lugar de otra? La respuesta de Eco concentró en el proceso de socialización, en la experiencia histórica del destinatario: "La experiencia adquirida le ha enseñado lo que se puede esperar de la situación denotada [...] y el patrimonio de conocimientos se ha estabilizado" (LEA, pp. 142-143).

El concepto de **guerrilla semiológica**, propuesto por Eco en 1967 en una de sus sistemáticas columnas periodísticas, recreó la preocupación de los intelectuales europeos, y en especial de algunos italianos, por la ola revolucionaria y alternativa surgida en Latinoamérica. En este sentido, la propuesta sería algo así como un **método semiótico de defensa** contra la ideología del capitalismo presente en los medios de comunicación a través de la cultura de masas.

Esta propuesta, lanzada como desafío a los intelectuales "comprometidos" no debería ser interpretada en sentido peyorativo o desviante, sino como "garantía de la pluralidad cultural y de la interpretación libre del destinatario" o, en otras palabras, es una *descodificación intencionalmente divergente* respecto a la que el emisor habría predispuesto. Una frase de Eco de aquellos años resume su mirada sobre la relación intelectuales/medios/cultura de masas/semiótica. "Es preciso ocupar, en cualquier lugar del mundo, la primera silla ante cada aparato de televisión (y, naturalmente, la silla del líder de grupo ante cada pantalla cinematográfica, cada transistor, cada página de periódico)" (Eco, 1986a, p. 143).

Pero ¿cómo romper con los mensajes ideológicos? Una respuesta sencilla: *incorporándole más información* –trabajando sobre la redundancia–, en un movimiento por el cual la información modifica códigos e ideologías, de hecho se traduce en nuevos códigos y por lo tanto, en nuevas ideologías. De esta manera, la ideología no se elimina –no se llegaría el final de la ideología, tal como la afirmaba Daniel Bell en 1957–, sino que se reestructura en un procesos de semiosis infinita.

Retórica y subcódigos ideológicos ("en recepción")

La lógica general es similar a su presencia "en producción". Pero la cuestión es cómo la relación aparato retórico/subcódigo ideológico puede ser descubierto y contrarrestado en su *prepotencia*. Y el camino del análisis se inicia con el **descubrimiento del universo retórico e ideológico y reconstruir las circunstancias sociales** de las cuales emanó. Esto permitirá descubrir sus propios códigos en un viaje que va desde la denotación hacia la connotación: "En la obra están las claves para descubrirla inmersa en el ambiente en que surgió; las claves para relacionar el mensaje con los códigos de origen, reconstruidos en un proceso de interpretación contextual" (LEA, p. 161).

Luego los códigos son puestos en juego con los propios códigos/subcódigos del destinatario. Pero Eco no supuso que tras la confrontación, aquellos mensajes quedarían destruidos, sino que sostuvo la existencia de un *proceso de aprendizaje*: los nuevos mensajes significados, entran y enriquecen los códigos existentes y los sistemas ideológicos, reestructurándose y preparando a "los lectores futuros para una nueva situación interpretativa". Está claro que este tipo de tarea goza de un perfil netamente "intelectual".

Este movimiento continuo entre renovación de códigos y renovación de sistemas ideológicos, constituye un proceso de semiosis social ("el mensaje crece") que está constreñido entre un determinado *campo de libertad* ("más allá del cual no pueden pasar las lecturas" so pena de avanzar hacia la **descodificación aberrante**), y el reconocimiento de un *campo de determinación* (que se constituye a partir de su diagrama estructural, su capacidad para ofrecer, junto a una forma vacía, las indicaciones para rellenarla). Hacia al final de su texto, Eco recuperó la historicidad, pero también la imperiosa necesidad de contar con los códigos, pues de lo contrario en el futuro alguien que lo desconozca puede introducirle códigos imprevisibles, y tan imprevisibles que "la semiótica no puede imaginar".

Elementos extra-semiológicos: circunstancia ("en recepción")

No es un elemento menor en la propuesta de Eco. De su argumentación se desprenden coincidencias con aquellas posturas enunciadas oportunamente por Barthes en el marco de una **semiología política**.

Desde este lugar de enunciación, Eco muestra la importancia que la **circunstancia** "en recepción" se instituya como elemento del proceso de la comunicación:

> Si la circunstancia ayuda a individualizar los códigos mediante los cuales actúa la descodificación de los mensajes, en tal caso la [semiología] puede enseñarnos que *en lugar de modificar los mensajes o de controlar las fuentes de emisión, se puede alterar el proceso de comunicación actuando sobre las circunstancias en que va a ser recibido el mensaje*.
> Este es un aspecto revolucionario de la conciencia [semiológica], y tanto más importante cuando (en una era en la que las comunicaciones de masas se presentan con frecuencia como la manifestación de un dominio que controla lo social por medio de la planificación de la transmisión de mensajes), donde no sea posible alterar las modalidades de la emisión o la forma de los mensajes, sigue siendo posible (como una guerrilla [semiológica] ideal) cambiar las circunstancias a la luz de las cuales los destinatarios han de seleccionar sus propios códigos de lectura.

La vida de los signos es frágil, sometida a la corrosión de las denotaciones y de las connotaciones, bajo el impulso de circunstancias que debilitan la potencia significativa original (LEA, p. 378).

Es el conjunto de la realidad que condiciona la selección de códigos y subcódigos ligando la descodificación con su presencia. Es el complejo de condicionamientos materiales, económicos, biológicos y físicos, que encuadran el proceso de comunicación.

No todas las circunstancias se resuelven a través de signos. Algunos escapan y es cuando el mensaje (con todas las connotaciones que le permiten englobar la ideología y las circunstancias) va a caer en una circunstancia de destino no prevista. Ahora bien, el proceso de comunicación puede dominar la circunstancia cuando 1) la circunstancia se convierte en un universo de signos (puesta en discurso, referente del mensaje) y 2) esos mensajes producen comportamientos que van contribuyendo a cambiar las circunstancias.

El entrecruzamiento de las circunstancias y de los presupuestos ideológicos, junto a la multiplicidad de códigos y subcódigos, hace que el mensaje no sea considerado el final de la cadena comunicativa, sino como una "forma vacía a la que pueden atribuirse diversos sentidos".

Quizás una de los aportes más importantes, de cara a la descripción del proceso, es que ni circunstancias, códigos y subcódigos formen parte de aquello que la Teoría Matemática de la Información conceptualizó como "ruidos". En absoluto. Aún como elementos extra-semiológicos, participan del proceso general y abierto de la comunicación entre seres humanos. Y como se verá en el ítem siguiente, no sólo se comprende su presencia, sino que se la fomenta a fin de no quedar atrapados en la fuerza del código existente en el mensaje-significante. La caracterización de *proceso abierto* implicó un cambio en la *perspectiva total*, incluso aquellos elementos no reducibles a intercambios de información.

Pero a los efectos de una investigación semiológica no alcanza con la caracterización procesual y globalizadora. Es preciso su complementación con una estrategia que "descienda" al análisis de sus **fases**. Eco entiende este proceso de comunicación como *abierto*, pues el mensaje varía según los códigos, y éstos funcionan de acuerdo a las ideologías y las circunstancias. Proceso abierto, en tanto que todo el sistema de signos presentes en el proceso, se reestructuran sistemáticamente a partir de la experiencia de descodificación que el mismo proceso de comunicación exige. Abierto porque esta descodificación se nutre de una red significante infinita que habla de un conjunto de mensajes que se articulan con otros y producen nuevas significaciones. Y esto en forma permanente (semiosis).

En realidad, Eco propuso un modelo de comunicación social que sostiene simultáneamente el carácter procesual de los fenómenos comunicativos y una apuesta en todo diferente a una "ingeniería de la comunicación que se las ingenia para hacer redundantes los mensajes, para asegurar su recepción según planes preestablecidos" (LEA, p. 378). En este sentido, la realización dialéctica entre el código-mensaje, funda "las posibilidades de existencia de esta procesualidad de sentidos" y define "la manera de incrementarla y promoverla". Pero una vez más –y sumándose al coro de voces encabezado por Barthes–, Eco recordó que puede ser utilizada como "procedimiento inverso de aclarar los instrumentos para reducir la ambigüedad, en donde sea [utilizada como] técnica de dominio, confusión mixtificadora".

Evaluación contextuada del modelo

Las ventajas

El análisis semiológico de los códigos (y por lo tanto de los sistemas de convenciones articulados como sistemas) tal como lo ha propuesto Umberto Eco no ha implicado la justificación del *status quo* socio-político. Es más: tal como ha sido sostenida oportunamente por Barthes y luego por el mismo Eco, "la investigación sobre los códigos no intenta definir las condiciones óptimas de integración, sino que intenta descubrir las condiciones de una sociedad de comunicantes en un momento dado".

Síntesis. ¿Qué pasa con la lectura inmanente que caracteriza este período? ¿Se rompe con Eco o se matiza o se compleijza? En el texto (es lo que se llama análisis inmanente) se encuentran las estructuras (código) ideológicas del emisor. Descubriéndolas, analizándolas y exponiéndolas, en síntesis manejando las circunstancias de la comunicación, podrá desbaratarse la pretensión comunicativa del emisor. La semiótica del código es un instrumento que sirve para una semiótica del mensaje.

Eco criticó con certeza algunas de las nociones claves, es especial las de *información* y *código*, desde la certeza de que al momento de asumir la propuesta para explicar el funcionamiento de la comunicación social incurriría básicamente en tres grandes incongruencias: 1) su indiferencia respecto al contenido semántico; 2) la imposibilidad de observar diferencias entre la comunicación masiva y la interpersonal y 3) la información permanece constante a través de todas las operaciones de codificación y traducción y –además– la información se propaga a través de un código uniforme y común al emisor y receptor.

En su trabajo de la época, Eco ha propiciado el desarrollo de **tácticas de descodificación: movimientos de corte político-cultural que impongan circunstancias diversas para diversas descodificaciones, permaneciendo inalterado el mensaje como forma significante.** Por lo dicho, el proceso de comunicación tal como fue expuesto por Umberto Eco –y aceptado por la comunidad de semiólogos– evidencia el espíritu de época en ciertos países europeos (Francia e Italia, principalmente) a principios de la década del '60. Por tal razón, no debe escandalizar que ante semejantes ideales no han observado que revestirse de optimismo ante semejantes pretensiones no sólo sería una ingenuidad, sino también un error, pues –como lo entrevió el mismo Barthes– *"el mismo procedimiento sirve para la contestación como para el restablecimiento del dominio".*

Ya en esa fecha, los intelectuales italianos se planteaban una crítica de los estudios norteamericanos sobre la comunicación de masas, y –en opinión de Blanca Muñoz (1989)– tales posturas involucraban desde la figura de Franco Rositi hasta el propio Umberto Eco. Todo un *espíritu de época* marcado por las problemáticas y desafíos respecto de los fenómenos ideológico/culturales impulsados varios años antes por la figura del comunista Antonio Gramsci. Y a pesar de esta predisposición, con este esquema se *traducía* a la semiología aquello que ya era aceptado por la sociología de la comunicación de masas norteamericana de los años '50, en especial a partir de los trabajos de Paul Lazarsfeld (comunicación en dos niveles, líderes de opinión, presencia del grupo).

Este enfrentamiento tuvo a los *semiólogos críticos* –en una actitud que se repitió en Francia y varios países latinoamericanos– como protagonistas frente a cientistas sociales asentados fundamentalmente en EEUU que "vieron" los procesos de comunicación desde lentes descriptivos y funcionalistas. Y que salvo excepciones se comportaron como sociólogos, politicólogos y psicólogos –sostenidos por universidades, agencias de desarrollo y fundaciones norteamericanas–, imbuidos por una filosofía de la práctica profesional cercana a corrientes de la *ingeniería social,* e indiferentes ante las vinculaciones históricamente existentes entre **poder/cultura/comunicación.** Finalmente, la semiótica estructuralista de Eco dio otro sablazo al neopositivismo del Círculo de Viena, colaborando con la tarea devastadora iniciada por las corrientes hermenéuticas, socio-fenomenológicas y weberianas.

Las desventajas

El **"Modelo..."** también mostró algunas fallas. Su adherencia al mensaje no le permitió detectar la complejidad del fenómeno de la comunicación producida desde y por los medios masivos. Asimismo, aunque la posibilidad de descodificaciones diferenciales haya sido una hipótesis fuerte, pero con el tiempo fue calificada como "simplista". Simplista en tanto los consumidores de medios no reciben mensajes aislados, sino *paquetes*: **la oferta de mensajes es simultánea, continua y plural**.

Una queja recurrente de quienes se inclinaron por esta práctica es aquella que refiere a la operatividad (dominio técnico) de instrumentos que permitan alcanzar tan nobles objetivos. Al quedar asociada a actividades académico-intelectuales, la semiótica estructural parecía menos una actividad político-cultural y más una muestra de ciertos *ritos iniciáticos*.

Conclusión

En este sentido, puede afirmarse sin temor a equivocaciones, que el Modelo expuesto fue el más completo y aceptado en el marco de la articulación estructuralismo/semiología. Su *potencial epistemológico*, reside en la posibilidad de englobar en la estrategia de análisis, la mediación de los mecanismos comunicativos sobre la determinación de los efectos macrosociales.

Sin embargo, no fue este modelo el primero de los impulsados en el marco de la articulación estructuralismo/semiología. En realidad Eco y otros colegas, elaboraron su propuesta *a partir de* y *contra el* modelo de Jakobson y sus vestigios de Teoría Matemática de la Información. Pues el estructuralismo y la "primera semiótica" que lo secundaba daba por aceptable la propuesta de Jakobson, quien a su vez, introdujo la mirada cibernética cuando asumió el conjunto de conceptos ligados al modelo informacional (emisor, destinatario, canal o contacto, código, mensaje) –aunque le haya incorporado el contexto o referente–, e inmediatamente erigió su teoría de las funciones lingüísticas ligadas a cada uno de aquellos conceptos.

El **Modelo del proceso de descodificación del mensaje poético** no apareció en cualquier contexto, sino en el serio y fundamentado intento de

Umberto Eco por erigir las bases de un campo del conocimiento, la semiótica, nacida por las respectivas intuiciones científicas de Ferdinand de Saussure y Charles Sanders Peirce. Por eso es comprensible la arquitectura del texto: dos secciones dedicadas a la consagración de la epistemo-metodológica (Secciones A y D), otra dedicada al análisis de fenómenos visuales (verdadera banco de pruebas, debido a que estos fenómenos no habían alcanzado el grado de desarrollo de los estudios lingüísticos), uno dedicado a la arquitectura (en tanto fenómeno cultural que produce significaciones aunque no haya sido pensado para tal intención).

En este esfuerzo, Eco sostuvo la hipótesis de que los hechos socioculturales pueden comprenderse desde la mirada de los procesos comunicativos. Y más allá de ajustes y reflexiones constructivas, lo cierto es que aún pervive la propuesta de analizar los fenómenos culturales (incluidos en una sociología de la cultura) desde la mirada semiótica. Autores como Clifford Geertz, García Canclini y John B. Thompson, entre otros constituyen apenas una muestra.

Las propuestas de Eco no fueron exclusivas del intelectual comprometido con su "responsabilidad individual". El período de auge y despliegue del sistema de medios impulsó a diversas iniciativas de "lectura crítica de medios" entre los países europeos. En primera instancia, actividades involucradas en propuestas de *educación no-formal* cuyos objetivos podrían resumirse en las siguientes líneas: dejar de ser "simples descifradores" de mensajes para convertirse en "lectores pensantes" de forma tal que aquellos expuestos a los medios "conseguirán no pertenecer a un rebaño de seres complasivos y complacientes, sino que serán individuos escépticos, vitales y desafiantes". O como sostuvo Eco en una reformulación de la consabida frase cristiana. *"¡Hágase nuestra voluntad y no la tuya!"* (Eco, 1986b, p. 145).

La expansión del sistema de medios, el fortalecimiento de aquello que fue conceptualizado como cultura de masas y el inicio por parte de los intelectuales y académicos universitarios sobre esta problemática, además de cierto recelo sobre el avance político-cultural de Estados Unidos, estado triunfador tras la segunda guerra mundial, fue movilizando intereses hasta lograr consenso respecto a la necesidad de desarrollar programas de educación para la recepción. De esta forma el texto de Eco, escrito en 1967, quizás no hacía más que traducir en lenguaje movilizador e intranquilizante, un espíritu de época. Como lo demuestra la tarea iniciada en Europa en países como Francia, Suiza, Inglaterra

Umberto Eco mantuvo vigente este esquema hasta mediados de la década del '70, y recién después de haber publicado otro texto fundamental para el desarrollo del campo, titulado *Tratado de Semiótica General*, expuso su nueva propuesta denominada **Modelo Semiótico-Textual**.

Recursos

Otra faceta del semiólogo
https://www.youtube.com/watch?v=EslqCtD06zI

Además de agudo semiólogo y teórico literario, de influencia absolutamente ineludible en las últimas décadas del siglo xx, Umberto Eco se ha destacado por ser también un brillante novelista. Sus obras de ficción, al mismo tiempo complejas, eruditas y populares, han tenido una amplísima difusión, se han traducido a numerosos idiomas y –en algunos casos– han sido llevadas al cine. En 2010 publicó la última de sus novelas, *El cementerio de Praga*, y en esta conferencia dada en el Paraninfo de la Universidad Complutense de Madrid, habla sobre su escritura y los temas en los que se centra, especialmente el origen del antisemitismo moderno y los Protocolos de los Sabios de Sión.

Capítulo 15
Mediaciones, hegemonía y recepción ¿todo en orden?

En 1987 (hace ya veinte años), Jesús Martín-Barbero publica *De los medios a las mediaciones. Comunicación, cultura y hegemonía*, auténtico texto de fundación (Verón, 1987) para los estudios latinoamericanos en comunicación y cultura, ya que pocos –si es que alguno– de los libros de este campo han tenido su impacto, influencia y perdurabilidad.

La propuesta de Martín-Barbero es explícitamente programática: ya desde su título el libro plantea la necesidad de modificación de posiciones epistemológicas, modelos teóricos e instrumentos metodológicos; al decir del autor: "esa es la apuesta y el objetivo de este libro: cambiar el lugar de las preguntas" (Martín-Barbero, 1987, p. 11)[1], nada menos.

Si este objetivo es finalmente alcanzado, o una evaluación y seguimiento de la influencia que este libro (y el programa que contiene) ha tenido en la investigación del continente, son metas que exceden largamente el propósito de este ensayo. Nos ocuparemos, de un modo mucho más modesto, de tratar de clarificar el concepto que se enuncia como central en la propuesta barberiana: el de *mediación*, así como de contrastarlo con la operacionalización que se ha hecho del mismo en algunas corrientes de estudios

---

[1] Dado que –por las características de este capítulo– citaremos numerosas veces el libro de Martín-Barbero, en adelante nos referiremos al mismo como DMM.

de recepción que reconocen explícitamente su deuda con el teórico colombiano-español.

Mediación: un concepto no tan claro

La metáfora del viaje o la travesía está muy presente en la obra de Martín-Barbero[2], y un viaje supone el desplazamiento desde un lugar conocido (al menos en parte) hacia uno distinto, posiblemente más extraño o, justamente, distante. Así, los "medios" son el territorio donde se movía (o se inmovilizaba) la investigación sobre comunicación al momento de la intervención barberiana, mientras que las "mediaciones" son el nuevo horizonte que se propone como coto específico del campo. Sería lógico esperar, entonces, que, aún cuando se dé por hecho el consenso en torno a los "medios", exista una descripción más o menos precisa del norte que se propone, es decir de las "mediaciones". Con todo, esto no sucede: muy avanzado el texto (en la página 207) Martín-Barbero incluye lo que podría considerarse una definición pero así y todo, en su lectura, nos queda la impresión de que no contiene acabadamente la riqueza de matices que ha desplegado a lo largo del libro.

Veamos este punto con algo más de detenimiento. La palabra "mediación" (y su uso verbal: "mediar", "mediando"; o su asignación a un sujeto: "mediador/es", o incluso el uso de "función mediadora" o una utilización muy específica de "conectar") aparece unas 50 veces a lo largo de *De los medios a las mediaciones*. No son muchas, si se entiende que es el concepto central propuesto. Pero además, los usos son muy heterogéneos y, tratando de realizar una taxonomía de los mismos, podemos diferenciar:

1. la referencia al papel de ciertos géneros "bisagra" entre otros géneros o prácticas culturales, especialmente los que van desde lo tradicional-popular a lo moderno-masivo. Así, los pliegos y almanaques median entre el folclore y la cultura de masas (DMM, p. 119), el género melodramático media entre el folclore de las ferias y los espectáculos masivos (DMM, p. 131) o, más adelante, el radioteatro mediará entre la tradición cultural popular y los nuevos formatos del entretenimiento masivo (DMM, p. 184). El papel mediador de estos géneros "intermedios" se traslada también a algu-

---

[2] Pensemos solamente en los títulos de dos de sus libros: *Procesos de comunicación y matrices de cultura. Itinerario para salir de la razón dualista* (1987) y *Oficio de cartógrafo. Travesías latinoamericanas de la comunicación en la cultura* (2002).

nos de los estereotipos genéricos: así, el héroe del folletín es una mediación entre el héroe del mito y el de la novela (DMM, p. 148).

2. en forma similar pero me parece que no idéntica, Martín-Barbero habla algunas veces de ciertos actores sociales como "mediadores". En este sentido, el pasaje, por ejemplo, de las narraciones orales a una naciente industria editorial dirigida a las clases populares se encarna en ciertos personajes que desempeñan tareas claves: los editores de pliegos de cordel, por ejemplo, utilizan a sus trabajadores, originarios de los sectores populares, para transcribir las narraciones orales al formato escrito, así como para adaptar textos cultos al lenguaje y sensibilidad del vulgo (DMM, p. 114).

3. un uso vinculado íntimamente al concepto gramsciano de hegemonía. Así, los medios son espacios o lugares de mediación entre las exigencias del mercado y la lógica capitalista de maximización de la ganancia, por un lado, y las necesidades y placeres de las audiencias populares, por el otro. Desde este punto de vista, la mediación cultural es una operación de sutura, de resolución en el imaginario de los conflictos producidos por el antagonismo social, y el actor mediador es más amplio: la cultura masiva (DMM, p. 135) o los dispositivos comunicacionales (DMM, p. 139). "Estamos *situando* los medios en el ámbito de las mediaciones", dice Martín-Barbero (DMM, p. 154).

4. más específicamente, en América Latina los medios son lugares de mediación entre esas audiencias populares y el Estado-nación. La contemporaneidad entre la constitución de los Estados-nación latinoamericanos y la emergencia de los sistemas culturales modernos y el carácter de "identidad-proyecto" (Castells, 1999) que tienen las identidades nacionales en nuestro continente torna a los medios de comunicación en un dispositivo particularmente central de construcción nacional. Martín-Barbero analiza esta cuestión deteniéndose especialmente en el caso del cine mexicano de los años veinte y treinta (aunque también del radioteatro argentino y de la música negra brasileña), industrias culturales íntimamente vinculadas a la matriz política populista y a su forma de resolución de las demandas que surgen del nuevo contexto industrial y urbano propio de ciudades como México, Buenos Aires o Río de Janeiro. En etapas más recientes, los medios pasarán de lugares de mediación a lugares de simulación, de desactivación de las relaciones entre Estado y masas, rural y urbano, tradición y modernidad (DMM, p. 195)[3].

---

[3] Martín-Barbero vincula explícitamente esta mediación de la serie y los géneros con la que realizaba el folletín, pero nótese que puede vincularse también a la operación de la hegemonía.

5. entre ambos usos (el que refiere a los géneros y el que remite a la hegemonía) Martín-Barbero también habla de ciertos dispositivos de enunciación específicos que permitirán que los productos de la industria cultural cumplan esa función de mediación cultural y que, a su vez, serán también a su modo "mediadores". La indistinción entre actor y personaje propia del *star system*, por ejemplo, permite la mediación entre espectador y mito (DMM, p. 160), la periodicidad y la misma estructura del folletín median entre el tiempo del ciclo y el tiempo del progreso lineal (DMM, p. 146) y, más adelante en el tiempo, la "serie y los géneros" (o sus características) median entre el tiempo del capital y el tiempo de la cotidianidad.

6. un uso distinto es el que abreva de modo más directo en la noción hegeliano-adorniana del concepto. Es desde este punto de vista que Martín-Barbero registra la acusación de Adorno a Benjamin de que éste no da cuenta suficientemente de las mediaciones, por ejemplo entre economía, política y literatura. Aquí, "mediación" es indisoluble del concepto hegeliano-marxista de "totalidad": porque los distintos aspectos de la realidad, aunque parezcan muy distantes, se encuentran entrelazados y se "contaminan" mutuamente, es que existen instancias de mediación que relacionan, aunque no determinan directamente, un aspecto con el otro. Para Martín-Barbero es Benjamin, precisamente, quien da cuenta de la mediación central entre economía y cultura que para sus colegas frankfurtianos pasa desapercibida: la transformación de los modos de percepción del objeto cultural. Me parece que es en este registro que el teórico colombiano acusa a la crítica literaria y al análisis ideológico de "ir de las estructuras del texto a las de la sociedad o viceversa, *sin pasar por la mediación constituyente de la lectura*" (DMM, p. 143, subrayado en el original).

7. *'Traduttore, traditore"*, todo pasaje desde un formato comunicacional a otro implica una transformación conjunta del contenido, las prácticas de producción y las prácticas de reconocimiento, y aquí Martín-Barbero hace hincapié en las disrupciones que provoca la intervención de lógicas y dispositivos comunicacionales propios de la producción industrial de cultura en actividades "tradicionales". Pero caracteriza estas disrupciones también como "mediaciones", por ejemplo la mediación que realizan las técnicas de escritura periodística y de los dispositivos de la prensa entre el libro y el folletín (DMM, p. 139).

8. en la sección más específicamente metodológica del libro, aquella que se refiere a "La televisión desde las mediaciones", aparece con todo una noción de mediación que es bastante claramente distinguible de todas

las otras. Aquí se la define como "los lugares de los que provienen las constricciones que delimitan y configuran la materialidad social y la expresividad cultural de la televisión" (DMM, p. 233) y se proponen tres lugares de mediación: la cotidianidad familiar, la temporalidad social y la competencia cultural. Vale notar, con todo, que en el mismo párrafo citado, un par de frases antes, se dice que el abandono del mediacentrismo se debe fundamentalmente a que los movimientos sociales "hacen visibles las mediaciones" y que –en la página anterior– Martín-Barbero expresa su convencimiento en que la mediación desde la que opera la televisión parece no estar sufriendo demasiados cambios, usos ambos que remiten a nuestro tipo 3) de "mediación" y que creo se deslinda bastante claramente de éste.

El panorama no podría ser más complejo. Ahora bien, cuando Martín-Barbero se acerca a una definición de mediaciones, parece ubicarse con bastante comodidad en el tercero de los usos enumerados, y desprender del mismo los otros, especialmente los usos 1, 2, 4 y 5.

Así, afirma:

> El campo de lo que denominamos mediaciones se halla constituido por los dispositivos a través de los cuales la hegemonía transforma desde dentro el sentido del trabajo y la vida de la comunidad (DMM, p. 207).

Parece tener razón Florencia Saintout cuando concluye que la propuesta de pasar "de los medios a las mediaciones" implica

> un corrimiento del punto de vista de comprensión de la comunicación centrado en las "evidencias", en los medios, hacia la mirada de la comunicación que la inscribe en la cultura. Esto es, a las articulaciones entre prácticas de comunicación y movimientos sociales, a las diferentes temporalidades y la pluralidad de matrices de cultura (Saintout, 2003, p. 81).

Aunque esta conclusión no deja de ser problemática. La afirmación barberiana en la que parece fundarse Saintout es aquella en la que el autor colombiano propone "cambiar el lugar de las preguntas" y, para hacer investigables los procesos de constitución de lo masivo "investigarlos desde las mediaciones y los sujetos, es decir, desde la articulación entre prácticas de comunicación y movimientos sociales" (DMM, p. 11). Nótense algunas cuestiones:

a) la propuesta es muy específica: se centra en la investigación de los procesos de *constitución de lo masivo*

b) la cópula "es decir" no resulta para nada aproblemática: las mediaciones se distinguen de los sujetos, pero ¿las mediaciones no se dan *entre* sujetos y estructura, o sea entre movimientos sociales y sistema capitalista? ¿las prácticas de comunicación son instancias de mediación o éstas son las que median (articulan) entre prácticas de comunicación y movimientos sociales (que es lo que parece decir la frase)?

Parece claro que la problemática no queda cerrada, aunque la intención general de Martín-Barbero resulta evidente: situar el estudio de los medios en el lugar que ocupan en la construcción de la hegemonía. Así situados, resultará evidente que los medios no son dispositivos simples de manipulación ideológica, sino complejos lugares de negociación simbólica entre intereses de clase divergentes, experiencias culturales diversas y realidades vitales en transformación. Un estudio de estas características ganará riqueza si se propone como una historia cultural, y de hecho gran parte del libro de Martín-Barbero adopta esta perspectiva: el reconocimiento y la apropiación que realizan los sectores populares de los dispositivos y géneros mediáticos sólo pueden explicarse acabadamente a partir de su vinculación profunda con una tradición cultural popular que se hace presente en los mismos.[4]

Intermedio sobre el concepto filosófico de mediación

Martín-Barbero posee una consistente formación filosófica y esto no es un mero dato biográfico, sino un punto de partida asumido productivamente por el autor, desde el magistral comienzo de *De los medios a las mediaciones*, que podría competir con algunos inicios de novelas memorables: "Lo que aquí llega trae las huellas de un largo recorrido. Venía yo de la filosofía y, por los caminos del lenguajes, me topé con la aventura de la comunicación..." (DMM, p. 9), hasta la reivindicación de ese lugar de reflexión "doblemente fuera del campo de la comunicación" que realiza en la introducción a *Oficio de cartógrafo*.

Esta formación filosófica impide pensar en un uso ingenuo de la palabra "mediación", un término cargado de un pesado sentido. En el sistema hegeliano, mediación se encuentra íntimamente vinculado al eje del pro-

---

[4] Aunque quede sobrevolando la inquietud de en qué medida la presencia de elementos provenientes de las tradiciones populares en las expresiones de la cultura masiva industrializada no obedece al "derecho de pernada simbólico" del que hablaban Grignon y Passeron (1991).

yecto filosófico de Hegel: "no considerar la relación entre los opuestos como una relación de exterioridad y, a la vez, no pensar su vinculación o unidad a partir del sometimiento de uno de ellos a su otro" (Pérez Rodríguez, 2003, p. 326). La mediación sin más es en Hegel *mediación dialéctica*: movimiento que vincula particular y universal, universalizando el particular y particularizando al universal; y debe entenderse en relación a la totalidad. Para Hegel, las dicotomías típicas de la filosofía moderna que le precede (sujeto/objeto, universal/particular, libertad/naturaleza, identidad/diferencia, etc.) fallan al considerar las relaciones entre estos opuestos como exteriores, mientras que "la respuesta de Hegel a este problema es clara: no existe tal dualismo que escinde el sujeto con el objeto. En otras palabras, la oposición entre sujeto y objeto es falsa" (Rivas Castillo, s. f.). Para su sistema estas oposiciones son internas al todo, y constituyen momentos del proceso dialéctico.

La dialéctica hegeliana posee tres momentos, que en su frecuentación didáctica han tomado los nombres de tesis, antítesis y síntesis, aunque no son éstos los términos utilizados por el filósofo alemán:

> en su lugar utiliza "afirmación", "negación" y "negación de la negación". Hegel atribuye esta tríada de nombres y conceptos al antiguo pensamiento griego y al pensamiento cristiano primitivo. El primero es característico del entendimiento, el segundo es el movimiento propiamente dialéctico y el tercero es el propio de la razón. En las obras de Hegel aparecen más frecuentemente otros nombres: simplicidad, escisión y reconciliación; o inmediatez, alienación y unidad mediada (Ibíd.).

Mediación aparece aquí ligado al tercero de los momentos de la dialéctica: el de la superación/eliminación (*Aufhebung*), que en sus dos significados opuestos implica una eliminación que mantiene lo eliminado, integrándolo en un nivel superior. Es este momento final de reconciliación el que es negado enfáticamente por Adorno:

> Como en Hegel, la contradicción, con la negación como su principio lógico, dotó a su pensamiento de estructura dinámica y proporcionó la fuerza motora para la reflexión crítica. Pero mientras Hegel veía en la negatividad el movimiento del concepto hacia su "otro", sólo un momento dentro de un proceso mayor hacia la consumación sistemática, Adorno no veía posibilidad alguna de que una argumentación se detuviera en la síntesis inequívoca. Hizo de la negatividad el signo distintivo de su pensamiento precisamente porque creía que Hegel se había equivocado: razón y realidad no coincidían (Buck-Morss, 1981, p. 139).

Para Adorno los opuestos se contaminaban mutuamente pero sin llegar necesariamente a una síntesis superadora: "Utilizaba la argumentación dialéctica para construir «modelos» de pensamiento que, no importa donde comenzaran, siempre se movían hacia la dirección opuesta" (Ibíd., p. 359). Como Adorno sustentaba el concepto hegeliano de totalidad, la mediación se vuelve un concepto aún más crucial, ya que debe dar cuenta de las múltiples instancias que vinculan aspectos sólo en apariencia opuestos, aunque no lleguen a reconciliarse nunca, y aún cuando él insistía en mantenerlos a distancia unos de otros. Cuando rechazaba la sujeción del intelectual a los dictados del partido, por ejemplo, argumentaba que "teoría y praxis política no eran idénticas y que su relación estaba complejamente *mediatizada*" (Ibíd., p. 81, subrayado mío).

Ahora bien, la mediación, así entendida, no implica algún tipo de instancia separada de los "polos mediados" (en el ejemplo, algo intermedio entre teoría y praxis política), sino que denota la mutua contaminación de uno de los polos por su opuesto. Al decir de Adorno: "La mediación se halla en el propio objeto, no es algo que se halle entre el objeto y en lo que éste da" (cit. en Williams, 1980, p. 119). Es en este sentido –y a despecho de que las críticas que se le hacen por aristocratizante sean finalmente ciertas– como deben entenderse las observaciones de Adorno a Benjamin a propósito de "La obra de arte en la época de su reproductibilidad técnica": al aplicar el concepto de aura a la obra de arte autónoma (o en su aplicación), Benjamin desdialectiza la obra de arte y si bien es positivo el rescate que realiza del cine de masas y de sus potencialidades revolucionarias, similar operación debe hacerse –a juicio de Adorno– con el arte burgués:

> No hace falta que le asegure que soy plenamente consciente del elemento mágico en la obra de Arte burguesa [...] pero me parece que el centro de la obra de Arte autónoma no está en la parte mítica –disculpe la forma tópica de hablar– sino que es en sí mismo dialéctico: entrelaza en sí lo mágico con el signo de la libertad (Adorno, 1995, p. 140).

Me parece evidente que si aceptamos que el núcleo tanto del proyecto hegeliano como de la versión neohegeliana del marxismo que propone Adorno pasa por la superación de los dualismos propios de la filosofía idealista de la primera modernidad, existe una "afinidad electiva" con el proyecto barberiano de "crítica de la razón dualista" a partir de la recuperación de las mediaciones constitutivas de lo popular. Se trata de superar visiones dicotómicas que establecen diferencias tan nítidas como artificiales entre culto/popular, tradición/modernidad, medios/cultura, dominantes/dominados y pasar a analizar "los mestizajes de que estamos hechos", o "los dispositivos a través de los cuales la hegemonía transforma desde dentro el sentido del trabajo y la vida de la comunidad" (DMM, p. 207), ya que –después de todo– "la liberación es problema del oprimido, es en él donde se encuentran las claves de su liberación" (Martín-Barbero, 2003, p. 111).

La operacionalización de las mediaciones en los estudios de recepción latinoamericanos

A partir de la segunda mitad de los años '80, los estudios de recepción se convirtieron en un sector muy significativo de la investigación latinoamericana en comunicación, desplazando el énfasis puesto anteriormente en la trasnacionalización de la cultura (o invasión cultural) y las propuestas correlativas de políticas nacionales de comunicación. Resulta interesante destacar que al inicio del período mencionado, el propio Martín-Barbero le da sentido político a este desplazamiento; en su colaboración al número 19 de *Telos*, dedicado a una panorámica sobre la investigación comunicacional latinoamericana (y que ha sido considerado en más de una ocasión como el ejemplo más ilustrativo del "estado de la cuestión" por esos años), critica tanto las políticas culturales "contenidistas" que reniegan de los saberes y disfrutes populares, como el abandono de la sociedad civil al mercado, propio de un progresismo estatizante, y propone en contrapartida un reconocimiento de lo popular

> que es, en primer lugar, desplazamiento metodológico para rever el proceso entero de la comunicación desde su otro lado: el de las resistencias y las resignificaciones que se ejercen desde la actividad de apropiación, desde los usos que los diferentes grupos sociales –clases, etnias, generaciones, sexos– hacen de los medios y los productos masivos (Martín-Barbero, 1989, p. 24).

Este programa va a ser asumido como propio por un importante número de investigadores del continente. Nos detendremos en los aportes de Guillermo Orozco Gómez, Martha Renero Quintanar (quien ha trabajado de manera conjunta con Orozco Gómez), Nilda Jacks y Maria Inmaculata Vasallo de Lopes.

El investigador mexicano Guillermo Orozco Gómez ha propuesto su "modelo de mediación múltiple" con el sentido explícito de "bajar la teorización [de Martín-Barbero] al nivel empírico para poder hacer investigación" (Orozco Gómez, 1996, p. 116). En su propuesta, existen diferentes mediaciones o diferentes niveles de análisis de las mediaciones, entendidas éstas como estructuras de distinto tipo que colaboran en la construcción final de sentido en la recepción:

a) *mediaciones individuales*: esquemas o guiones mentales tal como los propone la psicología cognitiva.

b) *mediaciones institucionales*: instituciones de las que forma parte el sujeto y que enmarcan la recepción (por ejemplo familia, iglesia, escuela).

c) *mediaciones massmediáticas*: constituidas por los condicionamientos que surgen de las mismas características estructurales de la/s tecnología/s de comunicación.

d) *mediaciones situacionales*: las características particulares de la situación en que se produce el encuentro con el texto (por ejemplo en el hogar, en el bar, en la escuela) y los condicionantes que surgen de la misma.

e) *mediaciones de referencia*: "incluyen todas aquellas características que sitúan en un contexto o ambiente determinado: por ejemplo la edad, el género, la etnia, la raza o la clase social" (Ibíd., p. 118).[5]

El "objeto" que ha concentrado la atención de esta corriente es la familia, ya que "se ha buscado sobre todo entender las mediaciones familiares y escolares de la recepción televisiva de niños y jóvenes" (Orozco Gómez, 2002, p. 20). En un artículo de 1992, Orozco Gómez da cuenta de una investigación realizada con 28 madres de familia agrupadas en audiencias diferentes según el carácter de la escuela a la que asisten sus hijos (pública o privada), nivel de ingreso y tipo de ocupación del jefe de hogar. El objetivo de la investigación era caracterizar las teorías educativas maternas existentes en cada audiencia y analizar la manera en que éstas influían (mediaban) en las restricciones (o ausencia de ellas) que se colocaba a los niños frente a la televisión. La investigación da cuenta de importantes diferencias entre los distintos tipos de madres, en relación a las metas que se proponen para la educación de sus hijos, el papel de la escuela y su legitimidad, el lugar del entretenimiento en la formación de los niños y –correlativamente– la existencia de diferentes valorizaciones sobre la televisión y sobre el carácter positivo, neutro o nocivo de su programación, así como también diferentes grados de preocupación respecto a la misma, identificando asimismo diversas estrategias en relación al medio.

---

[5] En un trabajo posterior, Orozco Gómez propone incluir en los estudios de recepción los modos en que "las dimensiones inconscientes de las audiencias (disposiciones al placer, al deseo, a la evasión, al morbo, al chisme) [...] median de manera significativa sus procesos de recepción" (Orozco Gómez, 2002, p. 22).

En una investigación de tono similar, Martha Renero Quintanar (1992) se centró en la mediación materna como "práctica de control materno en la recepción tele-viciva infantil". La investigadora considera que las tres instituciones principales para la socialización de los niños son la familia, la televisión y la escuela, y que éstas entablan una suerte de competencia por el liderazgo educativo "que se manifiestan fundamentalmente en el nivel del discurso, en la imposición de significados y en las prácticas mediadoras" (Ibíd., p. 38). Renero Quintanar analiza en al artículo mencionado dos tele-audiencias específicas: la "tele-audiencia mixteca" (migrantes de esa etnia que habitan en la ciudad de Tijuana y cuyos hijos asisten a establecimientos educativos públicos) y la "tele-audiencia privada" (familias urbanas de diversas ciudades del interior y centro de México, de clase media y media-alta), encontrando diferencias en varios registros, pero muy especialmente en el de las prácticas de ver televisión con los hijos y contextualizar (o no) los contenidos de la programación de acuerdo a los valores familiares.

Por su parte la Nilda Jacks, en un artículo conjunto con Ana Carolina Escosteguy (2006), da cuenta de la importancia de la incorporación de la reflexión teórica de Martín-Barbero en el contexto brasileño ya que –aunque tardía– posibilitó el abandono de una lógica dualista que, o bien autonomizaba a los receptores de los sectores populares de todo condicionamiento estructural, o bien los consideraba completamente manipulados por los medios, permitiendo, por ejemplo, el análisis de las mediaciones de la cultura regional y de la cultura campesina en la recepción mediática. Sin embargo, resulta notable que en un artículo que da cuenta de una ambiciosa investigación de Jacks (2002) donde se analizaron familias a lo largo de tres generaciones con el objeto de estudiar la constitución de las audiencias brasileñas en un contexto de marcados cambios tecnológicos, la categoría de "mediación" prácticamente no se menciona.[6]

El caso de María Inmacolata Vasallo de Lopes es especialmente interesante porque la investigación que realiza propone explícitamente como su propósito "hacer una exploración multimetodológica de la teoría latinoamericana de las mediaciones" (Maria Inmacolata Vasallo de Lopes, 2006, p. 125) en el entendido de que "el principal desafío que hoy atraviesan los estudios latinoamericanos de recepción es la traducción metodológica de la

---

[6] Sólo aparece al distinguir los componentes del proyecto entre un subproyecto que analizó la constitución del sistema de televisión por cable en Brasil ("regido, en cierto sentido, por la lógica de las determinaciones") y otros dos subproyectos que se centraron en el estudio de las identidades y de las prácticas cotidianas de las audiencias ("más identificados con la lógica de las mediaciones").

teoría de las mediaciones en proyectos de investigación empírica" (Ibíd., p. 127) una premisa que, como vimos, es compartida con Orozco Gómez. La investigación se centró en cuatro mediaciones: cotidiano familiar, subjetividad, género y video-técnica, buscando desentrañar cómo cada una intervenía en la construcción de sentido por parte de la audiencia de telenovelas. Para Vasallo de Lopes la mediación debe ser entendida como "una especie de estructura incrustada en las prácticas sociales", o "un proceso estructurante que configura y reconfigura tanto la interacción de los miembros de la audiencia con los medios, como la creación por parte de ellos del sentido de esa interacción" (Ibíd, p. 134). En el complejo modelo de investigación resultante las mediaciones se operacionalizaron en "observables": clase, familia, subjetividad, género ficcional y formato. Vale la pena destacar que –a diferencia del modelo de Orozco Gómez– aquí se incorporó la clase social como una *mediación estructural*, es decir "una dimensión de mediación donde se realiza el carácter *social global* del proceso de construcción del sentido en la sociedad" (Ibíd, p. 141). A nivel metodológico, la investigación incluyó un amplio conjunto de técnicas, mayormente cualitativas, y casi todas aplicadas a un conjunto reducido de familias.

Conclusiones

La potente propuesta barberiana de pasar "de los medios a las mediaciones" encontró en los estudios latinoamericanos de recepción su acogida más clara y evidente. Sin embargo, la descripción que realizamos de algunas experiencias y modelos, que me parecen bastante representativos, dejan al descubierto que esta apropiación no fue de ninguna manera directa, sino ella misma *mediada*.

La categoría de mediación es muy amplia en el texto de Martín-Barbero (hemos identificado al menos ocho usos distinguibles del concepto) y debe considerarse más bien como un marco programático, en el cual algunos de sus acentos centrales se deducen sin demasiadas dificultades.

Entre todos los usos del concepto, los estudios latinoamericanos de recepción se han concentrado en explorar el último de los que identificamos, es decir aquél que refiere a "los lugares de los que provienen las constricciones que delimitan y configuran la materialidad social y la expresividad cultural de la televisión" (DMM, p. 233) y –en la operacionalización del concepto– se han inclinado por acentuar el rechazo a un modelo determinista y lineal de la comunicación, en pos de uno que tenga en cuenta la multiplicidad de factores –de muy diverso tipo– que inciden en la construcción de sentido, entendiendo estos factores como "mediaciones". Así entendida, la teoría de las mediaciones tiene más de un punto de contacto con la manera en que se ha conceptualizado el consumo mediático en los estudios culturales británicos[7], a partir de la propuesta del modelo de codificación/decodificación de Stuart Hall (s. f.) y su énfasis en considerar al proceso de comunicación de masas como la articulación de una serie de prácticas sociales cuyo objeto es el significado. Por otra parte, al insistir en que las mediaciones serían "una especie de estructura incrustada en las prácticas sociales", Vasallo de Lopes las asimila al concepto de habitus de Pierre Bourdieu, o al tipo específico de habitus que intervendría en la recepción mediática.

Ahora bien, creo que aquí existen algunos problemas y limitaciones que vale la pena mapear. El primero de ellos es que, si bien las propuestas (por ejemplo el "modelo de múltiples mediaciones" de Orozco Gómez) consideran la existencia de condicionamientos o cierres de sentido provenientes de las características específicas de las tecnologías de comunicación (y de sus lógicas de producción)[8], al centrarse en la realización de etnografías de audiencias estos condicionamientos quedan "fuera de campo" y terminan sin ser analizados.

Este sesgo se traduce en un desdibujamiento del que entiendo es el principal acento de la intervención barberiana: su ubicación de los medios (y de la recepción de los mismos) al interior de la problemática de la construcción de hegemonía en las sociedades latinoamericanas, su interés en considerar a los medios como espacios de negociación (o mediaciones) entre la lógica capitalista de maximización de la ganancia y las necesidades y deseos de las audiencias populares. La opción etnográfica también parece dificultar la incorporación del eje diacrónico tan protagónico en el texto de Martín-Barbero, y que sería más abordable desde una historia cultural.

Una consecuencia, seguramente no deseada, es que el carácter marcadamente político de la propuesta de Martín-Barbero termina, justamente,

---

[7] Vale la pena mencionar que Orozco Gómez rechaza enérgicamente la asimilación entre recepción y consumo cultural, entendiendo que la misma supone "intenciones discriminatorias de la perspectiva del consumo sobre la de la recepción" (Orozco Gómez, 2006, p. 20). Por mi parte, no estoy seguro de si esta airada puntualización no implica un exceso de susceptibilidad.

[8] Condicionamientos que en el modelo de Hall constituyen, justamente, el momento de "codificación".

bastante "despolitizada". La recurrencia de movimientos en los que, al privilegiar el carácter activo y productivo de las audiencias, se cae en un borramiento de los condicionamientos estructurales y en un debilitamiento de la productividad política de la teoría y la investigación, indica que éste no es un problema de fácil solución.[9] Entre los investigadores que aquí comentamos, es Vasallo de Lopes quien parece tener más presente la cuestión, pero entiendo que su solución (la re-introducción de la clase social como "mediación estructural" o *primus inter pares*) dista de ser satisfactoria.

De los medios a las mediaciones constituye, a todas luces, una bisagra en el campo de los estudios de comunicación latinoamericanos y su impacto es difícilmente sobreestimable. Los estudios de recepción han sido sin duda los abanderados de la apropiación de la propuesta barberiana, pero, sin dejar de considerar la riqueza y productividad de sus aportes, pareciera que no la han agotado de ningún modo. El sistema mediático y tecnológico (por no hablar de los contextos políticos y sociales) de las sociedades latinoamericanas ha variado profundamente en estas dos décadas, pero creo que algunos de los acentos de aquél libro siguen siendo válidos, y no estaría de más retomarlos a la hora de reflexionar sobre los complejos modos en que comunicación, cultura y hegemonía se imbrican en nuestro continente.

---

[9] Ver, para el caso de los estudios culturales anglosajones (y a modo de ejemplo), el libro colectivo coordinado por M. Ferguson y P. Golding (1998), especialmente los artículos de T. Gitlin, G. Murdock, D. Morley y el de los mismos compiladores. También puede tomarse como muestra la crítica de N. Garnham (1997).

Recursos

La influencia del maestro
https://www.youtube.com/watch?v=7nsyKGNTcS8
En 2010 un conjunto de investigadores de la comunicación mexicanos fueron interrogados acerca de la influencia de Jesús Martín-Barbero en su trabajo, testimonios recogidos en un documental.

Bibliografía

Adorno, T. W. (1995). *Sobre Walter Benjamin: recensiones, artículos, cartas*. Madrid: Cátedra.
Adorno, T. W. (2002). *Televisión y cultura de masas*. Buenos Aires: Lunaria.
Baczko, B. (1991). *Los imaginarios sociales: memorias y esperanzas colectivas*. Buenos Aires: Ediciones Nueva Visión.
Barthes, R. (1971). *Elementos de semiología*. Madrid: Alberto Corazón.
Battistozzi, A. M. (2006). ¿A quién le importa el arte? *Revista Ñ*. Buenos Aires.
Beigel, F. (2006). Vida, muerte y resurrección de las «teorías de la dependencia». En *Crítica y teoría en el pensamiento social latinoamericano*. Buenos Aires: CLACSO.
Beltrán, L. R., & Fox de Cardona, E. (1980). *Comunicación dominada: Estados Unidos en los medios de América Latina* (1a ed.). México D.F.: Instituto Latinoamericano de Estudios Transnacionales ; Editorial Nueva Imagen.
Benjamin, W. (1989). *Discursos interrumpidos I*. Taurus.
Benjamin, W. (1998). *Tentativas sobre Brecht: iluminaciones III*. Madrid: Taurus.
Bonfil Batalla, G. (1981). Comunicación y penetración cultural. *Aportes de Comunicación Social*, (2). Recuperado a partir de http://ccdoc.iteso.mx/acervo/cat.aspx?cmn=browse&id=499
Bookchin, N., & Shulgin, A. (1999). Introducción al net.art. *aleph*. Recuperado 9 de septiembre de 2012, a partir de http://aleph-arts.org/pens/intro-net-art.html
Bourdieu, P., Chamboredon, J.-C., & Passeron, J. C. (1996). *El oficio de sociólogo: presupuestos epistemológicos*. México: Siglo XXI.

Brea, J. L. (s. f.). net.art: (no)arte, en una zona temporalmente autónoma. *aleph*. Recuperado 9 de septiembre de 2012, a partir de http://aleph-arts.org/pens/net.html

Buck-Morss, S. (1981). *Origen de la dialéctica negativa: Theodor W. Adorno, Walter Bnejamin y el Instituto de Frankfurt*. México: Siglo XXI.

Cantril, H. (1986). La invasión desde Marte. En M. de Moragas Spà (Ed.), *Sociología de la comunicación de masas. Vol. 2, Estructura, funciones y efectos*. Barcelona: Gustavo Gili.

Casermeiro Perenson, A. (2008). La teoría de la agenda setting. En *Los medios ¿aliados o enemigos del público?: derivaciones de las teorías de comunicación surgidas en los setenta*. Buenos Aires: Educa.

Castells, M. (1999). *Globalización, identidad y Estado en América Latina*. Santiago de Chile: PNUD. Recuperado a partir de http://www.desarrollohumano.cl/otraspub/Pub01/Idyest.pdf

Centro para la Genética y la Sociedad (CGS). (2005a). Construyendo una red, construyendo un movimiento a favor de la justicia genética humana. En J. Villarreal, S. Helfrich, & A. Calvillo (Eds.), *Un mundo patentado: la privatización de la vida y del conocimiento*. San Salvador: Fundación Heinrich Böll.

Centro para la Genética y la Sociedad (CGS). (2005b). Las nuevas tecnologías de la modificación genérica humana: un umbral de desafío para la humanidad. En J. Villarreal, S. Helfrich, & A. Calvillo (Eds.), *Un mundo patentado: la privatización de la vida y del conocimiento*. San Salvador: Fundación Heinrich Böll.

Chomsky, N., & Herman, E. S. (1990). *Los guardianes de la libertad: propaganda, desinformación y consenso en los medios de comunicación de masas*. Barcelona: Crítica.

Danto, A. (2001). *Después del fin del arte: el arte contemporáneo y el linde de la historia*. Barcelona: Paidós Ibérica.

De Fleur, M., & Ball-Rokeach, S. J. (1986). *Teorías de la comunicación de masas* ([1a. reimp.].). Barcelona: Paidós.

Delgado, M. (2008). Hordas espectadoras: fans, hooligans y otras formas de audiencia en turba. En I. Duarte & R. Bernat (Eds.), *Querido público. El espectador ante la participación: jugadores, usuarios, prosumers y fans*. Murcia: Centro Párraga, Cendeac y Elèctrica Produccions.

De Sola Pool, I. (1992). Discurso y sonidos de largo alcance. En R. Williams (Ed.), *Historia de la comunicación / 2. De la imprenta a nuestros días*. Barcelona: Bosch.

Dickie, G. (2005). *El círculo del arte: una teoría del arte*. Barcelona: Paidós.

Doob, L. (1985). Goebbels y sus principios propagandísticos. En M. de Moragas Spà (Ed.), *Sociología de la comunicación de masas* (Vols. 1-4, Vol. 3). Gustavo Gili.

Dubiel, H. (2000). *La teoría crítica: ayer y hoy*. México: Universidad Autónoma Metropolitana Iztapalapa.
Eagleton, T. (1997). *Ideología : una introducción*. Barcelona [etc.]: Paidós.
Eco, U. (1970). *Obra abierta*. Barcelona: Ariel.
Eco, U. (1975). *La estructura ausente: introducción a la semiótica*. Barcelona: Lumen.
Eco, U. (1977). *Apocalípticos e integrados* (5. ed.). Barcelona: Lumen.
Eco, U. (1986a). *La estrategia de la ilusión*. Barcelona: Editorial Lumen.
Eco, U. (1986b). Para una guerrilla semiológica. En *La estrategia de la ilusión*. Barcelona: Editorial Lumen.
Eco, U. (1993). *La búsqueda de la lengua perfecta en la cultura europea*. Barcelona: Crítica.
Edward, D. (2001). El modelo de propaganda: una perspectiva. *Rebelión*. Recuperado 5 de septiembre de 2012, a partir de http://www.rebelion.org/hemeroteca/cultura/edwards011201.htm
Entel, A., Lenarduzzi, V., & Gerzovich, D. (1999). *Escuela de Frankfurt: razón, arte y libertad* (1a ed.). Buenos Aires: EUDEBA.
Ferguson, M., & Golding, P. (Eds.). (1998). *Economía política y estudios culturales* (1a. ed.). Barcelona: Bosch.
Foucault, M. (1991). *Las Redes del Poder*. Buenos Aires: Almagesto.
Foucault, M. (2000). *Defender la sociedad: curso en el Collège de France (1975-1976)*. (H. Pons, Trad.). Buenos Aires: Fondo de Cultura Económica.
Foucault, M. (2006). *Seguridad, territorio, población: curso en el Collége de France (1977-1978)*. Buenos Aires: FCE.
Foucault, M. (2007). *Las palabras y las cosas: una arqueología de las ciencias humanas*. Argentina: Siglo Veintiuno.
Freire, P. (1970). *Pedagogía del oprimido*. México: Siglo XXI.
Freud, S. (1979). *Obras completas/ 18, Más allá del principio de placer, Psicología de las masas y análisis del yo y otras obras : (1920 - 22)*. Buenos Aires: Amorrortu editores.
Garnham, N. (1983). La Cultura como Mercancía. En G. Richeri (Ed.), *La televisión: entre servicio público y negocio: Estudios sobre la transformación televisiva en Europa Occidental*. Barcelona: Gustavo Gili.
Garnham, N. (1997). Economía política y estudios culturales ¿reconciliación o divorcio? *Causas y azares*, (6).
Gerbner, G., Gross, L., Morgan, M., & Signorielli, N. (1996). Crecer con la televisión: perspectiva de aculturación. En J. Bryant & D. Zillmann (Eds.), *Los efectos de los medios de comunicación: investigaciones y teorías*. Barcelona: Paidós.
Giddens, A. (1986). *La constitución de la sociedad: bases para la teoría de la estructuración*. Buenos Aires: Amorrortu Editores.
Giddens, A. (1992). *El Capitalismo y la moderna teoría social*. Barcelona: Labor.

Goffman, E. (1981). *La Presentación de la persona en la vida cotidiana*. Buenos Aires: Amorrortu.
Gómez, L. I. P. (s. f.). Formas de institucionalización textual de las obras de net.art en el mundo del arte. Recuperado a partir de http://www.liminar.com.ar/txt/institucion.PDF
Grignon, C., & Passeron, J.-C. (1991). *Lo culto y lo popular: miserabilismo y populismo en sociología y en literatura*. Buenos Aires: Nueva Visión.
Habermas, J. (1999). *Teoría de la acción comunicativa, I Racionalidad de la acción y racionalización social*. Madrid: Taurus
Habermas, J. (2002). *Historia y crítica de la opinión pública: la transformación estructural de la vida pública*. México: Ediciones G. Gili.
Hall, E. T. (1972). *La dimensión oculta*. México: Siglo Veintiuno.
Hall, E. T. (1989). *El lenguaje silencioso*. Madrid: Alianza.
Hall, S. (1986). La cultura, los medios de comunicación y el «efecto ideológico». En J. Curran, M. Gurevitch, & J. Woollacott (Eds.), *Sociedad y comunicación de masas*. México: FCE.
Hall, S. (s. f.). Codificar y Decodificar. *Nombre Falso. Comunicación y sociología de la cultura*. Recuperado 9 de marzo de 2010, a partir de http://www.nombrefalso.com.ar/index.php?pag=71
Hamelink, C. J. (1985). *Hacia una autonomía cultural en las comunicaciones mundiales*. Buenos Aires, Argentina: Ediciones Paulinas.
Hardt, M., & Negri, A. (2000). *Imperio*. Barcelona: Paidós.
Heck, P. (s. f.). Salvando el net.art, una entrevista con Bosma. *aleph*. Recuperado 9 de septiembre de 2012, a partir de http://aleph-arts.org/pens/saving.html
Herscovici, A. (2009). Contribuições e limites das análises da escola francesa, à luz do estudo da economia digital: Uma releitura do debate dos anos 80. *Eptic*, *XI*(1).
Horkheimer, M. (1974). *Teoría crítica*. Buenos Aires: Amorrotu.
Horkheimer, M. (1976). *Apuntes 1950-1969*. Caracas: Monte Avila.
Horkheimer, M. (1986). *Sociedad en transición: estudios de filosofía social*. Barcelona: Planeta-De Agostini.
Horkheimer, M. (2007). *Crítica de la razón instrumental* (1a ed.). La Plata: Terramar.
Horkheimer, M., & Adorno, T. W. (1987). *Dialéctica del iluminismo*. Buenos Aires: Editorial Sudamericana.
Jacks, N. (2002). Historia de familia y etnografía: procedimientos metodológicos para un análisis integrado. En G. Orozco Gómez (Ed.), *Recepción y mediaciones: casos de investigación en América Latina* (1. ed.). Buenos Aires: Grupo Editorial Norma.
Jacks, N., & Escosteguy, A. C. (2006). Prácticas de recepción mediática: el pasado y el futuro de la investigación brasileña. En F. Saintout & N. Ferrante

(Eds.), ¿Y la recepción?: balance crítico de los estudios sobre el público. Buenos Aires: La Crujía Ediciones.
Jakobson, R. (1975). Ensayos de lingüística general (1. ed.). Barcelona: Seix Barral.
Jay, M. (1974). La imaginación dialéctica: historia de la Escuela de Frankfurt y el Instituto de Investigación Social (1923-1950). Madrid: Taurus.
Katz, E., & Lazarsfeld, P. F. (1979). La influencia personal: el individuo en el proceso de comunicación de masas. Barcelona: Editorial Hispano Europea.
Laclau, E. (2005). La razón populista (1ra ed.). Buenos Aires; México: Fondo de Cultura Económica.
Lasswell, H. (1986). Estructura y función de la comunicación en la sociedad. En M. de Moragas Spà (Ed.), Sociología de la comunicación de masas. Vol. 2, Estructura, funciones y efectos. Barcelona: Gustavo Gili.
Lazarsfeld, P. F. (1985). La campaña electoral ha terminado. En M. de Moragas Spà (Ed.), Sociología de la comunicación de masas (Vols. 1-4, Vol. 3). Gustavo Gili.
Lazarsfeld, P. F., Berelson, & Gaudet. (1960). El pueblo elige. Ediciones 3.
Lazarsfeld, P. F., & Merton, R. K. (1986). Comunicación de masas, gustos populares y acción social organizada. En M. de Moragas Spà (Ed.), Sociología de la comunicación de masas. Vol. 2, Estructura, funciones y efectos. Barcelona: Gustavo Gili.
Lazzarato, M. (2006). Políticas del acontecimiento. Buenos Aires: Tinta Limón.
Le Bon, G. (1995). Psicología de la masas ([3a. ed.].). Madrid: Morata.
Lenarduzzi, V. (1999). Contra el «adornismo»: sobre la recepción de la Escuela de Frankfurt en América Latina.
Leroux, H. (2006). Foucault y la Escuela de Frankfurt. En A. Blanc & J.-M. Vincent (Eds.), La Recepción de la Escuela de Frankfurt. Buenos Aires: Nueva visión.
Levy, P. (2004). Inteligencia colectiva: por una antropología del ciberespacio. Washington DC: Organización Panamericana de la Salud.
Lukács, G. (1985). Historia y consciencia de clase (Vols. 1-2). Buenos Aires: Orbis.
Martín-Barbero, J. (1987). De los medios a las mediaciones. Gustavo Gili.
Martín-Barbero, J. (1989). Comunicación y cultura. Unas relaciones complejas. Telos, 19.
Martín-Barbero, J. (2003). Oficio de cartógrafo: travesías latinoamericanas de la comunicación en la cultura. Bogotá: FCE Bogotá.
Marx, K., & Engels, F. (1972). La ideologia alemana: crítica de la novísima filosofia alemana en las personas de sus representante. Montevideo: Pueblos Unidos.
Mattelart, A. (1973). El imperialismo en busca de la contrarrevolución cultural. Comunicación y Cultura, (1), 146-223.

Mattelart, A. (2003). *La comunicación-mundo: historia de las ideas y de las estrategias* (2a ed.). México: Siglo XXI.
Mattelart, A., Piccini, M., & Mattelart, M. (1976). *Los medios de comunicación de masas: la ideología de la prensa liberal en Chile*. Buenos Aires: El Cid Editor.
McCombs, M. (1996). Influencia de las noticias sobre nuestras imágenes del mundo. En J. Bryant & D. Zillmann (Eds.), *Los efectos de los medios de comunicación: investigaciones y teorías*. Barcelona: Paidós.
McCombs, M. (2006). *Estableciendo la agenda*. Barcelona: Paidós.
Montero Sánchez, M. D. (2001). Mundialización y construcción de la opinión pública. *Análisi, 26*.
Moragas Spà, M. de. (1981). *Teorías de la comunicación: investigaciones sobre medios en América y Europa*. Barcelona: G. Gili.
Morgan, R. (2000). *Duchamp & los artistas contemporáneos posmodernos: seminarios impartidos en la Universidad de Buenos Aires* (1. ed.). Buenos Aires: Eudeba / Secretaría de Extensión Universitaria y Bienestar Estudiantil Universidad de Buenos Aires.
Moscovici, S. (1985). *La era de las multitudes: un tratado histórico de psicología de las masas*. México: FCE.
Muñoz, B. (1989). *Cultura y comunicación: introducción a las teorías contemporáneas*. Barcelona: Barcanova.
Muraro, H. (1974). *Neocapitalismo y comunicación de masa*. Buenos Aires: Editorial Universitaria de Buenos Aires.
Muraro, H. (1987). *Invasión cultural economía y comunicación*. Buenos Aires: Editorial Legasa.
Muraro, H. (2008). La manija / quiénes son los dueños de los medios de comunicación en América Latina. En M. Sonderéguer (Ed.), *Revista Crisis (1973-1976). Antología: del intelectual comprometido al intelectual revolucionario*. Bernal: Universidad Nacional de Quilmes Editorial.
Murdock, G., & Golding, P. (1986). Capitalismo, comunicaciones y relaciones de clase. En J. Curran, M. Gurevitch, & J. Woollacott (Eds.), *Sociedad y comunicación de masas*. México: FCE.
Nisbet, R. A. (1996). *Historia de la idea de progreso*. Barcelona: Gedisa.
Noelle-Neumann, E. (1995). *La espiral del silencio: opinión pública: nuestra piel social* (1a ed.). Barcelona: Ediciones Paidós.
Nun, J. (1982). El otro reduccionismo. En D. Camacho & F. Rojas Aravena (Eds.), *América Latina: ideología y cultura*. San José: FLACSO Costa Rica.
Orozco Gómez, F. (2006). Los estudios de recepción: de un modo de investigar a una moda, y de ahí a muchos modos. En *¿Y la recepción?: balance crítico de los estudios sobre el público*. Buenos Aires: La Crujía Ediciones.

Orozco Gómez, G. (1996). *La investigación en comunicación desde la perspectiva cualitativa*. La Plata, Provincia de Buenos Aires: Universidad Nacional de La Plata, Facultad de periodismo y comunicación social.

Orozco Gómez, G. (Ed.). (2002). *Recepción y mediaciones: casos de investigación en América Latina* (1. ed.). Buenos Aires: Grupo Editorial Norma.

Ortega y Gasset, J. (1993). *La rebelión de las masas*. Barcelona: Planeta-Agostini.

Pérez Rodríguez, B. (2003). Hegel y el fin de la historia. *Revista de Filosofía*, *28*(2), 325 - 352. doi:-

Piscitelli, A. (1993). *Ciencia en movimiento: la construcción social de los hechos científicos*. Buenos Aires: Centro Editor de América Latina.

Rancière, J. (1996). *El desacuerdo: política y filosofía*. Buenos Aires: Nueva Visión.

Reardon, K. K. (1983). *La Persuasión en la comunicación: teoría y contexto*. Barcelona [etc.]: Paidós.

Récanati, F. (1981). *La transparencia y la enunciación: introducción a la pragmática*. Buenos Aires: Hachette.

Renero Quintanar, M. (Ed.). (1992). La mediación familiar en la construcción de la audiencia. En *Hablan los televidentes: estudios de recepción en varios países*. México: Universidad Iberoamericana.

Rifkin, J. (2000). *La era del acceso: la revolución de la nueva economía*. Barcelona: Paidós.

Rivas Castillo, J. (s. f.). El problema metafísico de Hegel (de la conciencia al saber absoluto). Recuperado a partir de http://www.uca.edu.sv/revistarealidad/archivo/4d370cc595f0aelproblemametafisico.pdf

Roda Fernández, R. (1989). *Medios de comunicación de masas: su influencia en la sociedad y en la cultura contemporáneas* ([1a. ed.].). Madrid: Centro de Investigaciones Sociológicas;Siglo XXI de España.

Saintout, F. (Ed.). (2003). *Abrir la comunicación: tradición y movimiento en el campo académico*. La Plata: Ediciones de Periodismo y Comunicación.

Sandoval, L. R. (2000). La ciudad desencantada: para una crítica de la videopolítica. *Revista Question*, *2*. Recuperado a partir de http://perio.unlp.edu.ar/question/numeros_anteriores/numero_anterior14/nivel2/articulos/ensayos/sandoval_1_ensayos_14otono07.htm

Saperas, E. (1987). *Los efectos cognitivos de la comunicación de masas: las recientes investigaciones en torno a los efectos de la comunicación de masas, 1970-1986* ([1a. ed.].). Barcelona: Ariel.

Schmucler, H. (1997). *Memoria de la comunicación*. Buenos Aires: Biblos.

Schmucler, H. (2001). Biotecnología, cuerpo y destino: la industria de lo humano. *Revista Artefacto*, *4*. Recuperado a partir de http://www.revista-artefacto.com.ar/pdf_notas/90.pdf

Schwarzböck, S. (2005). Miseria de la estética. *Revista Ñ*. Buenos Aires.

Scolari, C. (2008). *Hipermediaciones: elementos para una teoría de la comunicación digital interactiva* (1a ed.). Barcelona: Gedisa.
Sierra Caballero, F. (2006). *Políticas de comunicación y educación: crítica y desarrollo de la sociedad del conocimiento*. Barcelona: Editorial Gedisa.
Smith, A. G., & Rapoport, A. (Eds.). (1984). ¿Qué es la información? En *Comunicación y cultura. 1, La teoría de la comunicación humana*. Buenos Aires: Nueva Visión.
Smythe, D. W. (1983). Las comunicaciones: «Agujero Negro» del Marxismo Occidental. En G. Richeri (Ed.), *La televisión: entre servicio público y negocio: Estudios sobre la transformación televisiva en Europa Occidental*. Barcelona: Gustavo Gili.
Tejerizo, F. (s. f.). El net.art: la estética de la red. *aleph*. Recuperado 9 de septiembre de 2012, a partir de http://aleph-arts.org/pens/tejerizo.html
Thompson, J. B. (1999). *Los media y la modernidad*. Paidós.
Thompson, J. B. (2001). *El escándalo político: poder y visibilidad en la era de los medios de comunicación*. Barcelona; Buenos Aires: Paidós.
Tuchman, G. (1983). *La producción de la noticia: estudio sobre la construcción de la realidad*. Barcelona: Gustavo Gili.
Tuchman, G. (1999). La objetividad como ritual estratégico: un análisis de las nociones de objetividad de los periodistas. *CIC. Cuadernos de Información y Comunicación*, 3. Recuperado a partir de http://revistas.ucm.es/inf/11357991/articulos/CIYC9899110199A.PDF
Vasallo de Lopes, M. I. (1999). La investigación de la comunicación: cuestiones epistemológicas, teóricas y metodológicas. *Diálogos de la Comunicación, 56*.
Vasallo de Lopes, M. I. (2000). El campo de la Comunicación: reflexiones sobre su estatuto disciplinar. *Ofcios Terrestres, 7-8*.
Vasallo de Lopes, M. I. (2006). Reflexiones teórico-metodológicas dentro de un estudio de recepción. En F. Saintout & N. Ferrante (Eds.), *¿Y la recepción?: balance crítico de los estudios sobre el público*. Buenos Aires: La Crujía Ediciones.
Vázquez Montalbán, M. (1985). *Historia y comunicación social*. Madrid: Alianza Editorial.
Verón, E. (1983). *Construir el acontecimiento: los medios de comunicación masiva y el accidente en la central nuclear de Three Mile Island*. Barcelona: Gedisa.
Verón, E. (1987). *La semiosis social: fragmentos de una teoría de la discursividad* (1a ed.). Buenos Aires: Gedisa.
Verón, E. (1995). *Semiosis de lo ideológico y del poder; La mediatización*. Buenos Aires: Secretaría de Extensión Universitaria : Facultad de Filosofía y Letras : Oficina de Publicaciones, Ciclo Básico Común, Universidad de Buenos Aires.
Verón, E. (2001). *El cuerpo de las imágenes*. Bogotá: Grupo Editorial Norma.
Vilches, L. (2001). *La migración digital* (1. ed.). Barcelona: Gedisa.

Virno, P. (2003). *Gramática de la multitud: para un análisis de las formas de vida contemporáneas* ([1. ed.].). Buenos Aires Argentina: Colihue.
Weaver, D. H. (1997). Canalización mediática (agenda-setting) y elecciones en Estados Unidos. *CIC. Cuadernos de Información y Comunicación, 3*.
Weaver, W. (1984). La matemática de la comunicación. En *Comunicación y cultura: 1, la teoría de la comunicación humana*. Buenos Aires: Nueva Visión.
Wellmer, A. (1994). Razón, utopía y la dialéctica de la ilustración. En *Habermas y la modernidad*. México: Cátedra.
Werneck, J. (2005). Algunas consideraciones sobre racismo, sexismo y tecnología eugénica. En J. Villarreal, S. Helfrich, & A. Calvillo (Eds.), *Un mundo patentado: la privatización de la vida y del conocimiento*. San Salvador: Fundación Heinrich Böll.
Williams, R. (1980). *Marxismo y literatura* (1a ed.). Barcelona: Ediciones Península.
Williams, R. (1982). *Cultura: sociología de la comunicación y del arte*. Barcelona: Paidós.
Williams, R. (1992). Tecnologías de la comunicación e instituciones sociales. En R. Williams (Ed.), *Historia de la comunicación / 2. De la imprenta a nuestros días*. Barcelona: Bosch.
Williams, R. (2001). *Cultura y sociedad*. (H. Pons, Trad.). Buenos Aires: Nueva Visión.
Wimmer, R. D., & Dominick, J. R. (1996). *La investigación científica de los medios de comunicación: una introducción a sus métodos*. Barcelona: Bosch.
Wolf, M. (1987). *La investigación de la comunicación de masas*. Barcelona: Paidós.
Yonet, P. (1988). *Juegos, modas y masas*. Barcelona: Gedisa.
Žižek, S. (1998). Multiculturalismo, o la lógica cultural del capitalismo multinacional. En *Estudios culturales: reflexiones sobre el multiculturalismo* (1. ed.). Buenos Aires: Paidós.

Índice de nombres

Addison, Joseph, 27, 39
Adorno, Theodor, 152, 168, 176 ss., 183, 185 ss., 196, 199, 221 ss., 225, 233, 237, 270, 273 s.
Allen, Woody, 122, 191 s.
Althusser, Louis, 20
Arendt, Hanna, 235 s.
Avenet, Avenet, 122
Babeuf, François-Noël, 27
Baczko, Bronislaw, 66
Ball-Rokeach, Sandra, 30, 72
Barry, Robert, 122, 132, 139, 201
Barthes, Roland, 241 ss., 251, 259, 261 s.
Belting, Hans, 195 s.
Beltrán, Luis Ramiro, 162
Benjamin, Walter, 193 ss., 208, 216, 225, 270, 274
Berelson, Bernard, 73, 87, 94
Bergson, Henri, 173
Bernstein, Carl, 123 s., 126 s.
Binckley, Timothy, 201

Bonaparte, Napoleón, 29
Bonfil Batalla, Guillermo, 161
Bookchin, Natalie, 209, 216
Bosma, Josephine, 216
Bourdieu, Pierre, 16 s., 279
Bradlee, Ben, 127 s.
Brea, José Luis, 212, 216, 218
Bretch, Bertold, 194
Breton, André, 198 s., 201
Bridges, James, 122
Brooks, James, 122
Buck-Morss, Susan, 198
Casey, Ralph, 73
Cassidy, Joanna, 128
Charcot, Jean-Martin, 46, 48
Charteris, John, 60 s., 133
Chomsky, Noam, 38, 64 s.
Cohen, Bernard, 110, 136
Coleman, James, 211
Cromwell, Harvey, 80
Danto, Arthur, 196, 202, 209
Day, Benjamin, 29, 152

De Fleur, Melvin, 30, 72
De Niro, Robert, 132, 139
De Sola Pool, Ithiel, 52 s.
Defoe, Daniel, 27, 183
Delaroche, Paul, 201
Deleuze, Gilles, 232
Delgado, Manuel, 57
Desmoulins, Camille, 27
Dickie, George, 17, 204 ss.
Dilthey, Wilhelm, 173
Dominick, Joseph, 115
Doob, Leonard, 73
Dorfman, Ariel, 18
Duchamp, Marcel, 199 ss., 208, 210
Eco, Umberto, 36, 145 s., 241 ss., 266
Eisenhower, Dwight, 63
Ellemborough, Lord, 29
Engels, Friedrich, 154
Ervin, Sam, 127
Escosteguy, Ana Carolina, 277
Feshbach, Seymour, 79
Flichy, Patrice, 157
Ford, Gerald, 127
Foucault, Michel, 150, 230 ss.
Fox, Elizabeth, 162
Freedman, Jonathan, 98
Freire, Paulo, 161, 163
Freud, Sigmund, 48 ss., 56, 61
García Canclini, Néstor, 264
García, Charly, 122
Garnham, Nicholas, 153 s., 157
Gaudet, Hazel, 87
Geertz, Clifford, 264
Gerbner, George, 9
Giddens, Anthony, 149
Goebbels, Joseph, 62 s.

Goffman, Erving, 129, 204
Golding, Peter, 155
Gordon Benett, James, 29, 152
Gramsci, Antonio, 262
Greemberg, Clement, 202 s.
Gutenberg, Johannes, 26, 56
Habermas, Jürgen, 171, 175
Hackmann, Gene, 132
Haldeman, Robert, 126 s.
Hall, Stuart, 67, 279
Hamelink, Cees, 162
Harris, Ed, 128
Hearst, William Randolph, 30, 43, 51, 59, 121, 152
Hébert, Jacques René, 27
Heche, Anne, 132
Hegel, Georg W.F., 273
Herman, Edward, 38, 64 s.
Herzfeld, John, 122
Hoffman, Dustin, 123, 139
Homero, 179
Horkheimer, Max, 20, 152, 167 s., 173 ss., 186 ss., 221 ss., 227, 233, 237
Hovland, Carl, 75 ss., 82, 110, 181
Howard, Ron, 122
Huxley, Aldous, 229
Hyman, Herbert, 74
Jacks, Nilda, 275, 277
Jakobson, Roman, 145, 246, 252, 263
Janis, Irving, 79
Janowitz, Morris, 74
Kant, Immanuel, 184, 226
Katz, Elihu, 70, 95 ss.
Kelman, Herbert, 78
Klapper, Joseph, 74, 98
Kuhn, Thomas, 247

La Société Anonyme, 210 s., 216, 218
Lasswell, Harold, 73, 99 ss.
Lazarsfeld, Paul F., 53, 85 ss., 94 ss., 99, 101 ss., 105, 152, 181, 192, 257, 262
Le Bon, Gustave, 44 ss., 50, 56
Lerner, Daniel, 160
Lévi-Strauss, Claude, 241
Levinson, Barry, 122, 132, 139
Levy, Pierre, 146
Lewin, Kurt, 97
Londaits, Eric, 214
Lukács, Georg, 176 ss.
Lumet, Sydney, 122
Lumsdaine, Arthur, 75, 79
Mandell, Wallace, 79
Mann, Michael, 122
Marconi, Guglielmo, 33
Marcuse, Herbert, 173, 190
Marr, Andrew, 65
Martín-Barbero, Jesús, 18 ss., 267 ss., 275, 277 ss., 281
Marx, Karl, 154, 168, 176, 235
Mattelart, Armand, 18, 52, 160, 239
McBride, Sean, 163
McCombs, Maxwell, 110 ss., 115, 117 s., 136
McGuire, William, 71
McPhee, William, 94
Merton, Robert K., 53, 97, 101 ss., 152
Miège, Bernard, 157
Miguel Ángel, 151
Miguel Ángel (Michelangelo Buonarroti), 151
Monet, Claude, 201

Montero Sánchez, María D., 110
Moragas Spà, Miquel, 22, 87
Morgan, Robert, 201
Moscovici, Serge, 50
Muñoz, Blanca, 262
Muraro, Heriberto, 160, 163 ss.
Murdock, Graham, 155
Newman, Michael, 211
Nietzche, Friedrich, 173
Nixon, Richard, 123, 127
Noelle-Neumann, Elisabeth, 50
Nolte, Nick, 128
Nun, José, 20
Orozco Gómez, Guillermo, 275 s., 278 s.
Ortega y Gasset, José, 43
Orwell, George, 25
Pakula, Alan, 122 s.
Pávlov, Iván, 70
Peirce, Charles Sanders, 242, 264
Piscitelli, Alejandro, 146
Pollack, Sydney, 122
Pulitzer, Joseph, 30, 43, 51, 60, 152
Reardon, Kathleen, 70
Redford, Robert, 122 s.
Renero Quintanar, Martha, 275, 277
Richardson, Samuel, 183
Robe, Mike, 122
Roda Fernández, Rafael, 74
Rositi, Franco, 262
Saintout, Florencia, 271
Saussure, Ferdinand de, 241 s., 264
Schachner, Sally, 237
Schmucler, Héctor, 221 s., 227, 234, 237 s.

Schramm, Wilbur, 73 s., 160
Schwarzböck, Silvia, 205
Scolari, Carlos, 157
Sears, David, 98
Shannon, Claude, 141 s., 144, 146, 246 s.
Shaw, Donald, 109 s., 136
Sheatsley, Paul, 74
Sheffield, Fred, 75, 79
Shils, Edward, 74
Shulgin, Alexei, 209, 214, 216
Silver, Lee, 227 s.
Smith, Bruce, 73
Smythe, Dallas, 155
Somoza, Anastasio, 128
Sponberg, Harold, 80
Spottiswoode, Roger, 122, 128
Stauffenberg, Roth, 214
Steele, Richard, 27, 39
Stendhal, 196, 225
Stone, Oliver, 122
Stouffer, Samuel, 75
Suchman, Edward, 75
Swift, Jonathan, 27
Sylvester Viereck, Georges, 60 s.
Tarde, Gabriel, 49 s.
Thompson, John B., 16, 35 s., 64, 138, 264
Thurow, Lester, 228

Tocqueville, Alexis de, 189
Tönnies, Ferdinand, 42 ss.
Trinquier, Roger, 63
Tuchman, Gaye, 125
Valery, Paul, 194
Vasallo de Lopes, Maria I., 17 s., 275, 277 ss.
Vásquez Montalbán, Manuel, 27
Verón, Eliseo, 16, 37, 138
Virno, Paolo, 16, 159, 235 s.
Warhol, Andy, 203
Weaver, David, 116
Weaver, Warren, 145, 246
Weber, Max, 168 ss., 176 ss.
Weir, Peter, 122
Weiss, Walter, 78
Weitz, Chris y Paul, 122
Welles, Orson, 59, 68, 121
Wellmer, Albrecht, 172
Wells, Herbert G., 59
Werneck, Jurema, 229
Wilder, Billy, 121
Wilkins, John, 145, 150
Williams, Raymond, 24, 151 s., 203, 207, 217
Wimmer, Roger, 115
Wolf, Mauro, 55, 74, 80, 85 s., 98
Woodward, Bob, 123 s., 126 s.
Žižek, Slavoj, 131

Ilustraciones

Ilustración 1: *Gazeta de Francia*, fines del siglo XVII (p. 28)

Ilustración 2: Café londinense, a principios del siglo XVIII, grabado de la época (p. 30)

Ilustración 3: William Randolph Hearst y Joseph Pulitzer. Caricatura de Leon Barritt publicada el 29 de junio de 1898 en la revista *Wim*. (p. 32)

Ilustración 4: Operador de telégrafo cortando un telegrama, 1908 (p. 34)

Ilustración 5: El movimiento obrero: actor social demonizado por la psicología de la masas del siglo XIX. Fotografía proveniente del sitio web de la Federación Obrera Regional Argentina, http://fora-ait.com.ar/blog/ (p. 47)

Ilustración 6: Afiche de artista desconocido, producido por el Canada Food Board entre 1914 y 1918. Disponible bajo IWN Non Commercial License, http://www.iwm.org.uk/collections/item/ object/31066 (p. 54)

Ilustración 7: Foto de Orson Welles durante la emisión de "La Guerra de los mundos" el 30 de octubre de 1938 y portada del diario *New York Times* el día siguiente. (p. 60)

Ilustración 8: Fotograma de "El triunfo de la voluntad", icónico film de Leni Riefesthal (p. 62)

Ilustración 9: Thomas McInerney, comentarista militar de Fox News durante la invasión a Irak. Según demostró una investigación del New York Times, la información, muchas veces falsa, que difundía era suministrada intencionalmente por el Pentágono, y la tarea de McInerney (y otros ex-oficiales del ejército de EE.UU. que se desempeñaban como analistas en los medios de comunicación) era retribuida con el acceso a contratos militares para empresas que representaban. (p. 66)

Ilustración 10: Dustin Hoffman y Robert Redford en la versión fílmica de la investigación del Watergate. Fotograma de *All the president's men* (1976), film de Alan Pakula. (p. 124)

Ilustración 11: Russell Price (Nick Nolte) intenta mirar la realidad sólo a través de su objetivo. Fotograma de *Under fire* (1983), film de Roger Spottiswoode.(p. 130)

Ilustración 12: Afiche de la película *Wag the dog* (1997), film de Barry Levinson (p. 134)

Ilustración 13: "Inodoro Pereyra, el Renegau", historieta de Roberto Fntanarrosa (p. 148)

Ilustración 14: Composición empresaria del Grupo Clarín, hacia 2008 (p. 156)

Ilustración 15: Nasdaq anuncia el ingreso de Facebook a la cotización en bolsa en una pantalla ubicada en Times Square, Nueva York (p. 159)

Ilustración 16: Empleadas de una sucursal de McDonald's en Shangai, China (p. 164)

Ilustración 17: Fra Angelico - "Madonna de la Humildad" (circa 1430), National Gallery of Art, Washington. Imagen en dominio público, via Wikimedia Commons (p. 195)

Ilustración 18: Claude Monet "Régate à Argenteuil", Musée d'Orsay, París. Imagen en dominio público, via Wikimedia Commons. (p. 197)

Ilustración 19: Marcel Duchamp - "Fuente" (1917). Imagen en dominio público, via Wikimedia Commons. (p. 200)

Ilustración 20: Público contemplando "One: Number 31" (1950) de Jackson Pollock en el Museum of Modern Art, New York. Fotografía distribuida con licencia CC por pandaposse. URL: http://farm1.static.flickr.com/29/36418670_0b785054e6_o.jpg (p. 202)

Ilustración 21: Andy Warhol - "Brillo Box". Andy Warhol - "Brillo Box" (1964) ©1999 Andy Warhol Foundation for the Visual Arts / Artists Rights Society (ARS), New York. Disponible para uso educativo en Artchive. URL: http://www.artchive.com/artchive/W/warhol/warhol_brillo_box.jpg.html (p. 206)

Ilustración 22: Damien Hirst - "Away from the Flock" (1994), Charles Saatchi. Disponible para uso educativo en Artchive. URL: http://www.artchive.com/artchive/h/hirst/hirst_flock.jpg.html (p. 208)

Ilustración 23: La Société Anonyme - "Blinks 1997. A reversed hommage to Vito Acconci's Blinks, 1969 (lsa39)" (1997). Obra disponible en http://aleph-arts.org/lsa/index_eng.htm# (p. 213)

Ilustración 24: Eric Londaits - "Go-Logo" (2005). Obra disponible en http://solaas.com.ar/gologo/ (p. 215)

www.ingramcontent.com/pod-product-compliance
Lightning Source LLC
Chambersburg PA
CBHW031619160426
43196CB00006B/196